河川漁撈の環境民俗学

淀川のフィールドから

伊藤廣之

【和泉書院】

1 網モンドリを再現するAさん
（1992年6月著者撮影。本文 p.112）

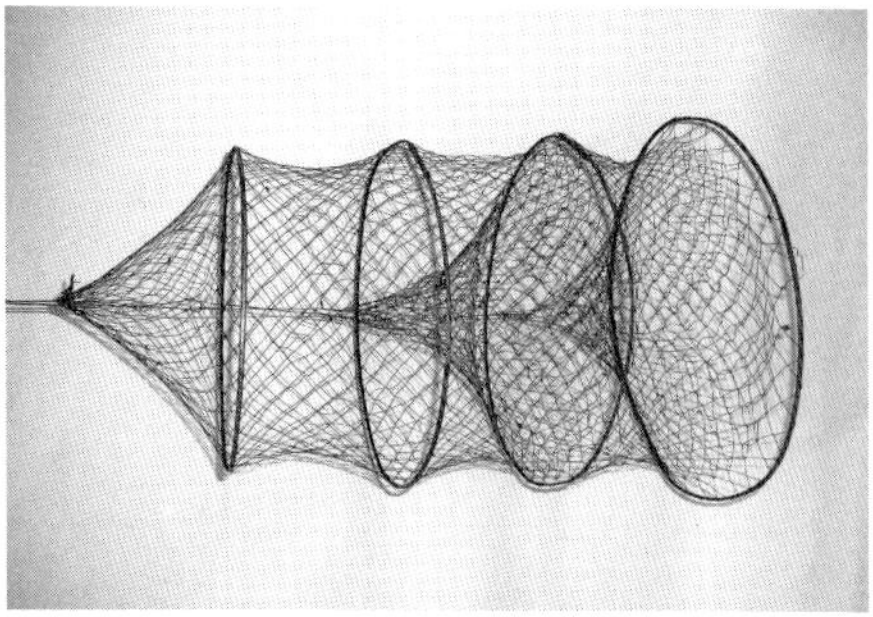

2 網モンドリ（大阪歴史博物館蔵。本文 p.111）

3 淀川区十三《じゅうそう》の地先《ちさき》　上流方向（1992年5月著者撮影。本文 p.116）

4 出漁の準備

5 ウナギの生簀

6 漁船の生簀の中のウナギ

この頁の写真はすべて1992年６月
十三・船着き場にて著者撮影。
（本文 p.116～123）

はしがき

「淀川に川漁師っていたんですね」。そんな言葉を何度も耳にしたことがある。大阪の都心に近い淀川で、ウナギやシジミをとって暮らす川漁師がいることは、あまり知られていない。そもそも、淀川流域に住んでいる人びとが、淀川にかかわったり、親しんだりする機会はそんなに多くないのではなかろうか。私たちの日常生活のなかで、川と人のかかわりは疎遠になっているといえる。

川と人との隔たりが大きくなっていったのは、いつ頃からだろうか。環境問題に関して多くの著作のある富山和子は、水害防止に重点を置いた旧河川法の制定（一八九六年）にその分岐点があったとみる(1)。水害から人の生活を守るため、川に沿って高い堤防を築き、川と川以外の土地を隔てるようになった。そのことによって、多くの人たちの川に対する意識が希薄なものになっていったと考えられている。

川をめぐるさまざまな問題を考えていくためには、人びとの意識から遠のいていった川の存在を、もう一度、人の生活に近づいたものにしていかなければならない。そのためには、川と人のかかわりの歴史を紐解き、自然に対する人びとの姿勢や考え方を学び、それを地域の住民・行政・漁業関係者・学識経験者など、川にかかわる多くの人たちのあいだで共有していくことが、出発点となるであろう。

これまで自然と人、川と人のかかわりをめぐって、どのような指摘がなされてきたのであろうか。民俗学者の宮本常一《つねいち》は、「自然と私」（一九七一年）など一九七〇年代前半の著述において、地域の自然はそこに住む人たちの「生活の一部」であり、その土地の自然はそれを利用してきた人びとの営みによって今日まで守られてきた、と指摘している。[2] これは全国各地を歩いてきた研究者の実感をふまえた指摘として傾聴に値する。富山和子も先の著書のなかで、その自然に依存して生きている人たちこそが、最大の自然の守り手だととらえており、宮本と同様の認識を示している。[3] また近年、里川論《さとかわろん》を展開する鳥越皓之《ひろゆき》は、世界各地の生活現場から教えられてきた「人はその水を使っているかぎり、水をできるだけ汚さないようにする」という事実のなかに、水とかかわってきた人びとの社会的公理を見い出している。[4]

河川漁業の研究から、川と人のかかわりについて発言しているのは出口晶子である。越後荒川のサケマス漁師をはじめ、川とかかわる人びとのフィールドワークをとおして、出口晶子は川とかかわり暮らしてきた「川人《かわど》」の自然とのつきあい方のなかに、自然を「守《も》りする」という思想があることを指摘している。「守する」とは、人間がかかわって「育てる」のではなく、かかわりながら自律的に「育つ」のを見守るという考え方である。[5] こうした「川人」の自然観の背景には、自然と人間を横並びに位置づけ、それぞれが相互に依存しながら自律して存在している、という発想が潜んでいる。

本書では、これまでの議論を念頭に置きながら、環境民俗学の視点に立ち、淀川を舞台に昭和の時代を生きてきた川漁師たちの漁撈《ぎょろう》活動と、その営みから生まれた自然観あるいは世界観ともいうべきものを探っていくことにしたい。そこで明らかになってくるものは、川漁師の川や魚に対する認識や観念、漁師間のナワバリをめぐる慣習、環境変化にともなう漁撈戦略などである。淀川の自然とかかわって生きてきた川漁師たちの川や魚とのつきあい方やかかわり方のなかに彼らの自然観や世界観の一端を明らかにし、その民俗学的知見をみんなのものとすることによって、これからの川と人のあり方や自然への関与の仕方をめぐる議論に関して少しでも貢献できるところがあれば幸いである。

注

（1）富山和子『水と緑と土―伝統を捨てた社会の行方―』（改版）中央公論新社、二〇一〇年、一一～一二頁。
（2）宮本常一の自然のとらえ方は、体系的に示されているわけではなく、いくつかの著述のなかに散りばめられている。その詳細については、伊藤廣之「宮本常一の環境論」（『近畿民俗』第一八二号、近畿民俗学会、二〇一六年）を参照されたい。
（3）前掲書（1）、一二六頁。
（4）鳥越皓之『水と日本人』岩波書店、二〇一二年、一二八～一三一頁。
（5）出口晶子『川辺の環境民俗学―鮭遡上河川・越後荒川の人と自然―』名古屋大学出版会、一九九六年、二九三～二九五頁。

河川漁撈の環境民俗学―淀川のフィールドから― 目次

（付編）

序

本書は河川漁撈という生業活動を環境民俗学の視点から考察しようとするものである。近年の生業研究を振り返ってみると、複合生業論[1]のほか、マイナー・サブシステンス[2]やコモンズ[3]などの概念を取り入れた研究が登場し、生業研究の視点・方法・領域において新たな展開がみられる。しかしその一方で、生業という営みを「人間が生きていくための活動」としてとらえたとき、その生業活動の根源を問うような研究については、まだ手がつけられていない状況といってもよい[4]。

また民俗学による河川漁撈の研究に関しては、従来、水系ごとの漁具・漁法を中心とした「漁撈技術」の研究が主流となっていた。そこでは、おもに「魚をとる術《すべ》」の調査研究に関心が払われてきた。しかし、漁撈技術の研究にとどまっていたのでは、河川漁撈研究の進展は望めないようにみえる[5]。そうした状況から脱出し、河川漁撈研究を少しでも前に進めていくためには何が必要なのであろうか。そのように考えたとき、生業の枠組みや位置づけの見直しが浮かび上がってくる。すなわち、従来のように生業を「生計維持のための仕事」という枠にはめるのではなく、「人間が生きていくための活動」、言葉を換えていえば「生きる術」ともいうべき、より大きな枠のなかに位置づけることで、河川漁撈研究を新たなステージに引き上げることができるのではないかと考えられる。

本書は、そうした問題関心を出発点としながら、淀川でのフィールドワークで得られたデータにもとづき、「自然と人間のかかわり」を研究対象とする環境民俗学の視点から川漁師の漁撈活動を分析し、河川漁撈によって生きてきた川漁師の川や魚に関する自然観などの解明をとおして、民俗学における河川漁撈研究に新たな領域を切り拓いていくことをめざしている。

具体的には、一九九〇年頃からはじめた淀川漁業の調査成果にもとづき、淀川上流域から河口域までの水域における川漁師の漁撈活動を取り上げ、彼らの河川漁撈のあり方や水質汚濁などの環境変化に対応する漁撈戦略などを、川漁師のライフヒストリーと絡めながら具体的に描き出していく。そのうえで、おなじ琵琶湖・淀川水系に属する巨椋池《おぐらいけ》漁師の漁撈との比較をとおして、内水面漁撈のなかでの河川漁撈の技術面での特徴を明らかにし、さらに河川漁撈を生業としてきた川漁師の自然観や世界観ともいうべきものを浮かび上がらせていきたい。

本書は全体を三部構成としている。まず第一部「課題と方法」では、生業研究や河川漁撈の研究を振り返り、これまでの研究の到達点を明らかにする。また一九八〇年代後半以降に登場した自然や環境を対象とする民俗学的研究を振り返ったうえで、河川漁撈研究のための新たな分析枠組みを提示し、本書の問題設定と研究方法を明らかにする。第二部「淀川における河川漁撈の展開」では、淀川で川漁師として生きてきた人びとからの聞き書きなどをもとに、淀川における河川漁撈の実態と川漁師の暮らしについて記述する。いわば「淀川漁撈民俗誌」ともいうべき内容である。第三部「淀川における漁撈技術と川漁師の世界観」では、淀川の川漁師からみた川や魚など自然に対する認識や、漁撈や漁場をめぐる慣習などを対象として環境民俗学の視点から分析をおこなっていく。いわば「淀川漁撈民俗論」ともいうべきものである。そして最後の「結語」において、本書のまとめと今後の研究課題の提示をおこなう。

以下、各章で検討する内容を示しておきたい。

第一部は三つの章からなる。まず第一章「河川漁撈研究の課題」では、最上孝敬・安室知・湯川洋司・野本寛一など民俗学による生業研究を振り返り、その方向性が個別的で細分化したものから複合的・総合的・全体的な方向に向かっていることを示す。また近年の生業をめぐる議論が、生産性・経済性・生計維持への関心から、人にとっての生業の意味や意義の追究に向かっていることを論じる。そのうえで、戦前から近年までの民俗学による河川漁撈の研究史を振り返り、従来の河川漁撈研究では、漁具・漁法などの漁撈技術を中心にした実態的研究に力が注がれてきたが、近年は小林茂や江の川漁撈文化研究会の研究にみられるように、川漁師の川や魚などに対する自然観、川漁師の「心の内面」や「生活の総体」の究明がはじまっている状況を河川漁撈研究の到達点として提示する。

つづく第二章「環境民俗学の視点と研究方法」では、野本寛一の生態民俗学、篠原徹の民俗自然誌、鳥越皓之の環境民俗学、菅豊の人と環境の民俗学を取り上げ、それぞれの問題関心・研究対象・分析方法などを検討し、先行研究における自然または環境のとらえ方を明らかにする。そのうえで、環境民俗学の視点をふまえた漁撈研究のための分析枠組みとして「漁撈をめぐる三つの関係性」を提示し、あわせて本研究における問題設定と研究方法を示す。

第二部「淀川における河川漁撈の展開」は四つの章からなる。まず第三章「淀川の環境と河川漁業の歴史的展開」では、淀川に生息する魚類等の状況や人工的水界である新淀川の開削、第二次世界大戦後の淀川の水質汚濁など、河川漁撈の舞台である淀川の環境について概観する。そのうえで、淀川漁業と相互に関係の深い巨椋池の遊水池漁業にも触れながら、近世から近代にかけての淀川水系の漁業を概観する。あわせて淀川漁業のあり方を制度的に規定する漁業団体や漁業権についても、淀川淡水域と汽水域とにわけて、その実態を明らかにする。

第四章「淀川淡水域における川漁師の河川漁撈」では、淡水域において河川漁撈をおこなってきた川漁師Mさんの河川漁撈を取り上げる。まず大正時代から平成時代までのライフヒストリーを聞き取りによって明らかにする。そのうえで、環境民俗学の視点から「自然と人間の関係性」や漁場をめぐる「人間と人間の関係性」に注目し、従来あまり報告されることがなかった川漁師の「秘密の漁場」の存在のほか、定置漁具をめぐる漁場の占有慣行や投網漁における漁撈知識など、淀川淡水域での川漁師の漁撈活動を浮き彫りにしていく。

第五章「淀川淡水域と汽水域における川漁師の河川漁撈」では、Aさんが川漁師としてどのような人生を送ってきたのか、大正時代後期から平成時代までのライフヒストリーを明らかにする。そのうえで、淀川淡水域での漁撈活動、および河川環境の悪化により可動堰下流の汽水域へと漁場移転をした一九六〇年ころ以降の淀川汽水域での漁撈活動の実態を明らかにする。そこでは漁場移転後の新たな環境のもとで川漁師が「自然と人間の関係性」や漁場をめぐる「人間と人間の関係性」をどのようにして再構築してきたのかなど、環境変化にともなう川漁師の漁撈戦略ともいうべき側面を浮かび上がらせる。

第六章「淀川河口域における河川漁撈と川漁師」では、淀川河口域において貝とりやウナギ漁で生計を立ててきた川漁師Tさんの漁撈活動を取り上げる。人工の河川・新淀川の開削後、ヨシ原のなかに形成された「イリ」を水辺のエコトーンと位置づけ、漁場や漁船の係留場など、川漁師による環境利用の具体事例を示す。そのうえで、第二次世界大戦前の貝とりが、戦後、水質汚染などの環境変化によって、シバやタンポによるウナギ漁へと切り替わった河口域の河川漁撈のあり方を詳述し、塩分濃度や波などウナギ漁と密接にかかわる川漁師の自然認識を明らかにしていく。

第三部「淀川における漁撈技術と川漁師の世界観」は三つの章からなる。第二部で詳述した事例をもとにして、河川漁撈の技術面での特徴を明らかにするとともに、漁場のとらえ方、川や魚に対する自然観の分析などをとおして川漁師の世界観に迫る。

まず第七章「河川漁撈と遊水池漁撈」では、淀川水系で最大規模を誇る遊水池・巨椋池の漁撈と淀川の河川漁撈との比較により、内水面漁撈のなかでの河川漁撈技術の特徴を浮かび上がらせる。まず淀川の淡水域と汽水域の漁撈について、漁獲対象や漁具・漁法を詳述し、その比較対象として巨椋池のなかの大池を取り上げ、そこでの漁獲対象や漁具・漁法のあり方を明らかにする。そのうえで、河床・湖盆形態、水、水生植物など、巨椋池と淀川の環境の違いによる漁具・漁法、漁撈知識等をめぐる共通点や相違点を分析し、淀川の河川漁撈の特徴とその漁撈技術を規定する要因を明らかにする。

第八章「漁場利用をめぐる慣習と漁場観」では、漁場占有に関する研究史を振り返り、タコアナ漁やアワビの潜水漁において第一発見者に先占権を認める慣行があること、タコアナ漁において個人単位の「秘密の漁場」が存在することを確認するとともに、荒川の河川漁撈においても「秘密の漁場」の存在が報告されていることを提示する。そのうえで淀川での河川漁撈における漁場占有の事例と海の漁撈での漁場占有の事例を比較分析し、漁場の利用形態として個人占有と「秘密の漁場」の二類型について詳述する。また個人占有についても二種類の形態があり、それぞれ異なる原理が働いていることを明らかにする。河川漁撈における「秘密の漁場」については、確実に魚が捕れる非常時のための漁場であり、川漁師にとって一家の困窮を乗り越え、家計の安定化をはかる役割を果たすものであり、生計維持のために欠くことのできないものであることを指摘する。さらに漁場の利用形態の視点から河川漁撈における「秘密の漁場」を検討し、淀川や荒川の川漁師は、日常時の漁場と非常時の漁場とを合わせ持ち、それらを組み合わせて使い分けることで一家の生計維持をはかっていたことを明らかにし、そうした「二段構えの漁場利用」に川漁師の「漁場観」が表れていることを指摘する。

第九章「川漁師からみた淀川と自然観」では、川や魚に関する「自然と人間の関係性」、漁場を媒介とした「人間と人間の関係性」という視点から、淀川の川漁師の漁撈活動を分析し、川漁師の自然に対するとらえ方や接し方を検討する。「自然と人間の関係性」については、漁撈の対象である魚の居場所や動きとかかわって、河川の地形や水の流れ、風向や潮の干満といった要素との関係性をみていく。漁場を媒介とした「人間と人間の関係性」については、他の川漁師との関係性をみていく。こうした分析から、川漁師は魚と漁場というふたつの要素を核としつつ、前者をとおして自然と結びつき、後者をとおして漁師仲間との社会的関係を構築していることを提示する。また確実に魚が得られる漁場を「米櫃《こめびつ》」と呼ぶことを取り上げ、そこに川漁師ならではの独特の自然観が表れていることを指摘する。また「魚のことは魚に聞け」という川漁師のことばに注目し、そこに自然と人間を対立的にとらえるのではなく、並立した対等関係のなかでとらえようとする自然観の存在を示す。さらに漁場を媒介とした「人間と人間の関係性」に関連して、定置漁具を使った漁では他の川漁師の先占権を認める慣習や、「秘密の漁場」にかかわっては、他人の漁場を盗むといったことがあることを踏まえて、漁場を媒介とする「人間と人間の関係性」にはオモテとウラの二面的なあり方が存在することを提示する。

最後の「結語」では、第一章から第九章で明らかにした内容をまとめるとともに、本書の全体の総括として、三つの問題設定に対する検討結果を示し、本研究の意義をまとめる。あわせて、研究課題として提示した「人の生」としての生業の研究に対する見解を提示し、今後の研究課題とすべきものを明らかにする。

注

（1）複合生業論は、安室知によって一九九二年に提唱された生業研究の方法論である。安室知は生業を農耕・漁撈・狩猟などを個々に細分化して研究するのではなく、生業要素の選択的複合としてとらえ、その複合のあり方を研究するのが複合生業論であるとした。その提唱の背景には、技術中心の生業研究や生業技術を指標とした民俗文化類型論への懐疑や批判があった。

（2）松井健は「マイナー・サブシステンスの世界―民俗世界における労働・自然・身体」（一九九八年）において、マイナー・サブシステンスを「集団にとって最重要とされている生業活動の陰にありながら、それでもなお脈々と受け継がれてきている副次的ですらないような経済的意味しか与えられていない生業活動」（二四八頁）と規定したうえで、さらに詳細な定義や意味について検討を試みている。

（3）ここでは宮内泰介のコモンズの定義を紹介しておきたい。宮内泰介は『歩く、見る、聞く　人びとの自然再生』（岩波書店、二〇一七年）のなかで、コモンズを「地域社会が一定のルールのもと、共同で持続的に管理している自然環境」、または「その共同管理のしくみそのもの」と規定している（八二頁）。

（4）安室知は複合生業論の理念として「人の生」の追究を掲げ、生業活動の根源を問う研究をめざそうとしていたが、実際の研究では生計維持の研究に力点が置かれてきた。近年、安室は『日本民俗生業論』（二〇一二年）のなかで「人の生」を明らかにするための研究として、「民俗研究の総合化」、「生きるというレベルからの民俗誌」などの必要性を唱えており、「人の生」の追究を深めようとしている（一八頁）。

（5）技術の研究をさらに深めていくべきとの主張もある。赤羽正春は、技術に関する計量的研究が民俗学をより精緻な学問に発展させるとの立場から、鮭・鱒の生態と民俗に関する研究を進めている。『鮭・鱒　Ⅰ・Ⅱ』（法政大学出版局、二〇〇六年）は、その研究成果をまとめたものである。

第一部 課題と方法

第一章　河川漁撈研究の課題

はじめに

第二次世界大戦前、河川漁撈の研究は、渋沢敬三および彼が主宰するアチック・ミューゼアムにかかわる研究者を中心にしておこなわれてきた。その後、一九六〇年代後半以降、最上川・荒川・利根川・多摩川・九頭竜《くずりゅう》川・江《ごう》の川など各地の主要な河川において、伝統的な漁具・漁法を対象とした研究がおこなわれるようになった。また一九七〇年代以降は、民俗文化財の調査と漁具の収集により河川漁撈の研究が進展し、一九八〇年代中頃から二〇〇〇年頃にかけては、伝統漁撈が生き残っている四万十川・長良川・江の川・仁《に》淀川など、各地の川漁師が自らの漁撈活動を語る著書が相次いで出版された。またそれと前後して、荒川・四万十川・新潟県の大川・荒川をフィールドとする民俗学研究者による河川漁撈や川と人のかかわりに焦点を当てた研究書が刊行されるなど、この分野の研究成果は着実に積み上げられてきたといえる。

本章では、まず第一節において民俗学の生業研究に関して、従来どのような議論が展開されてきたのか、生業研究に関する視座を振り返り、生業研究の課題について考察する。河川漁撈は生業の一分野であり、河川漁撈研究を振り返るには、まずその基盤である生業の研究を見ておく必要があると考えたからである。つぎに第二節で民俗学における戦前・戦後の河川漁撈の研究史を整理し、第三節で近年の研究動向をたどりながら、河川漁撈研究の到達点を明らかにしていく。そのうえで最後に本書の研究課題を示すことにしたい。

第一節　民俗学における生業研究

最上孝敬と生業研究

民俗学において生業研究を総括的に論じたのは最上孝敬《もがみたかとし》である。『日本民俗学大系　第五巻』（一九五九年）の巻頭の論考(1)において、最上孝敬は生業を「前代産業の姿」と位置づけ、「現代に残る前代の姿の探求」をめざした。生業研究の枠組みとして最上孝敬が示したのは、「技術」・「労力」・「土地」・「信仰」の四つの項目である。

第一の「技術」では、生産や運搬に関して、「人びとの駆使する技法をその使う道具とともにみてゆくことで、その中に進歩発達の状況もみとめられることが少なくない」(2)とする。これは生産技術や運搬技術を道具とともに把握し、その技術史を追究しようとするものであり、技術と道具の歴史的展開に着目したものであった。

第二の「労力」では、労力のあり方に注目していた。具体的には、家族内での男女別労働、一人が携わる年間の仕事暦、村内専業率といった点に注目している。また養子・奉公・雇用労働のほか、ユイなどの交互労働やモヤイと呼ばれる共同労働など、他家からの労力の取り入れ方など、「労力組織の規模、態様」にも言及している。最上は、生業をとらえるうえで、労力の使い方や集め方といった点に注目していたのである。

第三の「土地」は、生業活動の場に関するもの、と言い換えてもよいであろう。具体的には、最上は「土地使用の共同性」に注目した。法制上の所有とはかかわりなく、山菜の採取、焼き畑、薪炭材の切り出し、放牧など、土地の共同利用や個人利用をめぐる慣習や利用制限など、コモンズをめぐる問題に注目したのである。そのほか鵜匠による特権的な漁撈など、河川の利用をめぐる慣習にも触れている。

第四の「信仰」では「その生業をいとなむにあたっての人びとの心意、ことにその仕事と信仰とのからみあい」(3)に注目した。具体的には、土地の占有や労働成果の獲得、作業の安全に関する信仰のほか、生業活動の対象や場所などに関する禁忌についても取り上げている。最上はこうした心意・信仰の背景には、「何人でも自由にできるような土地や、そこの産物でも、神の支配するもので、これを利用するものは、他人からの制約はなくても、神からもらいうける手続きをとる必要があった」(4)と述べ、資源利用をめぐる自然観・世界観にかかわる指摘をおこなっているのである。

最上孝敬の生業研究は、生業を「前代産業の姿」と位置づけ、その歴史的遡及に関心を示すものであったため、近年の生業論においてはあまり注目されることがなかった。しかし、最上が提示した「技術」・「労力」・「土地」・「信仰」の四項目からなる枠組みは、生業活動を分析していくうえでの基本となる要素を押さえたものとなっている。とくに「土地」は生業空間の利用慣行、「信仰」は資源利用・空間利用をめぐる神と人とのかかわりなど、自然に対する人びとの考え方をとらえるうえで重要な点に着目していたといえる。

安室知と複合生業論

安室知は従来の単一生業研究からの脱却をめざして「複合生業論」を唱えた。安室知《やすむろさとる》は、「日本において畑作や漁撈や狩猟は単独で生計活動となりえたのか」(5)という問いを出発点とし、生業の複合的なあり方に注目した。安室以前、「生業複合」(6)については、河岡武春による低湿地での稲作・漁撈・鳥猟の複合、辻井善弥による磯漁の村の漁業と畑作の複合(7)など、いくつかの生業複合についての研究があった。そうした生業の複合的なあり方に着目し、それを生業研究の方法論として体系化をめざしたのが、安室知の複合生業論である。

安室知は「生業研究はあくまで『人』の『生』を中心としたものでなくてはならない」との理念を出発点としな

がら、複合生業論は「個人（または家）を中心にその生計維持方法を明らかにする」ものであり、「従来は別々に論じられてきた生業技術を人が生きていく上でいかに複合させているかに重点を置く」とし、「総合性を志向するものである」とした[8]。そのうえで、「生計は各種生業の選択的複合により成り立つという前提」にもとづき、「複合生業論は、生業技術間の関係や社会との関係など、複合の様相がどうあるのかというところまで」、その変遷を含めて明らかにしようとするもので、「その対象は伝統的生業だけでなく商業活動や賃労働なども含む」とした[9]。

安室知の複合生業論が、文献史学・地理学・考古学・文化人類学・農学などの分野において注目されるなかで、地理学者の今里悟之は、民俗学の生業研究に対して計量分析の必要性を指摘している[10]。安室知は、こうした統計データにもとづく計量分析や、生計復元研究などを念頭に置きながら、あらためて複合生業論のめざすところについて述べている。すなわち、「複合生業論でもっとも重要な点は聞き取りという手法を用いることにより統計や記録に残らない生業まで掘り起こしたうえで、トータルとして生計活動をみてゆこうとする[11]」ところにあるとする。このように、安室知の複合生業論は、「人の生」の追究を理念としながら、「統計や記録に残らない生業」も含めて対象としつつ、方法としては生計維持活動をトータルにとらえようとするものであった。

湯川洋司と生業の相互関連

湯川洋司は従来の生業研究を振り返り、新たな生業研究の視点として「相互関連」というとらえ方を提示している。湯川洋司によれば、生業の相互関連という視点には、大きく二つの方向があるとする。ひとつは、「生業をはじめとする社会の変化の相や要因を具体的に明らかにする」視点である。もうひとつは「地域社会が形成される原理や様態を読み取る[12]」視点である。

ひとつ目の視点は、仕事のつながりを見ていくことにより、「地域の生活の変化をきわめて具体的に把握する[13]」というもので、「その地域社会が他の地域社会とは異なる特色をもつ暮らしの型を成立させることを生業の分野から読み取る見かた」[14]である。こうした視点の背景には、「地域社会の実体は、生業をベースにして見るならば、さまざまな仕事が成立しそれらが組み合わされて有機的に営まれている」[15]とのとらえ方があった。

もうひとつの「地域社会が形成される原理や様態を読み取る」という視点は、宮本常一の「生業の構成」[16]をヒントに導かれたもので、「地域が一つの生産的完結体を構成する」ことに着目したものである。その背景には、「種々の異なる生業が絡み合い生活完結的な地域社会が出来上がっている」[17]とのとらえ方があった。なお湯川洋司は、地域内の生業の相互関連だけではなく、地域を越えた遠隔地との結びつきにも注意を払っていた。

このように、湯川洋司の「生業の相互関連」論には、地域社会を生業によるひとつの完結した組織体と見なすとらえ方があり、それは生業をとおした地域研究とでもいうべきものであった。

野本寛一と生業研究

最上孝敬とならび、民俗学における生業研究の枠組みや課題を総括的に論じたのは、野本寛一である。野本寛一は『講座日本の民俗学　第五巻』「生業の民俗」において研究史を振り返りつつ、つぎの四点について指摘している。第一点は生業の複合性に関してである。水田や用水路などの人工的な水界における漁撈活動から生業の複合性に関する理論化を図った安室知の複合生業論に触れ、今後は「各生業要素を生計維持という視点で人や家単位でたしかめながら総体を把握」する方向を提起する。そして、それには「複合される生業要素個々の時間的位置づけ」のほか、「自然環境・社会環境・経済環境」とのかかわりも多面的に視野に入れていかなければならないとし、一例として日記・日誌・家計簿などを活用した、家単位の複合生業を記録する「イエの生業誌」を構想する[18]。

第二点は生業と環境に関してである。生業のなかでも第一次産業は自然環境との結びつきが深いとし、自然環境と人間とのかかわりに注目する必要があるとする。具体的には「環境の規制力」と「環境の変革」に着目し、自然環境と人間の相互作用を浮き彫りにできるとする[19]。

第三点は「基層民俗」と「上層民俗」に関してである。野本は生業には、技術・民俗・自然環境とのかかわりといった即物的な側面と、儀礼・信仰・呪術・伝説・民謡・芸能といった信仰的・心意的側面があるとし、前者を「基層民俗」、後者を「上層民俗」と呼ぶ。生業研究ではこれら二つの側面を分離するのではなく、立体的に把握することが理想的であると述べ、研究の細分化傾向に警鐘を鳴らしている[20]。

第四点は「生業の相互関連」に関してである。野本は湯川洋司の「地域が一つの生産的完結体を構成する」という「生業の相互関連」論に注目し、これに消費生活等にかかわる要素を加え、「イエの内における連鎖」、「イエの外との連鎖」といった視点から見ることにより、生業や生活の全体構造がよりよく見えてくると指摘するのである[21]。

生業研究の課題と「人の生」

ここまで最上・安室・湯川・野本の生業研究をめぐる論点を見てきた。これらを通していえることは、生業研究の方向性が生業の個別的で細分化した研究から、生業の複合的・総合的・全体的な研究に向かっているという点である。そうしたなかで、近年の動向として注目したいのは、マイナー・サブシステンスである。これは「副次的生業」などと訳され、あるいは「遊び仕事」とも呼ばれるもので、そこに「楽しみ」という要素が内在することに着目し、生活のなかでの生業の意味を問い直そうとするものである[22]。マイナー・サブシステンスの視点から、新潟県村上市山北地区の大川で伝承されてきたサケ漁を分析した菅豊は、「楽しみ」が伝統漁業を維持する原動力として機能しているとし、生業の本質として経済性や生産性のほかに「遊楽性」が存在することを指摘した[23]。

これまでの生業研究は、生業活動の実態的研究に力点が置かれる傾向があった。そのため、人間の生活にとっての生業の意味を問うことは、あまりおこなわれてこなかった。そうしたなかで登場したマイナー・サブシステンスの視点からの研究は、これまでの生業研究のあり方に再考を迫ろうとするものであり、今後の生業研究に新たな側面を切り拓いたといえる。しかし、マイナー・サブシステンスよりも、生業研究の根幹にふれるものとして見逃せないのは、安室知が複合生業論の提唱において示した、「生業研究はあくまで『人』の『生』を中心としたものでなくてはならない」(24)との指摘である。これは生業研究の理念にかかわる指摘であり、これまでこれを正面から取り上げた研究は未見である。今後の生業研究の出発点に据えるべき課題として注目される。

以上の検討をふまえ、本書では生業を「人の生」の営みとしてとらえることを基本的な視点として定めることにしたい。マイナー・サブシステンス論は、生業活動のなかに人にとっての「楽しみ」という側面を指摘した。しかし、「楽しみ」は「人の生」の一部分に過ぎないのであり、「人の生」には「楽しみ」以外にさまざまな要素があると考えられる。その意味で小島孝夫の指摘は、生業研究の根源にある問題を照らし出している。すなわち、小島孝夫は近年の生業研究を振り返り、生業研究の課題として、稼ぐことや遊ぶことだけでなく、「人が生き続けようとする意思の基盤」の解明をあげている(25)。また小島孝夫とは異なる角度から生業研究を論じている石垣悟は、生業が「生計維持と直接的に関係なくとも」、「当事者のアイデンティティを自覚・維持させる要素となりうる」点を取り上げ、文化資源論や文化人類学で議論されている「アイデンティティとしての生業」という側面に注目している(26)。このように、生業研究をめぐっては多様な議論が展開されているが、「人の生」(27)とのかかわりにおいて生業のあり方を追究していく視点は、生業研究のもっとも基盤の部分に位置づけられるべきものであり、今後の生業研究を深化させていくうえで重要課題として扱わなければならないといえる。なお安室知は、その後『日本民俗生業論』(二〇一二年)のなかで、複合生業論を基盤とした生きるというレベルからの民俗誌の作成を、今後の生業研究の具体的な課題として示している(28)。

第二節　戦前・戦後の河川漁撈の研究

河川漁撈を含めた内水面漁撈の研究は、第二次世界大戦前からはじまり、大戦後は河川環境の悪化により伝統的な漁具・漁法が衰退していくなかで、文化財保護事業の一環として河川漁撈習俗の調査がさかんとなり、伝統的な漁撈具の収集・保存もおこなわれるようになった。ここでは戦前・戦後の河川漁撈研究を振り返り、研究対象が漁具・漁法を中心とした漁撈技術から川漁師の心意や生活の総体へと移っていく過程をみていくとともに、近年の研究動向をふまえて、河川漁撈研究の今後の課題について検討していきたい。

第二次世界大戦前の河川漁撈の研究

第二次世界大戦前における河川漁撈を含めた内水面漁撈の研究には、渋沢敬三を中心としたアチックミューゼアムによる漁業史の研究と、柳田国男を中心とした民俗語彙による研究成果とがあった。アチックミューゼアムの漁業史の研究では、漁村の古文書を対象とした研究のほか、鵜飼・筌《うけ》・簗《やな》などを対象とした調査研究もおこなわれていた。

第二次世界大戦前、渋沢敬三は内水面漁撈に関して、つぎのような問題関心を示していた。すなわち、渋沢敬三は産業としての漁業には「鯨、鮪、鰤《ぶり》というような規模の大きなものがあるかと思えば、一方には小さい漁業としては、百姓が筌やブッタイのようなもので泥鰌《どじょう》などを獲つて居る漁業もある。それは如何にも小さく、まとまつて居らぬので下らない漁業のようでありますけれども、日本全体から見ると馬鹿に出来ない」[29]ものがあると指摘している。これは渋沢敬三が、筌やブッタイ[30]などをもちいた内水面における農民の「小さい漁業」の重要性に注目していたことを示すものであり、渋沢の問題関心の所在を知るうえで興味深いものがある。

　こうした渋沢敬三の問題関心を背景としながら、アチックミューゼアムでは筌の研究会が組織された。筌の研究会では六八項目からなる「筌調査要目」を作成し、全国二六一八カ所を対象にアンケート調査を実施し、そのうち六〇四カ所から回答が寄せられた(31)。その調査結果は刊行されるには至らなかったが、それはひとつの漁具を対象とした全国的な調査として、漁具・漁撈研究のうえで先駆的な試みであり、第二次世界大戦後の内水面漁撈の調査研究にも大きな影響を与えた。

　第二次世界大戦前のアチックミューゼアムでの内水面漁撈の研究としては、筌や鵜飼の調査研究のほか、霞ヶ浦、三面川《みおもて》、四万十川などでの漁撈調査がおこなわれた(32)。そのなかで戦前、報告書としてまとめられたのは、桜田勝徳による四万十川での漁撈調査であった。桜田勝徳『土佐四万十川の漁業と川舟・土佐漁村民俗雑記』（一九三六年）は、旧中村町や旧十川村での聞き書きを中心にした四万十川の河川漁撈に関する調査報告である。限られた日程・条件のもとでの調査であったが、夜間におこなわれる大規模な鮎刺網漁《あゆさしあみりょう》や曳網《ひきあみ》・投網《とあみ》・釣り・筌・簗・鵜飼など、特色ある漁具・漁法を中心に四万十川の河川漁撈の実態が、他の地域の漁具・漁法との比較も交えながら明らかにされた。そのほか、三面川に関しては、伊豆《いず》川浅吉《かわあさきち》による「越後三面川鮭漁業の史的考察」（一九四一年）がある。これは文献資料にもとづく鮭漁業の歴史的考察であった。

　なおアチックミューゼアムでの河川漁業史・内水面漁業史に関する研究成果は、日本学士院編『明治前日本漁業技術史』（一九八二年）において、網漁・氷上《ひょうじょう》漁・鵜飼漁・簗漁・筌漁・魞《えり》漁の漁撈技術史を中心としたものが収録されている。

　一方、第二次世界大戦前における柳田国男を中心とした研究成果としては、柳田国男・倉田一郎『分類漁村語彙』（一九三八年）がある。これは民俗語彙を指標にして、採集された民間伝承を分野・内容ごとに分類・整理した漁村関係の語彙集である。『分類漁村語彙』には、「船の種類」など三三項目にわたって海の漁業・漁撈に関する民俗語彙が分類・整理されているが、それとは別に「附録」として「内陸漁業」の項目が立てられ、そこに内水面漁撈にかかわる漁具・漁法や魚名などに関する一八六の民俗語彙が収録されている。これにより内水面の漁具・漁法の分布や、類似・関連した漁法を一覧することが可能となった意義は大きいといえる。なお海の漁法の項目には、湖沼の漁法との類似点や影響関係にふれた記載もあり、第二次世界大戦前における柳田国男・倉田一郎による内水面漁撈の研究成果が集約されている。

最上孝敬と内水面漁撈研究

第二次世界大戦後、河川漁撈を含めた内水面漁撈の調査研究は、印旛沼の漁法を取り上げた篠丸頼彦の報告（一九五九年）や、津山市吉井川の漁撈に関する湯浅照弘の報告（一九六三年）など、いくつかの調査報告が認められる。そうしたなかにあって、一九五〇年代中頃から一九六〇年代中頃にかけて、鵜飼漁や川潜り漁の調査に精力的に取り組み、多くの調査成果をあげた研究者として最上孝敬が注目される。ここでは最上孝敬の研究成果が集約されている『原始漁法の民俗』（一九六七年）と、西郊民俗談話会での河川漁撈の共同調査を中心に見ていくことにしたい。

最上孝敬の『原始漁法の民俗』は、内水面漁撈やアマの潜水漁の研究成果をまとめたもので、巻頭の「原始漁法について」は総論に位置づけられるものである。そこには最上孝敬の内水面漁撈研究に関する基本的な視点が示されている。最上が「原始漁法」と呼んでいるものは、漁法のなかでも古い時代から文献に登場し、しかも近年もなお広くおこなわれている漁法を指している。具体的には、河川での鵜飼い漁やつかみ取り漁、河川と海両方での漁撈として、カナギ漁・ウケ漁・釣り漁・網漁などが含まれている。

最上は原始漁法が古い時代からそのままの形で続いていると見ているわけではない。最上によれば、原始漁法は「四囲の情勢の変化進展に伴って、種々と新しい変化を示している。古い姿がどんなものであり、それがどんな事情によってどのように変化し、今日各地にみられるようなさまざまの形に展開したか[33]」を見ようとした。このように、最上には漁法を外的条件との関連でとらえ、その展開のあり方を見ようとする視点があったといえる。

もうひとつ注目すべきは、最上が漁の相互連関に注意を払っていた点である。最上は、鵜飼漁や裸潜り漁が、カナギ漁・ウケ漁・釣り漁・網漁などと「相互に競合し、ときにはたがいの間に摩擦を生じたりもするが、また場合によってはそれぞれに関して開発された技法をうけついで用いるというような相互援助の関係も生じ、たがいにふかい関連をもっている[34]」と指摘し、最上が漁の競合や摩擦、漁法の技術上の相互交流などに注目していたことがわかる。

このように、最上は原始漁法をとらえるうえで、外的要因との関連で漁法の変化・変遷を見たり、漁のあり方や漁法上の技術を他の漁や漁法との相互連関においてとらえようとするなど、漁撈技術を中心に独自の視点から内水面漁撈の研究を進めていたのである。

つぎに見ておくべきは、西郊民俗談話会での河川漁撈の共同調査である。西郊民俗談話会では、『原始漁法の民俗』の刊行直後の一九六七年一一月の例会において最上孝敬が「川漁の研究方針」について報告し、そこでの討議をもとにして「河漁調査の要点」が作成された。『西郊民俗』第四四号に掲載されたその内容を見ると、調査の要点として、①漁撈技術、②漁場・魚族・漁期、③漁撈従事者の社会的位置や労働組織、④仕事の安全と豊漁に関する信仰や禁忌、といった四部構成となっている。この構成は、最上が『日本民俗学大系』で示した生業研究の枠組み（技術・労力・土地・信仰）がベースになっていると考えられる。

西郊民俗談話会では、この「河漁調査の要点」にもとづき、会員による漁撈調査が実施され、その調査結果は一九六八年四月の『西郊民俗』第四五号「川漁特集」において掲載された。そこには最上孝敬「東京西郊の河川漁」、小川博「下総行徳で聞いた川漁いくつか」、西村浩一「那珂川の川漁」、河上一雄「川沼における漁法の一断面」、木村博「山女を手摑みにする話」、竹折直吉「東富士山麓における河漁の報告」、坂本正夫「土佐の川漁―ユキドリについて」、小野重朗「川漁点々」、大島建彦「海漁と川漁」の報告があり、関東を中心にしながらも、青森県から鹿児島県にいたる広範囲の河川漁撈の状況が明らかにされた。西郊民俗談話会メンバーによる「河漁調査」は、共通の指針にもとづいた河川漁撈の一斉調査の試みとして河川漁撈研究史のうえでひとつの画期となるものであったといえる。

文化財調査と河川漁撈研究

河川漁撈を含む内水面漁撈の調査研究は、一九七〇年代以降さかんとなった。とくに一九七〇年代後半以降は、行政による文化財保護事業の一環として、川や湖での伝統的な漁具・漁法や漁撈習俗が調査の対象となり、多くの調査成果が蓄積されてきた。

まず一九七〇年代前半を中心に、河川漁撈に関するおもな調査報告を見てみると、日本常民文化研究所編「多摩川の筌」（一九七〇年）、小林茂「荒川水系の漁撈」（一九七一年）、小林茂「荒川水系の筌」（一九七一年）、亀山慶一「利根川の川漁」（一九七一年）、小野重朗「鰻の石積漁法」（一九七二年）、戸田市教育委員会『戸田市の伝統漁法』（一九七五年）・『戸田市の伝統漁法（補）付・戸田の漁撈関係語彙集』（一九七六年）、小林茂「荒川水系の筌―形態・構造・分布―」（一九七六年）などがある。これを見ると、当時の河川漁撈の調査研究は、荒川水系をフィールドとするものが中心であり、小林茂がその推進役となっていたことがわかる。

小林茂らによる『戸田市の伝統漁法』（一九七五年）および『戸田市の伝統漁法（補）付・戸田の漁撈関係語彙集』

（一九七六年）は、荒川下流域の本流およびそこに注ぐ河川での専業の川漁師や遊漁者による伝統漁法を対象としたもので、再現可能な漁法については川漁師の協力のもと、漁期も合わせながら往時の姿を再現し、参与観察による調査と写真による記録保存に徹した報告書であった。この報告書では、荒川下流域の感潮域での伝統漁撈のようすが明らかにされるとともに、漁場のなかに「一家の危急を救う」「米櫃《こめびつ》」と呼ばれる「とっておきのツボ」の存在が指摘された点が注目される。これは川漁師の漁場に対する観念の問題を取り上げたものであり、従来の河川漁撈研究を一歩前進させる内容となった。

一九七〇年代前半、河川漁撈の研究が進展するなかで、『日本民俗学』第一一〇号（一九七七年）で淡水漁法に関する特集が組まれた。筆頭論文の最上孝敬「淡水漁法について」は、一九七〇年代中頃までの全国の内水面漁撈の研究成果を総括する内容のものであった。この雑誌にはそのほか、篠丸頼彦「印旛沼手賀沼の漁法」、小野重朗「原始川漁法としてのハジとヒビ」、小島弘義「相模川水系の川漁」、湯浅照弘「岡山県の内水面漁撈習俗―付・県内の二、三の筌―」、泉房子「小丸川水系の伝統漁法」の五つの報告が掲載されている。

最上孝敬の「淡水漁法について」は、各地の淡水漁撈の漁具・漁法を個別に取り上げるだけでなく、淡水魚の魚食、流通、漁場の規制、漁獲物の分配、特権的漁業権、信仰との関係など、生業研究の四項目からなる枠組みをふまえながら淡水漁業について論じている。また最上は海面漁業と比較しながら、淡水漁業の特色や淡水漁業を取り巻く環境変化についても論じており、河川漁撈をとらえるうえでの基本的な視点が提示された。具体的には、最上は淡水漁業の特色を海面漁業と比較し、「きわめて小規模な漁業」であり、漁撈域が限られており、濫獲防止のため新しい漁法の導入がなされず、淡水漁業には比較的古い漁法が残っている点を指摘した。また淡水漁業を取り巻く状況として、灌漑用の水利用に加えて都市部での飲料水の取水、治水のための護岸工事や砂利採取による魚族の生息環境の改変、電源開発のためのダム建設、工場排水や農薬使用による水質汚染など、河川をめぐるさまざまな環境変化が淡水漁業の衰退・変貌に大きな要因となっていることを指摘した[35]。

つぎに一九七〇年代後半から一九八〇年代にかけての河川漁撈の調査研究を見ていくと、小島弘義「相模川のアユ漁」（一九七七年）、湯浅照弘「内陸漁業」（一九七七年）、吉川國男「埼玉の潜水つかみ漁（一）・（二）」（一九七七年・一九七八年）、大館勝治・大友務・栗原文蔵『荒川中流域における伝統漁撈法』（一九七七年）、小林茂「荒川水系の鵜飼とその用具」（一九七八年）、平塚市博物館編『相模川の魚と漁—相模川流域漁撈習俗調査報告書』（一九七八年）、奥野広隆「オロ漁—熊本県の原始川漁法—」（一九八〇年）、金内重治郎「最上川下流域のヤツメドウについて」（一九八一年）、犬塚幹士「最上川水系の鮭漁と用具」（一九八二年）、神野善治「筌漁の研究　上・下—狩野川水系を中心に—」（一九八二年・一九八三年）、広島県立歴史民俗資料館編『江の川水系の漁撈民俗文化財調査報告書　江の川の漁撈』（一九八四年・一九八五年・一九九一年）、安斎忠雄『多摩川水系における川漁の技法と習俗』（一九八五年）、安斎忠雄『立川民俗シリーズ　第五集　多摩川中流域の漁撈具』（一九八五年）、福井県立博物館編『九頭竜川の漁撈』（一九八七年）、宅野幸徳「魚類の分布と漁具・漁法の関係—江の川全水域の事例的研究—」（一九八九年）などがある。

河川漁撈研究のフィールドが荒川水系から相模川水系や多摩川水系にとどまることなく、伝統漁法が残る全国各地の水系へと広がり、有形民俗文化財としての漁具の収集を兼ねた漁撈習俗調査が地域の博物館・資料館を中心に展開されていった。そのなかで、『相模川の魚と漁—相模川流域漁撈習俗調査報告書』は、文化庁の補助金により一九七七年度に平塚市教育委員会が主体となって実施された相模川流域の漁撈習俗に関する調査報告書である。調査は相模川の上流から河口にかけて河川漁撈従事者のいる七集落を対象としたもので、漁具・漁法を中心にしながらも、村の生産活動の中での河川漁撈の位置づけ、漁獲物の交易・流通、漁船と船大工、魚の調理法などについて、ダム建設による伝統的な漁具・漁法への影響、新しい漁具・漁法の導入、河川環境の変貌、海の漁法との関係なども対象としており、幅広い視点から河川漁撈をとらえようとするものであった。

一九八四年に文化庁の補助金により広島県立歴史民俗資料館が主体となって「江の川水系の漁撈民俗文化財調査」が実施され、西日本では初めての大規模な河川漁撈調査の報告書として『江の川の漁撈』が刊行された。江の川水系の河川漁撈調査で注目されるのは、調査対象の転換であった。当初は漁具・漁法を中心に調査が進められたが、「漁具・漁法を生み出し伝えてきた人間の問題なしに漁撈という営みが理解できるのだろうか[36]」という川に生きる人たちからの問題提起をきっかけに、調査対象が「漁具・漁法」から川漁師の「生活の総体」へ向けられることとなったのである。これは河川漁撈研究のあり方に修正を迫るものとなった。

これまで見てきたように、河川漁撈習俗調査では、同一水系内の伝統的な漁具・漁法の記録と漁具の収集が中心におこなわれ、漁具の形態・機能や漁撈技術に注目した用具論的・技術論的な研究に関心が注がれていた。そのため、川漁師の漁撈に対する考え方やとらえ方など、漁撈活動の主体である人間への関心はあまり注がれることがなかった。そうしたなかで、小林茂の河川漁撈研究においては、漁具・漁法を中心とした物質文化の研究に終始するのではなく、漁場である川に対するとらえ方など河川漁業によって生きてきた人たちの「心の内面」に目が向けられていた点は注目される。また黒田明憲を中心とする江の川水系漁撈文化研究会においては、調査対象が漁具・漁法から川漁師の生活の総体に向けられていった点も注目に値する。以上のように一九七〇年代中頃以降、河川漁撈研究の進展のなかで、川漁師の「心の内面」や「生活の総体」の解明に関心が向けられるようになったといえる。

第三節　近年の河川漁撈の研究動向

つぎに近年の河川漁撈研究の動向をみておくことにしたい。まず最初に取り上げるべきは、山崎武『大河のほとりにて』（一九八三年）である。これは四万十川の川漁師が川と漁と自分の人生について著したものである。この本の出版を契機に、各地の川漁師の「語り」や「生の声」を伝える著作が相次いで刊行されるようになった。おもなものをあげると、利根川中流から下流域の五川・三沼の内水面漁撈を対象とした芦原修二『川魚図志』(一九八四年)、長良川の川漁師を取り上げた天野礼子『萬サと長良川─「最後の川」に生きた男─』(一九九〇年)、江の川の川漁師・天野勝則による『川漁師の語り　アユと江の川』(一九九六年)、仁淀川の川漁師からの聞き取りによる宮崎弥太郎・かくまつとむ『仁淀川漁師秘伝─弥太さん自慢ばなし─』(二〇〇一年)、江の川の川漁師からの聞き書きを中心とした黒田明憲『江の川物語　川漁師聞書』(二〇〇二年)、ドジョウ・ザザ虫・サンショウウオなど各地の多様な川漁を取材した斎藤邦明『川漁師　神々しき奥義』(二〇〇五年)、四万十川のそばに住み、狩猟や川漁をおこなう百姓からの聞き書きをまとめた永澤正好『四万十川Ⅱ　川行き〈田辺竹治翁聞書〉』(二〇〇六年)、長良川の川漁師の語りを綴った大橋亮一・大橋修・磯貝政司『長良川漁師口伝』(二〇一〇年)などがある。これらの著作をみていくと、漁撈技術の側面だけではなく、川・魚・自然のとらえ方のほか、川漁師の人生に対するとらえ方など、川漁師の自然観や世界観ともいうべきものが記述されており、従来の河川漁撈の研究では明らかにされなかった「人の生」の側面が描き出されているといえる。

こうした流れと並行して、一九九〇年以降、民俗学等の研究者によって河川漁撈や川と人とのかかわりを論じた著書・報告書がいくつか刊行されている。主要なものをあげると、樽本龍三郎『川漁の民俗学─兵庫県を中心として─』(一九九〇年)、赤羽正春『越後荒川をめぐる民俗誌─鮭・水神・丸木舟─』(一九九一年)、出口晶子『川辺の環境民俗学─鮭遡上河川・越後荒川の人と自然─』(一九九六年)、野本寛一『人と自然と　四万十川民俗誌』(一九九九年)、矢作川漁協一〇〇年史編集委員会編『環境漁協宣言─矢作川漁協一〇〇年史』(二〇〇三年)、菅豊『川は誰のものか─人と環境の民俗学─』(二〇〇五年)、赤羽正春『鮭・鱒』Ⅰ・Ⅱ(二〇〇六年)、小林茂『内水面漁撈の民具学』(二〇〇七年)などである。また文化財調査報告書としては、さいたま民俗文化研究所編『利根川の漁撈─中流域の漁法と漁具―』(二〇〇七年)があり、調査報告としては、伊藤廣之「淀川の川漁師からみた自然」(一九九四年)、野本寛一「江の川水系の漁撈民俗―サケ・マスを中心として―」(二〇〇〇年)、伊藤廣之「淀川における川漁師の漁撈活動」(二〇〇九年)、加藤幸治「河川におけるオープンアクセスでの資源利用―紀伊半島南部古座川の漁撈と近代林業から―」(二〇〇九年)などがある。

これらのなかで注目したいのは、赤羽正春『越後荒川をめぐる民俗誌―鮭・水神・丸木舟―』である。赤羽は新潟県の荒川流域での調査にもとづき、荒川のサケ漁と三面川のサケ漁を比較し、流水量などの河況の違いが漁具・漁法のあり方をどのように規定しているのかについて具体的な指摘をおこなっている。従来の河川漁撈研究では、ひとつの水系を対象とし、上流から河口までの漁具・漁法のあり方を、魚類の生息状況や河川環境とのかかわりからとらえようとするものが主流であった。赤羽の視点は、異なる水系とのあいだで同一漁法のあり方を比較し、河況による漁具・漁法の違いを分析したものであり、これまでの研究にはなかった新たな視点を投げかけるものであった。

出口晶子『川辺の環境民俗学―鮭遡上河川・越後荒川の人と自然―』は、赤羽と同様に新潟県の荒川をフィールドとする研究である。その研究の目的は漁具・漁法などの漁撈技術ではなく、川漁師をはじめ川を舞台に生きてきた「川人《かわど》」たちの自然観・環境観の解明にあった。出口はサクラマス漁での地先の占有慣行、アユ漁での棹による漁場の占有慣行、サケ漁での地先占有と川への権利意識など、越後荒川での漁撈活動における川の利用慣行を通して、川漁師をはじめ、川とかかわり暮らしてきた「川人」たちの自然とのつきあい方を分析し、彼らのなかに「自然を守《も》する」という思想や、「おらが川」への帰属意識といったものが存在することを指摘したのである。

野本寛一『人と自然と　四万十川民俗誌』は、四万十川の源流部から河口部までの流域を対象に、川をめぐる民俗だけでなく、流域の暮らしや生業を含めて総合的にとらえようとしたもので、他の河川との比較も視野に入れた

「河川民俗研究」の試みともいうべき著作である。このなかで、河川漁撈に関しては、感潮域におけるチヌ漁やウナギ漁のほか、アカメ・シラスウナギ・ボラ・ゴリなどを対象とした漁撈についての報告があり、これまであまり知られていなかった河口域特有の漁撈のようすが明らかにされた。

矢作《やはぎ》川漁協一〇〇年史編集委員会編『環境漁協宣言―矢作川漁協一〇〇年史』は、矢作川の河川環境と内水面漁業の一〇〇年をたどり、流域の人と川の関係の再構築と、河川環境の再生を展望したものである。本書では矢作川漁業協同組合の歩みと環境への取り組みを主軸にしながら、河川環境の変化のなかでの、兼業漁業者の川漁の姿を描き出している点が注目される。

菅豊『川は誰のものか―人と環境の民俗学―』は、村上市山北地区の大川での代表的な川利用の活動として、コド・モッカリと呼ばれる誘引装置による伝統的なサケ漁を取り上げ、近世から現代までの川のサケをめぐる共的な管理・利用の制度を歴史的・民俗誌的に描き出し、コモンズとしての川の生成と変容を明らかにしている。河川漁撈研究に関していえば、漁撈活動の対象である資源としてのサケや漁場としての川に着目し、その管理・利用をめぐる制度やルールの側面を中心にしてコモンズの視点からの漁撈研究の可能性を示したといえる。

小林茂『内水面漁撈の民具学』は、著者のライフワークのひとつである内水面漁撈の民具学的研究の集大成ともいえるものである。小林茂の研究で注目すべきは、全国に普遍的に分布する筌に焦点を当て、荒川という同一水系内での漁具（筌）の構造・形態・漁法の違いを、流区・河況・魚相との関連で分析し、その連関を明らかにした点である。もうひとつ注目すべきは、魚や川と向かい合いながら暮らしを立ててきた川漁師の自然観や漁場観ともいうべき「心の内面」の部分を明らかにしようとした点である。

なお、さいたま民俗文化研究所編『利根川の漁撈―中流域の漁法と漁具―』は、天候、魚種、漁獲量、農事などについて記載した川漁師の日記をもちいて、河川漁撈の具体像や日々の暮らしの一端を描き出すことを試みており、文字資料を活用して川漁師の生活実態をとらえようとした試みであった。

以上、一九九〇年以降の河川漁撈の研究動向を振り返り、つぎの三点を指摘しておきたい。第一点目としては、越後荒川・大川・矢作川・淀川・古座川・四万十川などで漁撈調査がおこなわれるようになり、河川漁撈研究のフィールドの拡大が進んだ。第二点目としては、川漁師の自然観・漁場観・環境観・生活の総体など、漁撈技術以外の側面にも研究が及ぶようになった。第三点目としては、コモンズの概念と絡めて分析することにより、漁場利用や資源管理の問題を個別の慣習としてとどめるのではなく、地域全体の共同管理の問題としてより広範囲で、より包括的にとらえることが可能となった。

まとめ

本章ではつぎの点を明らかにした。第一節では、最上孝敬・安室知・湯川洋司・野本寛一など民俗学による生業研究を振り返り、生業研究が個別的で細分化したものから複合的・総合的・全体的な方向性をめざすものへと移ってきたことを指摘した。そのうえで、マイナー・サブシステンス論やアイデンティティとしての生業論など、近年の生業にまつわる議論においては、生業活動の生産性や経済性あるいは生計維持など、生業の実態的研究から人にとっての生業の意味や意義の追究に関心が向かっていることを指摘した。

第二節・第三節では、戦前から近年までの民俗学による河川漁撈の研究史を振り返り、最新の研究動向もふまえながら、本研究の研究課題の設定にむけた整理をおこなった。そのなかで、従来の河川漁撈研究においては、漁具・漁法といった漁撈技術を中心にした漁撈活動の実態的研究に力が注がれてきたが、近年、小林茂の研究や江の川漁撈文化研究会などの研究においては、漁撈活動の主体である川漁師からみた川・魚・自然に対する世界観や「心の内面」、あるいは川漁師の「生活の総体」など、新たな研究領域の模索が進められていることを指摘し、現時点での河川漁撈研究の到達点として示した。

こうした河川漁撈研究の動きは、「人の生」としての生業研究の方向性とも軌を一にするものである。そうした動向をふまえ、本研究では従来の技術論・生計維持論の視点によるのではなく、「人の生」に着目しながら河川漁撈をとらえ直し、川漁師の自然観や世界観の追究をとおして、河川漁撈研究に新たな領域を切り拓くことを試みてみたい。

注

(1) 最上孝敬「はじめに―生業と民俗」『日本民俗学大系　第五巻』、平凡社、一九五九年。
(2) 前掲書(1)、二頁。
(3) 前掲書(1)、六頁。
(4) 前掲書(1)、七頁。
(5) 安室知「存在感なき生業研究のこれから―方法としての複合生業論―」『日本民俗学』第一九〇号、日本民俗学会、一九九二年、四一頁。
(6) 河岡武春「低湿地文化と民具(一)(二)」『民具マンスリー』九巻三号、四号、日本常民文化研究所、一九七六年。
(7) 辻井善弥『磯漁の話―一つの漁撈文化史―』北斗書房、一九七七年。
(8) 前掲書(5)、四二頁。
(9) 安室知「生業の民俗学―複合生業論の試み―」国立歴史民俗博物館編『歴博フォーラム　生業から見る日本史―新しい歴史学の射程―』吉川弘文館、二〇〇八年、二三五頁。
(10) 今里悟之「民俗学に『数学』は有害か?」『日本民俗学』第二五二号、日本民俗学会、二〇〇七年、二三一頁。
(11) 前掲書(9)、二四一頁。

(12) 湯川洋司「生業の相互関連」野本寛一・香月洋一郎編『講座日本の民俗学　第五巻　生業の民俗』雄山閣出版、一九九七年、二七五〜二七六頁。
(13) 前掲書(12)、二七八頁。
(14) 前掲書(12)、二八三頁。
(15) 前掲書(12)、二八三頁。
(16) 宮本常一「生業の構成」『日本民俗学』第一〇〇号、日本民俗学会、一九七五年。
(17) 前掲書(12)、二八四頁。
(18) 野本寛一「総説　生業の民俗」前掲書(12)、一一頁。
(19) 前掲書(18)、一三頁。
(20) 前掲書(18)、一三頁。
(21) 前掲書(18)、一四〜一五頁。
(22) 松井健「マイナー・サブシステンスの世界―民俗世界における労働・自然・身体」篠原徹編『現代民俗学の視点　第一巻　民俗の技術』朝倉書店、一九九八年。
(23) 菅豊「深い遊び―マイナー・サブシステンスの伝承論―」篠原徹編『現代民俗学の視点　第一巻　民俗の技術』朝倉書店、一九九八年、二四五頁。
(24) 前掲書(5)、四二頁。
(25) 小島孝夫「複合生業論を超えて」『日本民俗学』第二二七号、日本民俗学会、二〇〇一年、三七頁。
(26) 石垣悟「暮らし(あるいは生き方)をとらえる糸口」『日本民俗学』第二六二号、日本民俗学会、二〇一〇年、三〇頁。
(27) 人類学者の田辺繁治は、『「生」の人類学』(二〇一〇年)において、「生」とは一般的に「生物学的な生命であり、日常の生活であり、また一人一人の特色をもった人生などを意味するが、ここではそれらすべてを含む、『生きているという事実の総体』」(一頁)と規定している。

(28) 安室知『日本民俗生業論』慶友社、二〇一二年、一八頁。

(29) 渋沢敬三「所感―昭和十六年十一月二日社会経済史学会第十一回大会にて―」『祭魚洞襍考』岡書院、一九五四年、四一三頁。

(30) ブッタイについては、第二次世界大戦前に倉田一郎が「淡水漁法大概」(『民間伝承』第二巻第三号に所収)のなかで土佐の鏡村での聞き書きを報告している。それによれば、「ブッタイ。東京辺でブッテといふ漁具。竹を長方形の板状にあみ、この長い所の一辺を二つ折りにして柄をつけたもの。小川で雑魚を浚へ獲る方法に用ゐられる。」(二二頁)とある。『分類漁村語彙』の「竹をほぼ長方形の板状に編み、その長い一辺を二つ折りにして太竹などの柄をつけた箕形の漁具」で、「小川などの雑魚類を獲る」という解説は、倉田の報告の文章がベースになっているようである。ブッタイは各地の漁具の調査報告には散見されるが、現在のところ筌のような詳細な研究は見受けられない。

(31) 桜田勝徳「敬三とアチックミューゼアム」『渋沢敬三　上』渋沢敬三伝記編纂刊行会、一九七九年、八九一頁。

(32) 宮本常一「解説」『桜田勝徳著作集　第一巻　漁村民俗誌』名著出版、一九八〇年、四一三頁。

(33) 最上孝敬『原始漁法の民俗』岩崎美術社、一九六七年、三頁。

(34) 前掲書(33)、四頁。

(35) 最上孝敬「淡水漁法について」『日本民俗学』第一一〇号、日本民俗学会、一九七七年、一三六～一三七頁。

(36) 広島県立歴史民俗資料館・江の川水系漁撈文化研究会『川に生きる―江の川流域の漁撈用具―』二〇〇〇年、九頁。

第二章　環境民俗学の視点と研究方法

はじめに

河川漁撈の研究は、民俗学においては生業研究の分野に属する。前章ではこれまでの民俗学における生業研究を振り返り、問題の所在やその今日的課題についての考察をおこなった。そのうえで河川漁撈研究に関して、漁具・漁法といった漁撈技術についての研究の蓄積は進んだものの、河川漁撈の主体である川漁師の川・魚・自然に対する認識や、川漁師の生活の総体をとらえる研究については、あまり進展が見られないことを明らかにした。そのうえで、川漁師の自然観や世界観などの解明、あるいは川漁師の生活総体の把握のためには、河川漁撈の主体である川漁師の視点から、川漁師と自然とのかかわり、漁撈をとおした川漁師同士のかかわりなどを探っていく必要があることを指摘した。そうした研究を進めていくうえで、大きな力を発揮するのが環境民俗学である。

環境問題の深刻化を背景に、人文・社会科学の分野において自然や環境に関する研究がさかんとなるなかで、一九八〇年代以降、民俗学においても自然や環境を射程に入れた研究がはじめられるようになった。その研究成果は、一九八〇年代後半以降、野本寛一『生態民俗学序説』（一九八七年）、篠原徹『自然と民俗―心意のなかの動植物―』（一九九〇年）、鳥越皓之《ひろゆき》編『試みとしての環境民俗学―琵琶湖のフィールドから―』（一九九四年）、篠原徹『海と山の民俗自然誌』（一九九五年）、出口晶子『川辺の環境民俗学―鮭遡上河川・越後荒川の人と自然―』（一九九六年）、菅豊

『川は誰のものか―人と環境の民俗学―』（二〇〇六年）、山泰幸ほか編『環境民俗学―新しいフィールド学へ―』（二〇〇八年）などの著書として刊行された。そのなかで環境民俗学が、民俗学のひとつの研究領域として提示されることとなった(1)。

鳥越皓之は、環境民俗学を「環境と人間との関係を研究する民俗学の一分野」と位置づけ、具体的には「人びとは暮らしのなかで自分を取り囲む環境をどのように利用・管理しつづけてきたか、人びとはどのような環境観をもって暮らしてきたか、というような課題を研究することをつうじて、今後の人びとの暮らしのありさまを問う(2)」ものと規定した。鳥越による環境民俗学の提唱以降、環境民俗学をめぐっては、篠原徹・菅豊・山泰幸ほかによって議論が深められ、今日に至っている。

本章では、一九八〇年代後半以降の自然や環境を対象とする民俗学研究を取り上げ、それぞれの研究者が自然や環境をどのようにとらえていたのかを検討していくことにしたい。第一節では、「民俗連鎖」という独自の視点から自然と民俗事象との関係をとらえようとした野本寛一の生態民俗学、第二節では、地域に暮らす人びとの自然に関する民俗知識の束を抽出し、それを植物分類学や生態学的手法を取り入れながらモノグラフとして描き出そうとした篠原徹の民俗自然誌、第三節では、自然環境と人間のかかわりを民俗学的視点から研究することを提起した鳥越皓之の環境民俗学、第四節では、サケ漁の川を事例としてコモンズの生成と変容を民俗誌として詳述した菅豊の人と環境の民俗学を中心に取り上げ、それぞれの問題関心・研究対象・分析方法などを検討し、これらの先行研究における自然または環境のとらえ方を明らかにしていく。そのうえで、第五節ではこれらの環境民俗学の視点に学びつつ、民俗学における河川漁撈研究を進めるための分析枠組みを提示し、第六節において、本書の問題設定と研究方法を示すことにしたい。

第一節　野本寛一と生態民俗学

環境民俗学の分野においては、まず野本寛一の研究を取り上げなければならない。野本寛一の『生態民俗学序説』は、「生態民俗学」の視点から叙述された自然と人間のかかわりについての民俗誌である。野本のいう生態民俗学とは、「生態学的な視点でなるべく多様な民俗を見つめ直」すことを目的とするもので、「生態学的な視点に立った民俗学」あるいは「生態学的な着眼・発想による民俗現象の研究」(3)を指している。野本が生態民俗学を発想するに至った原点は、大井川流域での民俗調査にあった。上流域から下流域にかけて変化する植生と家屋の屋根との関係が、生態学でいう「環境傾度」に相当する問題ではないかと考えたのである。こうした生態学的な発想を背景に置きながら、野本は従来、民俗学が総じて民俗事象をテーマ別・項目別に扱ってきたことに対する反省をふまえ、生態学のなかで「食物連鎖」と呼ばれている概念をヒントにしながら、生態民俗学の切り口のひとつとして「民俗連鎖」という視点を考え出した。それは「連鎖」という視点から民俗事象をとらえ直すことで、「民俗事象相互の関係やその連続性のダイナミックス」を浮かび上がらせ、これまで「テーマとテーマの間から漏れて見失われてきた微細な営みにも光」(4)を当てようとするものであった。

野本の『生態民俗学序説』には、生態民俗学の構想とそれを構想するに至った多彩な民俗事例が、「民俗連鎖」「環境適応」「動植物の生態と上層民俗」といった三つのテーマのもとに記されている。生態民俗学の構想に関して、野本は「自然環境、人為的環境、環境への適応、環境変革などを包括した『環境民俗学』が将来において成立する可能性は充分にある」(5)とし、生態民俗学が環境民俗学の主翼に位置づけられるとしたのである。しかしながら、環境民俗学そのものについては、その可能性を示すにとどまり、見取り図を提示するまでには至らなかった。

野本の環境民俗学については、『生態民俗学序説』の九年後に刊行された『講座日本の民俗学　第四巻　環境の民俗』の「総説　環境の民俗」のなかで、そのアウトラインが示されている。野本は「環境民俗学」に相当するものとして「環境民俗の研究」という表現をもちいてその構想を示している。まず「環境民俗の研究」とは、「人が暮らしや生業の中でいかに環境とかかわってきたのかを、多角的・有機的に、より詳細に、そして総合的に学ぶことにほかならない」とし、それは「暮らしや生業と複雑にからむ環境構成要素、民俗の生成土壌としての環境要素を意識化することから始まる」[6]とする。そのうえで、民俗学の研究方法として、「生活誌的・民俗誌的研究」と、「特定の主題を設定して日本全体をフィールドとするテーマ主義的な研究」とがあることをふまえて、「環境民俗の研究」にも、そうした二つの流れがあり得ると指摘する。[7]

このように、一九八七年に提唱された生態民俗学と、一九九六年に論じられた「環境民俗の研究」の両者を見ていくと、そこには共通した野本独自の視点を見い出すことができる。それは野本のことばを借りていえば「民俗生成論」[8]である。野本はつぎのように述べている。「人間の営みである民俗事象を生態学的に見つめようとすることは、人間を大自然の生態系のなかに据え直し、民俗事象を自然環境のなかでとらえ直すことにもなる。その意味で、『生態民俗学』は民俗の発生を根源的に確かめることになり、それは新時代の人間研究にもつながるはずである」[9]と。

ここで野本がいう「民俗の発生を根源的に確かめる」というのは、「民俗文化発生の基層部分」にまでさかのぼり、「『民俗生成』の基点と展開を探索」することを指している。野本は『生態民俗学序説』を「筆者の構想する『日本民俗生成論』の一画をなすものである」[10]と述べているように、野本の生態民俗学は「民俗生成論」の一部分を構成するものであり、方法的には両者は表裏一体の関係にあったともいえる。民俗生成論は民俗の発生・起源をたどろうとするものであるが、そのなかで環境の位置づけはどのようになっているのであろうか。たとえば、同年の別の論文「生態民俗学の構造」では、環境は「民俗生成の根幹や生成基盤」[11]とされている。野本にとって、環境は民俗の生成の根幹や基盤と位置づけられていたのである。こうした環境に対するとらえ方は、「総説　環境の民俗」のなかでも「民俗の生成土壌としての環境要素」[12]という表現で示されている。

このように野本の環境のとらえ方は、自然や環境を「民俗の生成基盤」とするものであり、環境と民俗との関係性という点でいえば、環境が民俗のあり方を規定しているとの視点に立つものである。しかし、環境と民俗との関係性を論じる野本の視点の根底には民俗生成論があり、そこには歴史的に古代にまで遡って民俗の発生や起源を求めようとする考え方があった。民俗生成論は、環境と民俗の関係性を「自然と人間のかかわり」に止めるのではなく、古代と結びつけて起源論・発生論の立場からとらえようとするものであり、研究方法論としてはそこに批判を免れることができない要因があった[13]。ただし、『生態民俗学序説』を含め、『共生のフォークロア・民俗の環境思想』（一九九四年）・『海岸環境民俗論』（一九九五年）・『人と自然と　四万十川民俗誌』（一九九九年）など一連の著作は、人びとの環境とのつきあい方を豊富な民俗事例によって示しており、環境民俗学の研究を進めていくうえでの共有の財産といえるものである。

第二節　篠原徹と民俗自然誌

篠原徹には自然や環境に関する代表的な著作として『自然と民俗―心意のなかの動植物―』（一九九〇年）、『海と山の民俗自然誌』（一九九五年）、『自然を生きる技術―暮らしの民俗自然誌』（二〇〇五年）がある。ここでは、これらの著作をとおして、篠原がどのような視点から自然や環境をとらえようとしていたのかを見てみよう。

『自然と民俗―心意のなかの動植物―』は山村や島における植物利用や命名、動物に関する民俗知識、鵜や鵜飼などをテーマとして自然と人間の関係を分析したもので、そこには篠原が提唱する「民俗自然誌」の背景となる視点や考え方が示されている。『自然と民俗―心意のなかの動植物―』のなかで、篠原は研究対象を「資源としての環境」と定めたうえで、「ひとつの地域の環境に対する環境イメージを抽出」することをめざした。篠原は「資源としての環境はそこに住む人々が環境に与えた意味の総体」であるとし、「そこに住む人々の自然に対する民俗的知識の束」を取り出し、それを分析することによって自然と人間の関係を論じようとした[14]。そのうえで篠原は、地域に住む人びとの自然と人間の関係を取り上げるためには、「その地域における相互連関的な一連の関係の総体を民俗学的に分析する必要があ」るとし、そのためには「具体的な民俗誌レベルでまず明らかにしなければ[15]」ならないとする。そうした方法的認識にもとづき、植生の異なる落葉広葉樹林帯の村と亜熱帯の村を取り上げ、「生活様式にとって環境のもつ意味の具体的な相違を明らかにし[16]」ようとしたのであった。

このように、篠原が研究対象とした「資源としての環境」は、具体的には実体としての環境ではなく、環境と関わっている人びとの認識のなかに形成された「環境イメージ」であった。つまり篠原は、環境を実体論としてとらえるのではなく、いわば認識論のレベルでとらえていこうとしたのである[17]。篠原はそれを「地域の民俗知識の束としての自然観」、または「民俗自然観[18]」と呼び、そうしたものを地域の民俗誌のなかでとらえようとする点に方法上の独自の主張があったといえる。

つぎに『海と山の民俗自然誌』(一九九五年)は、『自然と民俗―心意のなかの動植物―』で提示された方法にもとづき、人間と自然のかかわりを自然誌と民俗誌を融合させたモノグラフとして描き出そうとする試みであった。篠原が民俗自然誌を提起するにあたってキーワードとしたのが「自然知」である。篠原のいう「自然知」とは、「文字知」に対する概念とされ、「技能」の背後にあって「生業の中で自然と対峙して獲得され、伝承される知識の総体[19]」をさす。これは『自然と民俗―心意のなかの動植物―』のなかで「民俗的知識の束」と呼ばれていたものと同義である。「民俗自然誌」の構想を進めていくなかで、「民俗的知識の束」が「自然知」という新たな概念として整えられていったといえる。

篠原は自然誌・民俗誌・民俗自然誌の違いについて、つぎのように規定している。すなわち、「動物や植物の生活に関する科学的な記述を自然誌」とし、「ある生業を営む人々の社会的集団の生活総体を記述するものを民俗誌」とする。そのうえで、「民俗と生態をつなぐもの」として「ある社会集団の生活総体のなかで自然と対峙し伝承され観察して獲得された自然知の体系」[20]を記述したものを「民俗自然誌」と位置づける。つまり、自然知を中心にして記述された民俗誌が民俗自然誌なのである。

篠原が目指そうとした民俗自然誌は、「量的な記載や分類学的な厳密性」を備えた「比較可能な民俗誌」であった。そのため、民俗自然誌の作成にあたって篠原がとった方法は、従来の民俗誌のように「聞き書き」によって得られたイーミックな視点によるデータだけで記述するのではなく、自然誌でみられるように「観察」によって得られたものを植物分類学や生態学的手法など客観的な方法を併用し、「聞き書き」と「観察」を等価のものとして扱いながら記述するというものであった[21]。

このように、篠原がとらえようとする自然や環境は、人間の認識の中に形成され内在する自然や環境についての民俗知識やイメージであり、篠原はそれを民俗誌のなかに位置づけながら描こうとしたのである。野本の自然や環境に対するとらえ方が、民俗事象とのかかわりをとおして見ようとするものであったのに対して、篠原の自然や環境に対するとらえ方は、人間の認識に内在する民俗知識やイメージとして扱おうとしていたのである。

この点に関して、福田アジオは野本の生態民俗学を「実態論としての自然と人間の関係」をとらえようとしたもの、篠原の民俗自然誌を「認識論、知識論のレベルで自然と人間の関係を捉えようとする」ものとし、両者は自然と人間の関係をとらえようとする点で共通するが、篠原の民俗自然誌では「主体としての人間」に重点が置かれていたことを指摘している[22]。野本の生態民俗学と篠原の民俗自然誌とでは、自然や環境に関するとらえ方が大きく異なっていたのである。

篠原による民俗自然誌の研究は、その後の海外でのフィールドワークの成果をふまえ、『自然を生きる技術―暮らしの民俗自然誌』（二〇〇五年）としてまとめられている。このなかで篠原は、中国雲南省や海南島、エチオピアのコンソ社会、日本の一本釣り漁師や里山で暮らす人びとの生活を取り上げながら、人と自然の関係性を民俗自然誌として描くための方法論的な議論を展開している。そのなかで示された篠原の基本的な認識は、「自然と人間は技術を介して関係をとりむすぶ」ものであり、「この自然と人間の交通手段としての技術は、その技術を保有する人びとの自然観や自然認識とも深く連関している[23]」というものであった。このような認識のもとで、篠原は「文化の中に立ち現れる人と自然の関係性を民俗自然誌として叙述する方法[24]」を模索し、その結果として技術を介して人と自然の関係性をとらえるという視点に辿り着いたのである。[25] このように、篠原の自然のとらえ方は、「主体としての人間」の視点に立ちながら、「技術[26]」を介して人間と自然の関係性を見ていこうとするものであった。

第三節　鳥越皓之と環境民俗学

野本寛一は『生態民俗学序説』において「環境民俗学」成立の可能性を予見していた。しかし、それは「環境民俗学」という言葉の提示にとどまっていた。そこから一歩先を踏みだし、内容をともなったものとして環境民俗学を提起したのは鳥越皓之であった。鳥越皓之は『試みとしての環境民俗学―琵琶湖のフィールドから―』（一九九四年）において、環境民俗学の具体的な構想を明らかにした。まず環境民俗学の目的に関して鳥越は、人びとの暮らしのなかで生まれ、受け継がれてきた共同の「生活の知恵」のうち、「環境に関わる分野を探求すること[27]」と定めた。そして鳥越は、環境民俗学の対象である環境に関して、それを自然環境に限定したうえで、「民俗学が対象とする『自然環境』はつねに〝人間の手が加わった自然環境〟である」ととらえるのである。そのうえで環境民俗学とは、「『自然環境』（加工された自然環境）と人間とのかかわりのカラクリを民俗学的視点から研究する分野」[28]であると位置づけた。

こうした設定のもと、鳥越は環境民俗学の三つの研究分野（守備範囲）を提示した。第一の研究分野は、「〝環境を殺さず〟うまく人間の生活に〝利用しつづける〟カラクリを伝統社会から見つけ出すことを課題とする」もので、いわば自然環境の利用にかかわる分野である。第二の研究分野は、「環境と人間が相互のせめぎあいをし、そのなかでのすりあわせのごときものをするそのすりあわせの有様をあきらかにしようとする立場であ」り、「『環境』の側にも人間と同じ〝主体性〟（人格）を認めているところに、この立場の特色」があり、いわば自然環境との共生にかかわる分野だとする。第三の研究分野は、「環境を媒介とした〝人間相互の関係〟を明らかにしようとする」ものであるが、これは「前二者ほどに視点（分析方法）が定まっていない分野で、今後の方法論的展開が望まれる」とした。このように、鳥越は環境民俗学の研究対象と三つの研究分野（守備範囲）を設定し、環境民俗学の骨格となるものを初めて明示したのである。

自然環境と人間とのかかわりのカラクリを分析するために、鳥越が提示した方法は「生活の立場」分析である。この方法について鳥越は、「環境と民俗学」[29]および「民俗学的発想―村を美しくする計画などない。良い村が自然と美しくなる」[30]のなかで具体的な事例を示しながら説明を加えている。鳥越のいう「生活の立場」分析とは、「その現象をそのときの生活の中に置いてみる」というもので、「生活の中に置いて、そこを掘り下げていってある種の解釈をする」という方法であった。[31]ここでいう「ある種の解釈」とは「たんに『生活』を分析するのではなく、その人の立場に立った生活の分析」であり、「第三者の位置から分析するのではなく、その人の立場から分析する」[32]という方法である。

鳥越はこうした「生活の立場」分析の視点から自然と人間の関係性をどのように分析することができるのか、二つの事例を示しながら説明を加えている。ひとつの事例は、コイの漁撈についてである。もう一つは柿の木をめぐる事例である。まずひとつ目はコイの漁撈をめぐる自然と人間の関係である。コイはたんに水中を泳ぎながら移動しているが、そのコイをどこで誰が捕るかによって、その意味あいが変わってくる。たとえば、コイは田圃や川や堀などを移動することで、その所有権を有する者が、個人であったり、組合であったり、神社であったりと、所有権者がさまざまに変わってくる。鳥越はこの所有権というものが、「コイと人間を結ぶ鎖の役割」を果たすものであり、この「鎖」に注目し、「自然と人間の関係性」を見ていくことを指摘している。(33)

ふたつ目は、柿の木をめぐる事例である。家の垣根から外に出ている柿の実、畑や水田の畦道に立つ柿の実、山の中の柿の実を取り上げ、柿の木が置かれている状況によって、柿の実を採る行動が異なることを例示しながら、柿の実に対する人びとの行動の背景には「暮らしのルール」ともいうべきものがあり、「人間はあるルールを共通につくりあげて、それを守りながら自然と共存している」(34)ことを明らかにした。

このように、鳥越皓之の環境民俗学では、人間は生活のなかの所有権や暮らしのルールを通して自然とかかわり合っていると見るのである。環境のとらえ方でいえば、野本寛一の生態民俗学がいわば実体論的なとらえ方であり、篠原徹の民俗自然誌がいわば人間を主体とした認識論的なとらえ方であったのに対し、鳥越の環境民俗学は、生活のなかの所有権や暮らしのルールといった、「人びとの生活の立場」とのかかわりから自然と人間の関係性を社会的にとらえようとするものであったといえる。

第四節　菅豊と人と環境の民俗学

菅豊は『川は誰のものか―人と環境の民俗学』において、村上市山北地区を流れる大川を事例として取り上げ、コモンズという概念を手がかりとしながら、人と環境のかかわりに注目し、民俗学の立場から河川と資源の管理・利用について論じている。

菅はコモンズを「複数の主体が共的に使用し、管理する資源や、その共的な管理・利用の制度」[35]と規定する。そのうえで、大川のサケをめぐる人びとの共的世界について、近世から近代までを対象に歴史的・民俗誌的に詳述するとともに、川の資源をめぐる管理・利用の制度の生成と変容について考察を加えた。そのなかで、菅は従来のコモンズ研究においては、「コモンズのあり方が、自然環境や自然資源の『持続可能』性につながると期待され」ていたため、「そこでの中心課題は、人間と自然・資源との関係性」に置かれていたとする。しかし、菅はコモンズをめぐる「人間と自然・資源との関係性」は、「自然や資源を守ることを一義的なものとして生み出されたのではな」く、「自然や資源を利用する人々の間の関係性を守ろうとするものであった」との認識に立ち、「コモンズ論ではまず最初に考えなければならないのは、人間と自然・資源との関係性ではなく、人間と人間との関係性である」との考えを提示した[36]。

こうした論の立て方からわかるように、菅は人と環境のかかわりについて二つの関係性を設定している。ひとつは「人間と自然・資源との関係性」であり、もうひとつは自然や資源とかかわる「人間と人間との関係性」である。この二つの関係性のなかで、菅がコモンズを論じるに当たって重要視したのは、後者の「人間と人間との関係性」であった。

このような視点に立ち、菅は大川のサケ漁を事例としたコモンズの分析をおこない、サケの資源利用をめぐって個人（イエ）・ムラ・地域（流域）・国家が絡み合って存在する点に注目し、それを「コモンズの重層性」として指摘している。ここで「重層性」と表現されているのは、具体的には、資源の共的世界をめぐる地域社会の「入れ子構造」になった人間と人間の関係を指している。これは資源利用をめぐる「人間と人間との関係性」についての指摘といえるものである。

ここで思い浮かぶのは、鳥越皓之が環境民俗学の提唱のなかで示した三番目の研究分野「環境を媒介とした〝人間相互の関係〟」である。鳥越は三番目の研究分野に関して、他の二つの研究分野ほどには視点（分析方法）が定まらず、今後の方法論的展開が望まれるとした。菅が指摘した「入れ子構造」になった人間と人間の関係性は、鳥越が提示した三番目の研究分野に関連するひとつの事例といえるかもしれない。

第五節　環境民俗学の視点と本研究の枠組み

これまで野本寛一・篠原徹・鳥越皓之・菅豊の四人の研究を取り上げ、それぞれの研究者の自然や環境に対するとらえ方をみてきた。野本寛一は自然や環境を「民俗の生成基盤」と見なし、それらが民俗のあり方を規定するという認識に立っていた。野本が見ていた自然や環境は、実体としての自然や環境であった。篠原は認識の主体を人間に置いたうえで、技術をとおして「自然と人間のかかわり」をとらえようとしていた。篠原徹が見ていた自然は、実体としての自然ではなく、人間のなかに形成されたイメージや認識としての自然であった。鳥越皓之は、生活環境主義をベースにしながら、実践に重きを置いた立場から環境をとらえようとしていた。すなわち鳥越は、自然と人間をつなぐ「鎖」の役割を果たすものとして「生活のなかの所有権や暮らしのルール」を設定し、「人びとの生活の立場」から自然との関係性を見ようとした。そして菅豊はサケ漁がおこなわれる川の資源や環境といった共的世界をコモンズ論の視点から取り上げ、そこでの「自然と人間の関係性」や「人間と人間の関係性」をとらえようとしていたのであった。

最近の動向としては、自然や環境をテーマに取り組む民俗学・人類学・社会学の研究者らによって、新たな環境民俗学を模索する動きがある。そこでは「人と自然のつきあい方を多様性を重視しながら、なるべく要約や一般論でひとまとめにせず詳細化[37]」しようとする研究が試みられており、環境民俗学は「自然環境という切り口で民俗学研究をあらたに展開しようとする試み」、あるいは「人と自然の相互関係を考えるフィールド科学の共有地としての民俗学という立ち位置から、環境という現代的課題に取り組む[38]」研究と位置づけている。それは鳥越の環境民俗学を継承しながらも、具体的には「習俗」を人間と自然環境のあいだに位置づけ、「知識」「資源」「言葉」という独自に設定した三つの側面から人間と自然のつきあい方をとらえ直そうとするもので、そこでの人間は個々の行為者が想定されており、扱われる自然とは「表象としての自然環境」であるとされる[39]。

このように、環境民俗学の位置づけや自然環境のとらえ方は、研究者の学問的立場や研究目的によって異なっている。総じていえば、環境民俗学は自然環境を切り口とする民俗学的研究であり、その中軸に据えられているのは「自然と人間のかかわり」であった。そして、研究者による方法上の違いは、何を媒介として「自然と人間のかかわり」をとらえようとするのかという点にあったといえる。

つぎに環境民俗学の視点に立った河川漁撈研究を進めていくにあたって、まず漁撈という生業活動がどのような活動であるのかを明らかにしておかなければならない。一般に漁撈という活動は魚の習性にあわせて、さまざまな漁具・漁法を駆使しながら、目的とする魚を捕獲するという行為である。しかし、漁撈は魚を捕獲することだけではなく、漁場の確保や維持、魚とのつきあい方、他の漁師との相互関係、漁師としての生き方など、多彩な側面を合わせ持っている。

そうした漁撈という生業活動を環境民俗学の視点からとらえるためには、新たな分析枠組みが必要となってくる。この分析枠組みを設定するにあたり、まず漁撈活動の構成要素ともいうべきものを見てみると、A漁撈の主体である漁師、B漁撈の対象である魚介類、C漁撈の場である漁場、D漁場を共同利用する他の漁師といった四つの要素

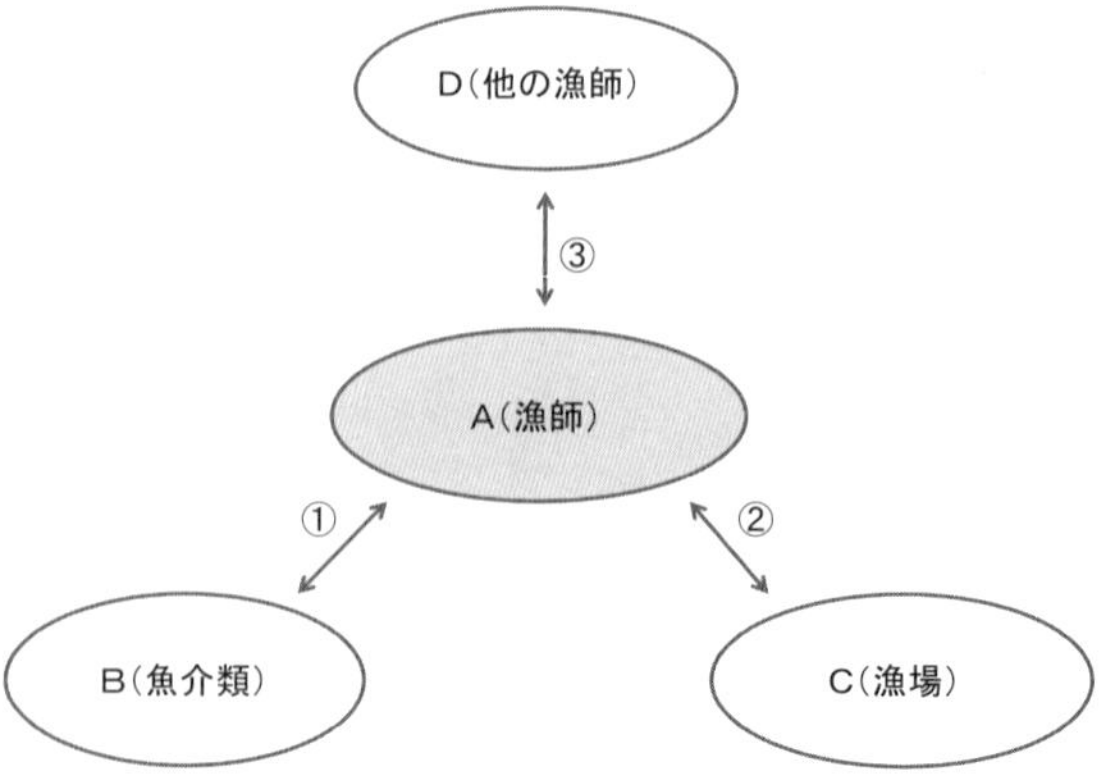

図2の1　漁撈をめぐる3つの関係性

が存在する。つぎに環境民俗学の視点として、その中軸に位置する「自然と人間のかかわり」、および鳥越皓之や菅豊により提示されている「環境を介した人間と人間の関係性」という視点にもとづき、漁撈活動の構成要素のつながりを見ていくと、そこに三つの関係性を見い出すことができる。それらの関係性を示したのが図2の1である。それは漁撈活動の主体としての漁師を中心に据えながら、①は漁師と魚介類の関係性、②は漁師と漁場の関係性、③は漁師と他の漁師の関係性といえる。このなかで①の関係性と②の関係性は「自然と人間のかかわり」、③の関係性は「環境を介した人間と人間の関係性」に対応するものである。こうした関係性を、本研究では「漁撈をめぐる三つの関係性」と呼び、環境民俗学の視点に立った漁撈研究の分析枠組みとして定めることにしたい。

　こうした分析枠組みを漁撈研究に導入することによって、どのような事柄を明らかにすることができるのであろうか。たとえば、①の関係性に関しては漁師からみた魚に対する認識、②の関係性に関しては漁師からみた川に対する認識、③の関係性に関しては漁撈・漁場をめぐる他の漁師との共同や確執などについて対象化することが可能となる。そのことによって、これまでの漁撈研究ではあまり手がつけられていなかった漁師の自然観・環境観・漁撈観さらには漁師の生き方など、漁撈をめぐる未開拓の領域の研究を進めていくことができるのである。そういった意味で、ここに提示した「漁撈をめぐる三つの関係性」は、環境民俗学の視点に立った漁撈研究を進めていくうえで有効な分析枠組みといえるのである。

第六節　問題設定と研究方法

第一章において、河川漁撈の研究を振り返り、漁具・漁法など漁撈技術の研究に対して、河川漁撈の主体である川漁師の自然に対する認識や、川漁師の生き方を含めた生活の総体をとらえる研究が進展していないことを指摘した。また本章では環境民俗学の視点をふまえ、川漁師の自然観・環境観・漁撈観・生き方などの研究には、「漁撈をめぐる三つの関係性」が有効な分析枠組みとなりうることを示した。

以上の検討をふまえて、つぎに本研究における問題設定と研究方法を提示することにしたい。まず第一章で指摘した研究課題をふまえ、本研究の問題設定として、次の三点に焦点を絞っていきたい。

一、川漁師は魚・川・環境をどのようにとらえていたのか。これは自然観や環境観の問題である。

二、川漁師は他の川漁師たちとどのように渡り合って漁撈をおこなっていたのか。これは漁撈観の問題である。そこには漁場、ナワバリの問題も含まれる。

三、環境変化のなかで川漁師はどのようにして漁撈活動を続けてきたのか。これは生き方の問題である。

こうした問題設定をふまえ、本研究では、環境民俗学の視点から導き出された「漁撈をめぐる三つの関係性」を分析枠組みとし、これまで取り上げられることがなく、その実態が不明であった淀川の河川漁撈を研究対象として定め、フィールドワークによって得られた独自のデータにもとづきながら河川漁撈の世界を明らかにしていきたい。

そのための研究方法として、本研究の前半部では、三人の川漁師のライフヒストリーをとらえながら、淀川淡水域での河川漁撈、淀川淡水域から汽水域に漁場を移転した川漁師の漁撈活動、淀川汽水域での河川漁撈について、川漁師の生活の総体把握を意識しつつ、河川漁撈によって暮らしてきた川漁師たちの生業活動の実態を民俗誌的に叙述する。ここでライフヒストリーを取り入れているのは、取り上げる河川漁撈が多くの場合、個人単位の漁撈活動であり、その漁撈活動の移り変わりを見ていくうえでも、この方法がもっとも有効であると考えたからである。また漁撈の主体である川漁師の視点から生業活動をとらえ、川漁師の生活の総体を把握するうえでも、ライフヒストリーが力を発揮すると考えたからである。

このようにして、淀川に展開する河川漁撈の世界を民俗誌的に明らかにしたうえで、本研究の後半部では、技術論の視点から巨椋池の漁撈との比較によって河川漁撈の特徴を浮かび上がらせるとともに、「漁撈をめぐる三つの関係性」という分析枠組みによって、河川漁撈の主体である川漁師と魚、川漁師と川、川漁師と川漁師の関係性を分析し、これまで解明が進んでいない川漁師の自然観、環境観、漁撈観の解明を試み、さらには環境変化による川漁師の生き方についても考えていきたい。従来の河川漁撈の研究は、漁具・漁法といった漁撈技術の側面に重きを置く傾向があったが、本研究では、環境民俗学の視点から川漁師の自然観や世界観ともいうべきものを追究し、民俗学的生業研究の課題といえる「人の生」としての生業研究に近づいていきたい。

注

（1）鳥越皓之編『試みとしての環境民俗学―琵琶湖のフィールドから―』雄山閣出版、一九九四年。

（2）鳥越皓之「環境民俗学」『日本民俗大辞典　上巻』吉川弘文館、一九九九年、四三五頁。

（3）野本寛一『生態民俗学序説』白水社、一九八七年、一五頁。

（4）前掲書（3）、一六頁。

（5）前掲書（3）、一七頁。

（6）野本寛一「総説　環境の民俗」野本寛一・福田アジオ編『講座日本の民俗学　第四巻　環境の民俗』雄山閣出版、一九九六年、四頁。

（7）前掲書（6）、一一〇頁。
（8）野本寛一の「民俗生成論」は、すでに『焼畑民俗文化論』（一九八四年）のなかで「民俗生成構造」論として展開されている。
（9）前掲書（3）、一七頁。
（10）前掲書（3）、一七頁。
（11）野本寛一「生態民俗学の構造」『民具マンスリー』二〇巻九号、神奈川大学日本常民文化研究所、一九八七年、二頁。
（12）前掲書（6）、四頁。
（13）篠原徹「書評『生態民俗学序説』」『日本民俗学』第一七〇号、日本民俗学会、一九八七年、一三五頁。菅豊「自然をめぐる労働論からの民俗学批評」『国立歴史民俗博物館研究報告』第八七集、国立歴史民俗博物館、二〇〇一年、一五頁。
（14）篠原徹『自然と民俗―心意のなかの動植物―』日本エディタースクール出版部、一九九〇年、九頁。
（15）前掲書（14）、一〇頁。
（16）前掲書（14）、一一頁。
（17）福田アジオ「民俗学の動向とその問題点」『日本民俗学』第一九〇号、日本民俗学会、一九九二年、一一頁。
（18）前掲書（14）、一一頁。
（19）篠原徹『海と山の民俗自然誌』吉川弘文館、一九九五年、二六七頁。
（20）前掲書（19）、四頁。
（21）前掲書（19）、二六八頁。
（22）前掲論文（17）、一二頁。
（23）篠原徹『自然を生きる技術―暮らしの民俗自然誌』吉川弘文館、二〇〇五年、一八九頁。
（24）前掲書（23）、二六頁。
（25）前掲書（23）、二〇五頁。
（26）篠原のいう「技術」とは「道具（機械）・身体知・自然知の総和」とされ、そのなかで「身体知」とは「経験的に獲得された身体を使う技法」、「自然知」とは野生動植物の利用に関する知識をさすものであった。篠原は技術を、道具・技・知識が一体となったものととらえ、そこに人びとの自然観や自然認識を探ろうとしたのである（前掲書（23）、一八九頁）。

（27）前掲書（1）、ii頁。

（28）前掲書（27）、iii頁。

（29）鳥越皓之「環境と民俗学」『民俗学研究所紀要』第二三集、成城大学民俗学研究所、一九九九年。

（30）鳥越皓之「民俗学的発想―村を美しくする計画などない。良い村が自然と美しくなる」『柳田民俗学のフィロソフィー』東京大学出版会、二〇〇二年。

（31）前掲書（29）、八頁。

（32）前掲書（30）、五～六頁。「生活の立場」分析は、鳥越らが『水と人の環境史―琵琶湖報告書』（御茶の水書房、一九八四年）において提唱した「当該居住者の立場に立つ」という生活環境主義の考え方にもとづくものである。鳥越は「生活の立場」分析について柳田民俗学に内在する方法であるとみている。

（33）前掲書（30）、一二頁。

（34）前掲書（30）、一三頁。

（35）菅豊『川は誰のものか　人と環境の民俗学』吉川弘文館、二〇〇六年、八頁。

（36）前掲書（35）、九九～一〇〇頁。

（37）山泰幸・川田牧人・古川彰編『環境民俗学―新しいフィールド学へ―』昭和堂、二〇〇八年、一〇六頁。

（38）川田牧人「環境民俗学のこれから／これからの（ための）環境民俗学」『環境民俗学―新しいフィールド学へ―』昭和堂、二〇〇八年、二九八頁。

（39）山泰幸「いま、なぜ環境民俗学なのか？」前掲書（38）、七頁。

第二部

淀川における河川漁撈の展開

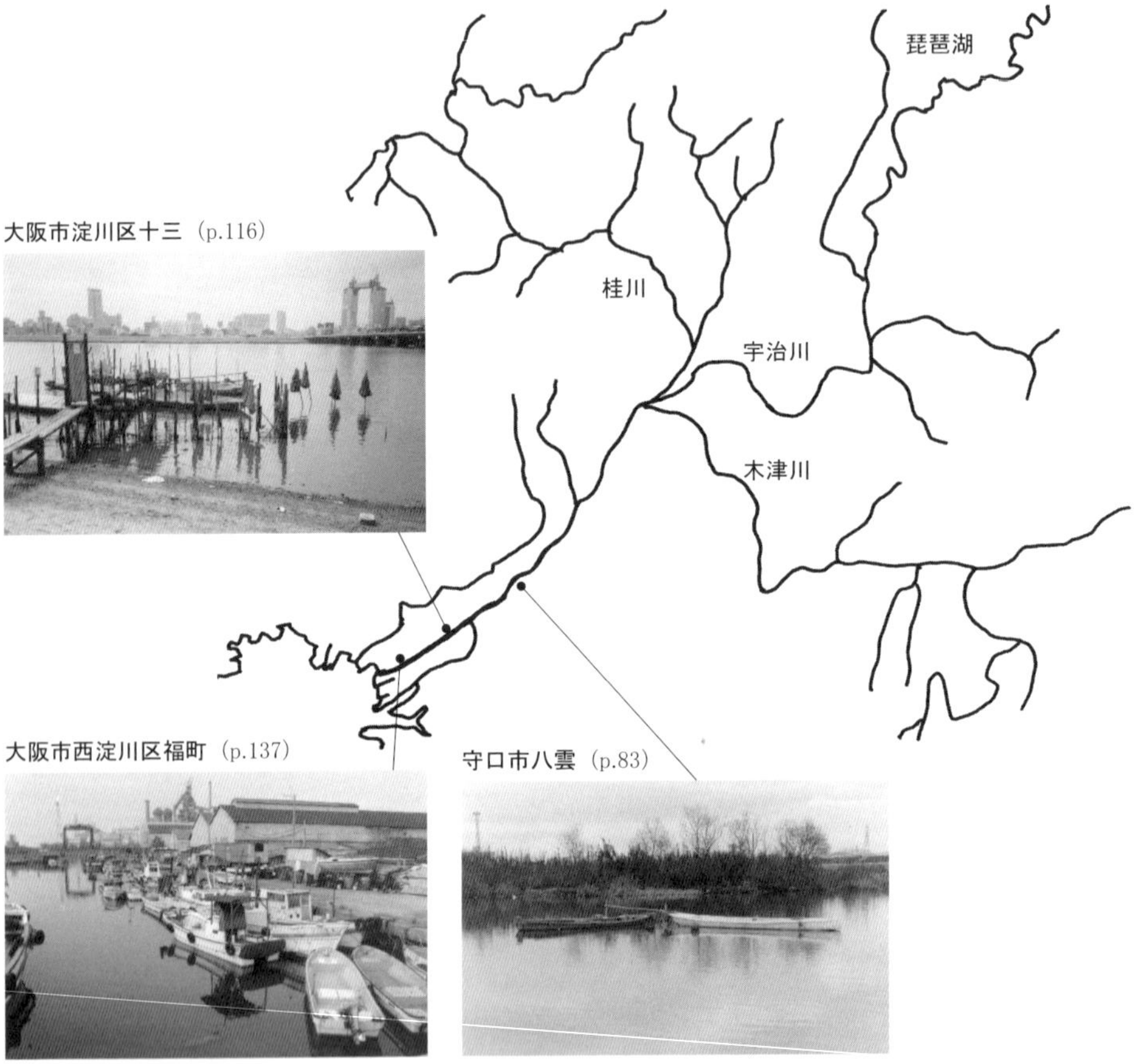

本書で取り上げる川漁師の拠点

第三章　淀川の環境と河川漁業の歴史的展開

はじめに

第二部では、淀川の上流域から河口域における河川漁撈の地域的展開をみていく。そこでまず本章では、淀川の河川としての位置づけ、淀川の研究史、淀川の環境、淀川の漁業史など、河川漁撈の背景となる事柄について概観しておきたい。第一節では本書のフィールドである淀川の位置づけと、淀川の研究史についてみていく。そのうえで第二節では、淀川の環境について概観する。とくに淀川の魚にとっての生息環境や川漁師からみた漁撈環境として大きな意味をもつと考えられる、人工の河川・新淀川、長柄《ながら》の可動堰《かどうぜき》、および淀川の水質汚濁についてみていく。第三節では近世における淀川漁業の歴史的展開について、第四節で近代における淀川漁業の歴史的展開について明らかにする。淀川の漁業をみていくうえでは、巨椋池の漁業についても触れておかなければならない。第三節・第四節では、近世・近代の巨椋池《おぐらいけ》の漁業に関しても取り上げる。そして第五節では漁業組合について概観し、淀川漁業のあり方を規定する制度面についてもみていくことにしたい。

第一節　淀川の位置づけと研究史

ここでは淀川の位置づけをおこなったうえで、淀川に関する研究史を概観し、本研究で対象とする淀川の範囲を定める。

淀川水系は、滋賀県の山間部に発する大小の川の水が琵琶湖に集まり、それが滋賀県下では「瀬田川」と呼ばれ、京都府域で「宇治川」と名を変えて南流し、木津川と桂川をあわせて「淀川」となって大阪平野を流れ下り、その途中、神崎川・中津川を分流しながら、大阪湾へと注ぐ大きな流れである（図3の1）。淀川水系のなかで、一般に「淀川」と呼ばれているのは、三川合流地点から大阪湾までの流れである。

しかし、淀川とする範囲は、河川交通や治水など目的や取り上げ方によって異なっている。たとえば、江戸時代後期に刊行された『河絵図』（一七九七年）には、淀川は「伏見豊後橋ヨリ大阪川口迄、拾三里四丁拾三間」とあり、宇治川に架かる現在の観月橋あたりから下流が淀川の範囲とされていた。これは河川交通の観点からみたものである。明治政府が治水事業を推進するために一八九六（明治二九）年に制定した河川法では、淀川の範囲は、琵琶湖の流出口から大阪湾までとなっている。その範囲は一九六五年に改正された新河川法でも踏襲されているが、このとき、「新淀川」の流路が淀川の本流と位置づけられ、元の淀川（大川）は「旧淀川」と呼ばれることとなった。

淀川の流域面積は、全国的にみると、利根川・石狩川・信濃川・北上川などにつづいて第七位であるが、近畿地方においては最大規模であり、河川法では一級河川に位置づけられている。淀川が他の河川とくらべ大きく異なるのは、古くから流域に都が建設されるなど、政治・経済の中心となった地域を流れているという点である。

淀川に関する研究は、水運、治水、水利、水害、漁業、文芸、河川工事、自然保護、環境問題など、さまざまな

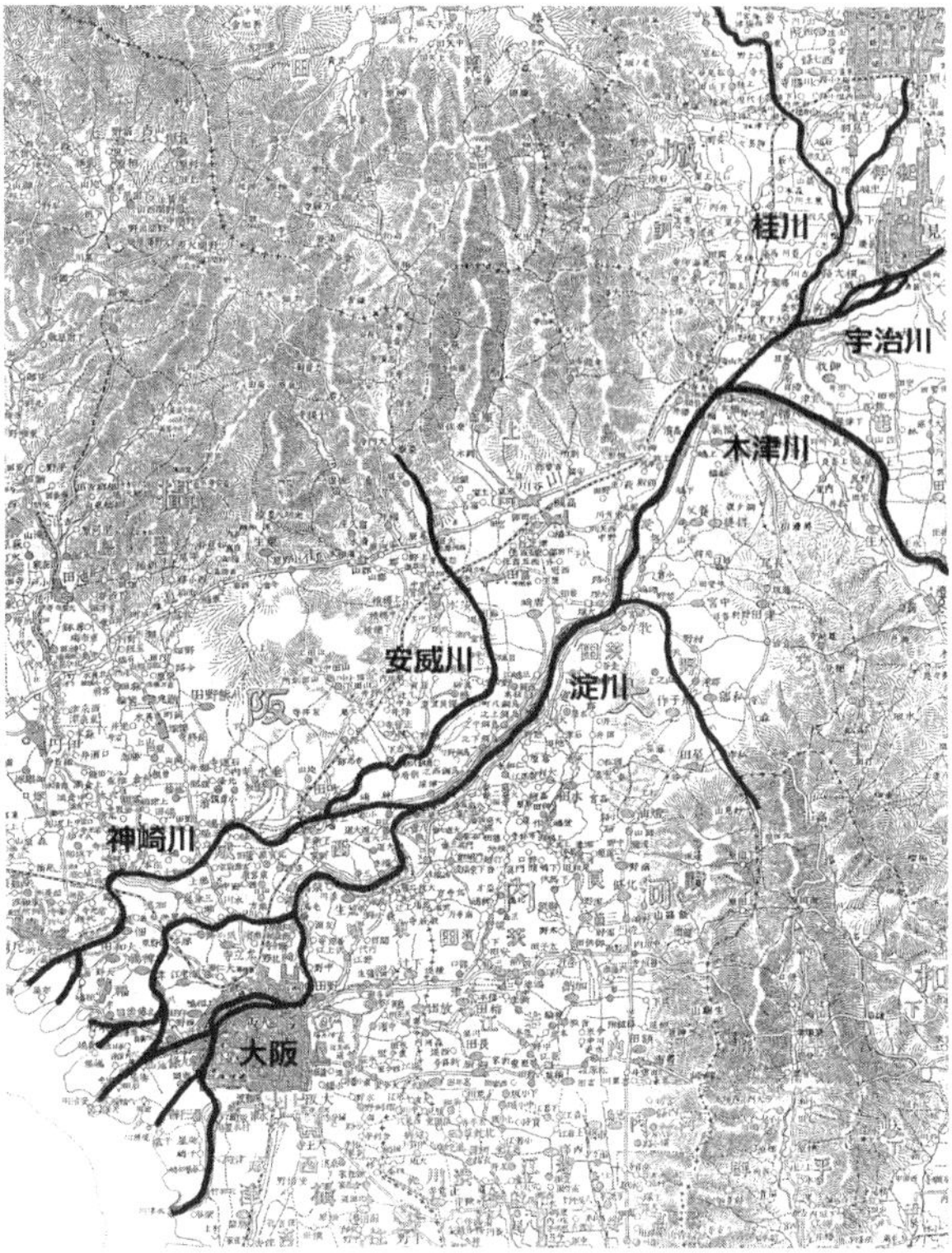

図3の1　淀川水系

分野におよんでいる。そうした研究史のなかで、人文系の分野において研究成果が蓄積されているのは、水運・治水・水利・水害に関するものである。水運関係では、文献史学の分野において日野照正の『近世淀川水運史料集』（一九八二年）と『畿内河川交通史研究』（一九八六年）がある。日野照正は三十石船など京都と大阪のあいだの貨客輸送にあたった過書船の歴史的研究をとおして、淀川が水運や河川交通のうえに果たした役割を追究した。その後、水運に関しては、田中淳一郎「江戸時代前期の木津川水運」（一九九一年）があり、塩見嘉久・大塚活美「聞き取り：京都府内の河川水運」では、淀川・木津川・桂川の水運の聞き取りが報告されている。

治水や水利に関しては、文献史学の立場から村田路人や福山昭による研究がある。村田路人は『近世広域支配の研究』（一九九五年）において、幕府による広域支配のあり方と近世の支配実現メカニズムの実態を検討している。そのなかで淀川に関しては、摂河の河川支配の機構や川筋普請のあり方を明らかにした。また村田路人《みちひと》『日本史リブレット93　近世の淀川治水』（二〇〇九年）では、豊臣期と江戸時代の淀川治水について、畿内河川整備事業の展開、堤防維持システムとしての国役普請制度、日常的な河川管理制度などをとおして明らかにした。また淀川に接する地域の水利に関しては、福山昭による『近世日本の水利と地域―淀川地域を中心に―』（二〇〇三年）がある。

水害に関しては、都市の歴史災害研究の一端を担う形で、地理学の分野を中心にして淀川・木津川・宇治川の水害研究が進められている。代表的な研究成果として、植村善博『京都の治水と昭和大水害』（二〇一一年）がある。植村善博は「京都盆地南部、木津川・宇治川の水害地形」（二〇〇八年）、「明治18年大阪水害の被害と記録写真」（二〇一六年）などの研究も進めている。また『京都歴史災害研究』には、淀川・木津川・宇治川の水害に関する数本の論考が掲載されるなど、流域災害に関する研究の進捗がみられる。

つぎに漁業に関連する分野では、淀川漁業の歴史に関する先行研究として、岩崎英精『京都府漁業の歴史』（一九五四年）と野村豊『漁村の研究―近世大阪の漁村―』（一九五八年）がある。岩崎英精『京都府漁業の歴史』は、おもに丹後地域の近世・近代の海面漁業を対象とした研究であるが、淀川水系や京都府下最大の内水面である巨椋池など、京都府下の内水面漁業に関する歴史についても明らかにしている。また野村豊『漁村の研究―近世大阪の漁村―』は、大阪湾や淀川での漁業に関して、漁村の旧家等に残る近世文書の分析や漁業の現状調査をとおして、近世から近代にかけての大阪の漁村や漁業について明らかにしている。宇治川の遊水池であった巨椋池の内水面漁業に関しては、宇治市歴史資料館企画編集『巨椋池』（一九九一年）があり、近世文書や絵図などの歴史資料にもとづき、近世を中心に巨椋池の漁業について詳述している。

また近年、文献史学の分野では大阪川魚問屋文書の研究が進展し、八木滋「近世大坂の川魚市場」（二〇一〇年）、八木滋「近世大坂の漁業と川魚流通―西成郡漁師方五か村組合を中心に―」（二〇一〇年）、中川すがね「川魚の消費と流通―大坂川魚問屋文書を中心に―」（二〇一二年）といった論考が著されている。これらの研究成果により、大阪市内と大阪東部で漁撈活動を展開していた四ツ手持網漁師仲間の存在が明らかとなり、川魚流通との関連において淀川の河川漁業の解明が進んでいる。

民俗学の立場からの巨椋池や淀川の内水面漁業に関しては、福田栄治「旧巨椋池漁村の生活習俗―久世郡久御山町東一口の場合―」（一九八一年）が唯一の成果である。民俗学の立場からの淀川の河川漁業に関する研究は、一九九四年以降、伊藤廣之「淀川中流における川漁師の漁撈活動」（一九九四年）、伊藤廣之「淀川の川漁師からみた自然」（一九九四年）、出口晶子「淀川本流・最後の川漁師」（一九九七年）、伊藤廣之「淀川における川漁師の漁撈活動」（二〇〇九年）などが著され、淀川漁業の実態が浮かび上がりつつある。

以下、本章では、淀川水系における河川漁業・遊水池漁業の歴史学的・民俗学的研究の成果に加えて、『久御山町史』（一九八六～一九九二年）や『大阪府漁業史』（一九九七年）などの研究成果もふまえながら、淀川の河川漁業の歴史的展開をみていくことにしたい。なお本研究において、河川漁業と関連して淀川を取り扱う場合、それは大阪府域の淀川を対象としている。

第二節　淀川の環境

琵琶湖から注ぎ出る淀川の幹川流路延長は、七五・一キロメートル（三川合流地点からの流路延長は約三六キロメートル）におよび、その流域面積は国内第七位の八、二四〇平方キロメートルである。そうした流路のなかで、琵琶湖と大阪湾の標高差は八五メートルと少なく、とくに枚方《ひらかた》大橋から下流はきわめて緩やかな河床勾配となっている(1)。

そうした淀川水系での魚類の生息は、昭和以降の宮地伝三郎ほかの調査によれば、最大五七種類が確認されており、その魚相の豊かさが指摘されている。淀川水系の魚相が質量ともに豊富である要因として琵琶湖の存在があるが、そのほかに河川敷にあるワンドやタマリが、魚類の生息に重要な役割を果たしているとの指摘がある(2)。

淀川水系の魚類のなかで、川漁師が漁獲対象としていたものは、第二次世界大戦後の漁業統計からみていくと、コイ・フナ・ウナギ・アユ・シジミ・雑魚《ざこ》であった。そのほか、漁業統計にはあがっていないが、枚方の川漁師に取材した鉄川精の報告によれば、三月頃にはタモロコ・スガニ・クチボソ・ヒガイ・カワムツ・タナゴ属数種・アユモドキ・テナガエビ・スジエビ、四月にはカマツカ・コイ・フナ・ウナギ・ドジョウ、季節によってはカワマス・アユ・ニゴイ・ワタカ・ケタバス・スズキ・セイゴ・チヌ・ボラなどもとれたようである(3)。

つぎに、川漁師からみた淀川の環境に関して、ここでは三つの事項を取り上げてみたい。ひとつは、明治時代になって淀川の放水路として開削された人工の河川・新淀川である。つぎに長柄に設けられた可動堰である。そしてもうひとつは第二次世界大戦後の水質汚濁の問題である。

まず新淀川の開削に関してである。近代以降、淀川では大規模な河川改修工事が繰り返されてきた結果、川幅・水深・堤防・河川敷などの河川環境が大きく変貌を遂げている。河川改修工事のきっかけとなったのは、一八八五(明治一八)年六月の淀川大洪水である。このとき枚方では淀川左岸の堤防が決壊し、濁流が大阪市内にもおよび、多大な浸水被害が発生した。この淀川大洪水を契機に、長柄から大阪湾へ向かって水を流す大規模な放水路(新淀川)の開削が計画され、一八九六(明治二九)年から国を挙げての一大事業として実施されたのである。

新淀川の開削は、蛇行して流れる中津川の流路の一部を利用し、それを直線的につなぎかえる形で実施され、その開削による河川環境の急激な変化は、魚類の生息に大きな影響を与えたと考えられる。新淀川完成から六年後に刊行された『西成郡史』(一九一五年)は、新淀川について「其河身《かしん》に曲折なく一直線に流れ、而《しか》も其両岸の地は洪水時に於ける通水地にして、又其水辺に木竹岸杌《がんこつ》の如き流水瀉下《しゃか》の支障となるべきもの一もあらざれば、是亦《これまた》魚族の繁殖に適さざると見て可なり」とし、「淡水漁は斯《かか》る現状に鑑《かんが》みて、将来之《これ》に対する何等かの経営なき限り、前途殆ど絶望に邇《ちか》からんとす」と述べ、『摂津名所図会《せっつめいしょずえ》』に記されている大和田《おおわだ》の鯉摑《こいつか》みも消滅していると指摘している(4)。

つぎに長柄可動堰である。人工的水界として誕生した新淀川は単なる汽水域ではなく、特別な河川環境となっていた。淀川からの分岐点の近くに設けられた長柄可動堰が、堰の上流からの水の流れを遮り、可動堰上流側が淡水域、下流側が汽水域となった。しかも可動堰の下流の水域は、堰の開閉により上流から流入する淡水の水量がコントロールされるとともに、潮の干満や風向によっても、汽水域の塩分濃度が日々刻々と変化する環境にあった。淀川での河川漁撈のあり方は、長柄可動堰に大きく規定されていたのである。

ちなみに、一九一四（大正三）年、最初につくられた堰は長柄起伏堰である。これは当初、洪水時に手動で堰を倒す方式となっていた。その後、一九三五（昭和一〇）年に長柄橋の架け替えにともない、橋脚を利用した兼用可動堰として長柄可動堰が設けられた。そして、一九六四（昭和三九）年に改築長柄可動堰となり、一九八三年に改築長柄可動堰を改良して現在の淀川大堰が完成したのである。これにより、大堰の上流で湛水域《たんすい》が拡大し、淀川の生態系への影響が指摘されている。

本節の最後に、第二次世界大戦後の淀川の環境変化として水質汚濁の問題を取り上げておきたい。水質汚濁は、淀川での魚類の生息や河川漁業の存続と深くかかわる問題である。第二次世界大戦後の淀川の水質は、明治時代と同程度にまで一時期回復し、小アユが群れをつくって川を遡っていくのが見られるほどだったとされるが、その後、上流域での工業生産の高まりや高度経済成長の進展により、淀川の水質は悪化し、魚類の生息にも深刻な影響をおよぼすようになった[5]。

一九五五年、一九六五年、一九七五年におこなわれた生物学的水質判定法による水質汚濁の調査によれば、きれいな水域をあらわす貧腐水性水域は、一九五五年当時、宇治川や木津川から三川合流地点にかけて広がっていた。しかし、一〇年後の一九六五年には宇治川まで後退し、さらに一〇年後の一九七五年には貧腐水性水域は消滅し、一段階低い水質のレベルに変わっている。一方、甚だしく汚れた水域をあらわす強腐水性水域は、一九五五年当時、疎水や新高瀬川のほか、桂川から高槻市下流まで広がっていた。しかし、一〇年後の一九六五年には強腐水性水域が鳥飼《とりがい》大橋下流まで拡大し、岸辺にはフナなどの魚類の斃《へい》死体が多く見られた。その後、工場排水の規制強化や下水処理の飛躍的な向上により、一九七五年には淀川右岸のほぼ全域で水質の改善が進んでいる。(6) 第五章で取り上げる川漁師のAさんが、淀川の水質悪化のため漁場の移転を余儀なくされたのは一九六〇年頃のことであるが、その時期はちょうど淀川の水質汚濁が拡大する真っ直中だったのである。

第三節　近世淀川の漁村と漁業

ここでは、近世淀川の漁村と漁業を概観する。近世淀川の漁業実態は、研究の蓄積が豊富とはいえず、不明な点が多い。ここでは淀川流域のなかでも比較的研究の蓄積が多い巨椋池《おぐらいけ》の漁村と漁業、および神崎川《かんざきがわ》・中津川・安治川《あじかわ》・木津川などの河口域の漁村と漁業について、川漁師の分布と人数、漁業組合、漁業権（漁業の種類と漁業域の範囲）に注目しながらみていくことにしたい。

まず巨椋池の漁村と漁業について概観する。巨椋池は桂川・宇治川・木津川の三川合流地点の近くに位置し、宇治川の遊水池としての役割を果たしていた。巨椋池の周辺には内水面漁業に従事する人びとの村があり、彼らのなかには宇治川や淀川に出漁する漁師もあり、淀川漁業をみていくうえでは無視できない存在である。

巨椋池の漁業権は、「三郷」・「三か所」・「三か村」などと呼ばれた伏見の弾正町《だんじょうちょう》、巨椋池西端の東一口村《ひがしいもあらいむら》、東岸の小倉村の三カ村に「株」として特権的に認められていたが、のちに三栖《みす》村が加わり、四か村となった。これらの村の漁師は、巨椋池のほか、周辺の池沼や宇治川・淀川・木津川・桂川・高瀬川および伏見城外堀の濠川などでも漁業を独占していたとされる。(7) 表3の1は一六〇一（慶長六）年から一七六七（明和四）年にかけての巨椋池漁師が

表3の1　巨椋池の漁師仲間の札数と人数（戸数）

村名・町名	東一口村	小倉村	弾正町	三栖村
領主・代官	淀藩	宇治代官	伏見奉行	
慶長6年（1601）	5枚51人	3枚25人	15枚30人	
元禄7年（1694）	5枚	3枚	10枚	5枚
宝暦8年（1758）	7枚71人	3枚25人	11枚21人	5枚11人
明和4年（1767）	74戸	25戸	20戸	25戸

＊宇治市歴史資料館編『巨椋池』（宇治市教育委員会、平成3年）14頁から引用。

居住していた村の漁業の札数と漁師の人数（戸数）を示したものである。一七六七年の項をみると、四つの村に漁業権をもつ家が一四四戸あり、そのうち東一口村は七四戸となっており、巨椋池の漁師の五割強が東一口に集中していたことがわかる。

近世の巨椋池でおこなわれていた漁業は、一八一一（文化八）年の漁業鑑札によれば、「たうあミ、すまき、ちんとう、志《し》た木、祢《ね》らひ」[8]の五種類であった。このなかで「たうあミ」は投《と》網《あみ》漁を指す。投網漁は巨椋池だけでなく、淀川での漁においても広く用いられていたものと推測される。「すまき」はエリ漁を指す。竹簀とモンドリを組み合わせた大規模定置漁具による漁であり、琵琶湖のエリと同系統の漁法である。「ちんとう」はジンドウ漁で、竹筒を使った冬期の定置漁具による漁である。「志た木」は浸《した》木《き》漁で、柴木《しばき》を広範囲に密集させて立て、そこに集まった魚をとる巨椋池独特の冬季の大がかりな漁である。「祢らひ」はデンチ漁を指す。池底の土に潜り込んだ魚を漁具で覆い被せてとる漁である。このように、巨椋池では水の流れの少ない池沼ならではの漁具・漁法がおこなわれていたといえる。

以上、近世における巨椋池の漁村と漁業を概観してきた。巨椋池の漁業は、四か村に一四四戸という規模を誇り、多様で大規模な漁法が展開されていた。また巨椋池の漁師は、周辺の池沼や宇治川・淀川などでも独占的な漁業をおこなっており、淀川水系において突出した位置を占めていたのである。

つぎに淀川河口域の漁村と漁業について概観する。淀川流域において海面漁業や河川漁業の拠点となった漁村が分布していたのは、神崎川・中津川・安治川・木津川の河口域である。これら河口域の漁村は、漁業権の根拠となるものによって三つのタイプに分かれる。①「由緒」を持つ村、②「運上」を納める村、③「由緒」もなく、「運上」も納めない村の三つである。(9)このうち①のタイプに属するのは佃村と大和田村で、②のタイプに属するのは、福村・大野村・野田村・九条村・難波《なんば》村の五村である。また③のタイプは、①と②以外の村で、小規模・少人数で漁業活動をおこなう者がいる村である。

①の村のうち佃村は、徳川家康との特別な関係や安藤対馬守らの連署状を根拠に、全国規模の漁業権を主張し、また大和田村についても同様の由緒により、全国規模の漁業権を主張し、無運上・無鑑札で海・川において特権的な漁業を営んでいた。一方、②の福村・大野村・野田村・九条村・難波村に属する漁師は、「西成郡漁師方五ヶ村組合」を結成し、運上銀を上納して株札を受けて漁業をおこなっていた。寛政元(一七八九)年の五ヶ村の漁師惣代の申し合わせによれば、漁業権の範囲は枚方から下流の淀川筋のほか、神崎川・中津川・安治川・木津川および河口周辺の新田村の堤通りであったことが指摘されている。(10)海面漁業に関しては、①の村の漁場は、天保山沖の西北の海面、②の村々の漁場は天保山沖以南の海面とされ、両者の漁場は明確に区分されていた。しかし、淀川漁業に関しては、全国規模の漁業権を主張する①の村と、枚方から下流の淀川筋とその支流で漁業権を主張する②の村々とでは漁場が重なり、両者のあいだでは度々、衝突・紛糾が発生した。

一方、時代は下るが、大阪市中および東部の地域においては、佃村・大和田村・福村・大野村・野田村・九条村・難波村など河口域の漁村とはべつに四ツ手持網の漁師仲間が組織され、三ツ頭《みつがしら》(淀川と中津川の分岐点)から河口までの淀川筋や大阪市中の諸川を漁場としておもに四ツ手持網をもちいた漁がおこなわれていた。慶応四(一八六八)年の「網島四ツ手持網名前帳」によれば、四ツ手持網仲間は全体で九五人からなり、古組・新組上口・新組下口の三グループに分かれていた。古組(二〇人)は三ツ頭より下流の大川筋や大阪市中の諸川、新組(七五人)は天満橋より上流を漁場とし、それ以外の漁場については古組の指示に従うという取り決めになっていたことが指摘されている。(11)

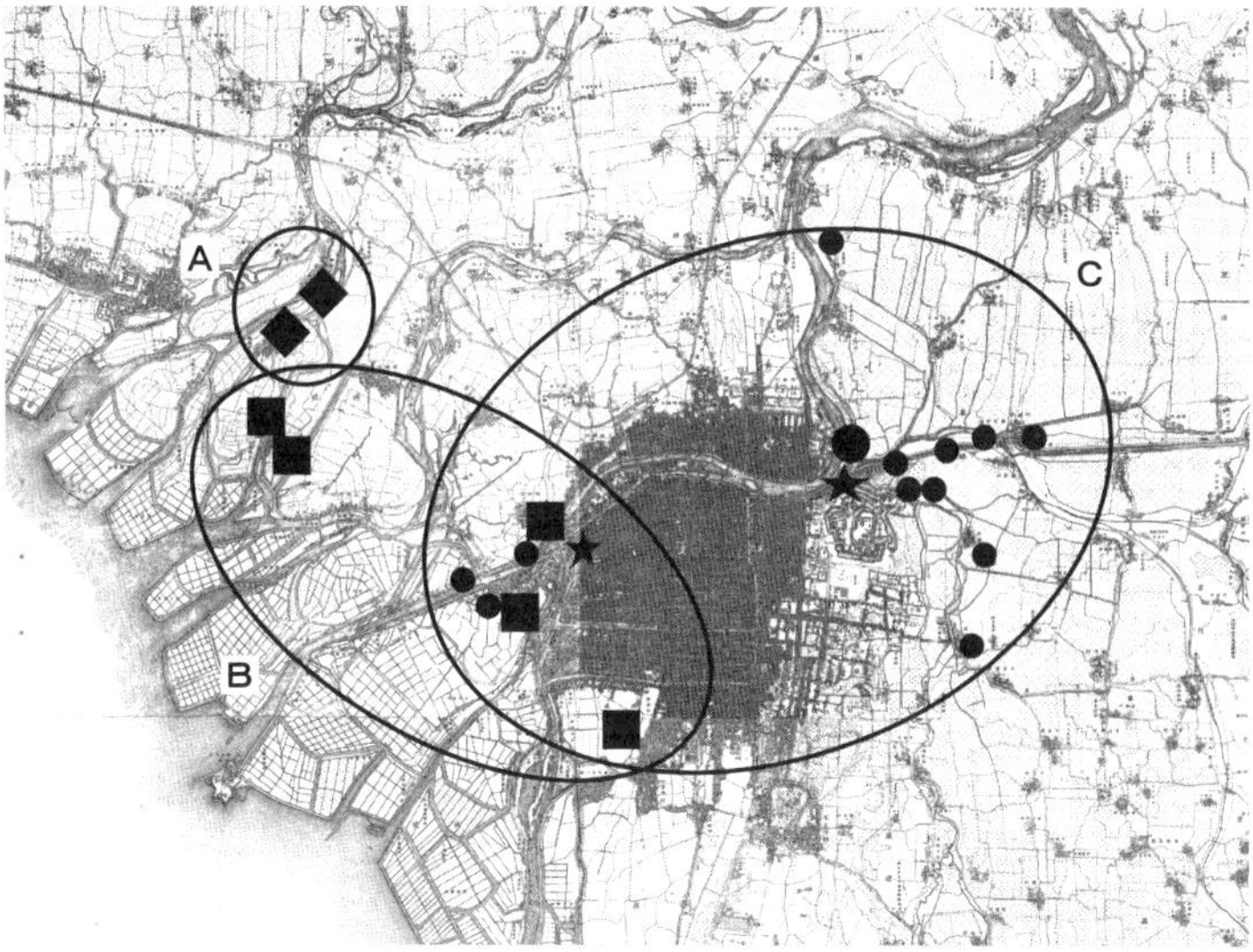

図3の2　近世大坂の漁村（★は川魚市場を表す）

以上、近世淀川の漁村と漁業のあり方を概観してきた。図3の2は、江戸時代の大阪を中心とした漁村の分布を示したものである。Aの◆は佃村《つくだむら》・大和田村であり、全国規模の特権的な漁業権を背景に淀川河口域を含む大阪湾岸を漁場としていた。Bの■は福村をはじめとする西成郡漁師方五ヶ村組合の漁村であり、海面漁業と河口域や河川での漁業をおこなっていた。Cの●は近世のなかでは後発の四ツ手持網仲間の漁師の村である。近世淀川の河川漁業は、それぞれが主張する漁業権区域（ナワバリ）の重なりによって衝突・紛糾が発生することもあったが、四ツ手持網仲間のようにおなじ水域内であっても相手と異なる漁具・漁法をもちいることにより、漁業の住み分けがおこなわれていたところもあった。

第四節　近代淀川の漁村と漁業

ここでは、近代淀川漁業について概観していく。明治時代の淀川漁業に関する資料として、一八八二（明治一五）年の「大阪府下漁撈一班」、一八八三（明治一六）年の『摂津国漁法図解』、一八八八（明治二一）年の大阪府統計書、一九〇三（明治三六）年の『大阪府誌』などを取り上げ、川漁師の分布と人数、漁業組合、漁業権（漁業の種類と漁業域の範囲）に注目しながら、近代淀川漁業の具体像を探っていきたい。

まず明治一〇年代中頃の淀川河口域の漁業を見てみよう。明治時代前期の淀川漁業のようすを探ることができる資料として、「大阪府下漁撈一班」および『摂津国漁法図解』（大阪府立中之島図書館蔵）がある。「大阪府下漁撈一班」は、当時の摂津国西成郡と和泉国の海面漁業、および淀川河口域の漁業にかかわる漁村の戸数・漁家数・漁船数などについて記したものである。(12)『摂津国漁法図解』は、一八八三年に開催された第一回水産博覧会への出品物に関連した資料のひとつであり、当時の淀川河口域の八つの漁村でおこなわれていた一八種類の漁具・漁法を解説したものである。これら二つの資料をとおして、一八八二～八三年頃の淀川河口域における漁村と漁業の具体像を明らかにしたい。

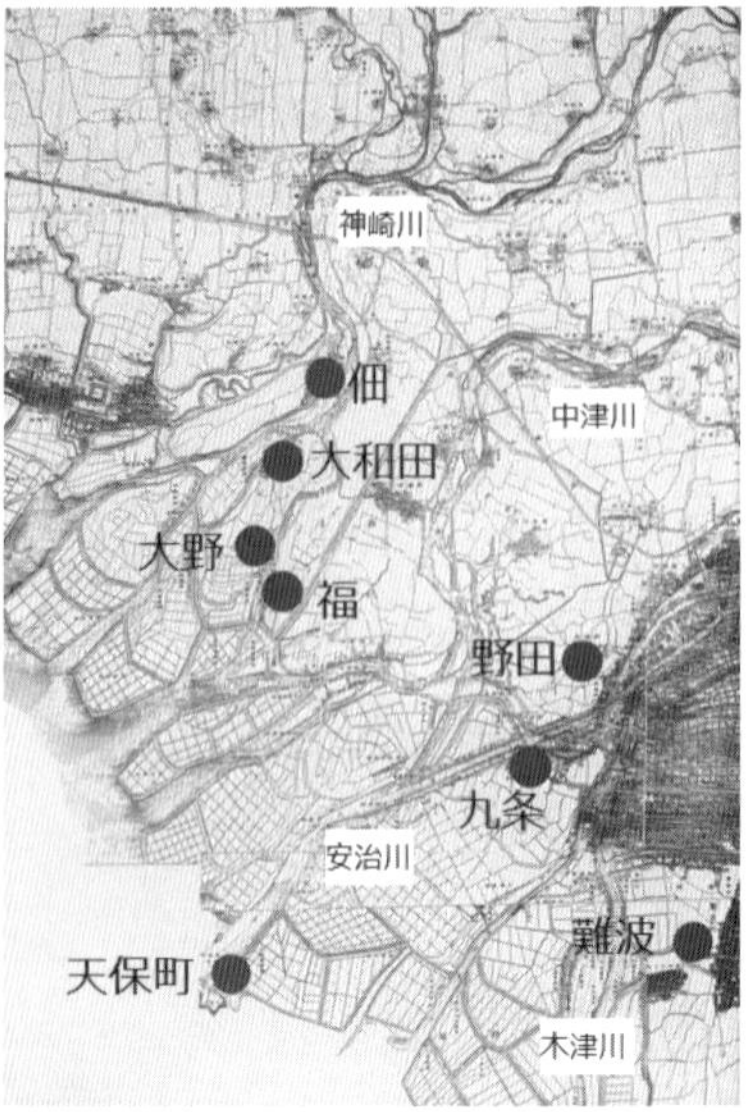

図３の３　明治15年の淀川河口域の漁村

まず「大阪府下漁撈一班」をもとに、明治一五年の淀川河口の漁村と漁業について見てみよう。図３の３は「大阪府下漁撈一班」に登場する淀川河口域の八漁村の所在地を示したものである。川筋ごとにみると、神崎川には佃村・大和田村・大野村・福村の四つの漁村がある。安治川には野田村・九条村・天保《てんぽう》町があり、木津川には難波村がある。このなかで神崎川の佃村と大和田村は江戸時代から特権的な漁業を展開してきた漁村である。また大野村・福村・野田村・九条村・難波村は、近世の「西成郡漁師方五ヶ村組

表3の2　明治15年の淀川河口域の漁村

	佃村	大和田村	大野村	福村	天保町	野田村	九条村	難波村
戸　数	262	542	180	357	111	480	811	5020
漁家数	28	95	60	105	28	183	15	28
専　業	0	57	28	48	14	90	7	0
兼　業	28	38	32	57	14	93	8	28
漁船数	42	93	53	97	42	167	21	31

＊「大阪府下漁撈一班」をもとに作成。

合」に属する漁村である。なお天保町は、近世においては、西成郡漁師方五ヶ村組合に属する村々の出稼ぎ地として存在していた(13)。

表3の2は「大阪府下漁撈一班」にもとづき、淀川河口域漁村の規模を一覧表にしたものである。漁家数についてみると、専業・兼業も含めた漁家の戸数は、野田村が一番多く一八三戸、つづいて福村一〇五戸、大和田村九五戸、大野村六〇戸である。また保有する漁船数についても、漁家の数を反映し、野田村一六七艘を筆頭に、福村・大和田村・大野村の順となる。古くから特権的な漁業がおこなわれてきた村の一つである佃村については、漁家が二八戸と少ないうえ、その全戸が兼業という状況であり、すでにこの頃、佃村では漁業の比重が低下し、農業中心の村へと移行していたことがわかる。一方、野田村・福村・大和田村・大野村では漁業に従事する人の数も多く、漁村としての実態を保っていたことがわかる。

つぎに『摂津国漁法図解』にもとづき、淀川河口域の漁村においてどのような漁業がおこなわれていたのか、また各漁村の漁業の特色は何かを見てみよう。表3の3は『摂津国漁法図解』に記された漁具・漁法を漁村ごとに一覧表にしたものである。この表を見ると、漁村ごとの漁業のあり方が浮かび上がってくる。たとえば、佃村・大和田村・天保町・大野村・難波村といった漁村では、間稼網引漁・立網漁・手繰網漁・四ツ手網漁などがおこなわれていた。これらの漁業は四ツ手網漁を除いていずれも海水面での網漁であり、このことから考えると、佃村・大和田村・天保町・大野村・難波村は、網漁を中心に海の漁業に比重を置く漁村であったことがわ

表3の3　明治16年の淀川河口域の漁村と漁法

	漁　法	佃村	大和田村	天保町	大野村	福村	野田村	九条村	難波村
1	間稼網引漁	○	○	—	○	○	○	—	—
2	津ル網引漁	—	○	—	—	—	—	○	—
3	立網漁	—	—	○	—	—	—	—	—
4	手繰網漁	—	—	○	—	—	—	—	○
5	四ツ手網漁	○	○	—	—	—	○	—	○
6	歩行網漁	—	—	—	○	—	○	—	—
7	投網漁	—	—	—	○	○	—	—	—
8	鱏突漁	—	—	—	○	○	○	—	—
9	マキ漁	—	—	—	○	—	—	○	—
10	鳥貝赤貝漁	—	—	—	○	○	—	○	—
11	蛤漁	—	—	—	—	○	○	○	—
12	蜆漁	—	—	—	—	—	○	○	—
13	鰻漁	—	—	—	—	○	○	—	○
14	簀巻漁	—	—	—	—	—	○	○	○
15	左手網漁	—	—	—	—	○	○	—	—
16	魚梁簀漁	—	—	—	—	○	○	—	—
17	タンポ鰻漁	—	—	—	—	○	○	—	—
18	鯉擱網稼漁	—	○	—	—	○	○	—	—

＊『摂津国漁法図解』をもとに作成。

かる。これに対して、福村・野田村・九条村といった村々では、間稼《まかせぎ》網引漁など海水面での網漁もおこなわれていたが、四ツ手網漁・投網漁・蛤漁・蜆《しじみ》漁・鰻漁・左手網漁・魚梁簀《うおやなす》漁・タンポ鰻漁・鯉擱網稼《こいつかみあみかせぎ》漁など、淀川河口域や河川に生息する多様な魚介類を対象とする漁業がおこなわれており、そのことからすると、これらの村々は海水面漁業に従事する漁師と、淀川河口域や周辺河川での河川漁業に従事する漁師とが混在する漁村であったと考えられる。

　このように、明治一〇年代中頃においては、淀川河口域の漁村は、佃村・大和田村・天保町・難波村のように海の漁業を中心とする漁村と、福村・野田村・九条村のように海や川の漁業に従事する漁師が混在する漁村とに分かれており、淀川河口域の河川漁業は、おもに後者の村々の一部の漁師によって担われていたといえる[14]。

他方、大阪市内や大阪東部の河川での漁業はどのような状況にあったのであろうか。『大阪府誌　第三編』によれば、一八八六（明治一九）年に漁業組合準則が制定され、大阪の海と川の漁師の組織は大阪漁業組合に一本化されることになったが、実際は「東成郡鯰江村、中本村および大阪市相生町、網島町、新喜多町、東野田町、中野町、澤上江町、善源寺町の漁民は旧来の慣行に依り互に申合はせて四ツ手網漁をなせり[15]」という状況であった。大阪市内から東部にかけての河川では、近代的な漁業組合の枠組み成立後も、近世からの慣習を継承した四ツ手持網漁が展開されていたといえる[16]。

以上、近代における淀川河口域および大阪東部の河川漁業をみてきた。つぎに三川合流地点から大阪にいたる淀川両岸の川漁師の分布と漁業のあり方について明らかにしたい。そのためには、一八八八（明治二一）年の大阪府の統計書のデータをみていくことが有効である。このデータは、淀川両岸の村の川漁師や漁業のデータを漏れ少なく扱っていると考えられ[17]、漁業従事者の専業・兼業の内訳のほか、おもな漁獲対象や漁船についても記されており、当時の淀川漁業の全体像を物語る資料として見逃すことができない。

次頁掲出の表3の4は一八八八（明治二一）年の統計書から内水面漁業に関する内容を流域ごとに一覧表にまとめたものである。また図3の4はそのデータにもとづき川漁師の村の分布を示したものである。この一覧表と分布図をみていくことで、つぎの二点を指摘することができる。

第一点目は、淀川筋では流域にそって点々と川漁師の村の分布がみられる。しかも、その分布の特徴は、川漁師が集住するような地域を形成するのではなく、広い範囲に散らばって分布していた。この分布傾向からは、川魚の供給が川漁師の居住地を中心に比較的狭い範囲のなかで完結していたと考えられる。つまり、それぞれの地域での川魚に対する需要は、近隣の川漁師が供給する漁獲物によって賄われていたと推測することができるのである。

表３の４　明治21年の内水面漁業一覧

水系	漁場	戸数	漁人			主要漁獲物	漁船
			総数	専業	兼業		
神崎川・安治川・木津川河口	大阪市西区	26	26	16	10		
	大阪市北区	18	28		28	ウナギ・フナ・エビ・雑魚	シジミ船24
	西成郡佃村	25	28		28	ウナギ・アユ	四ツ手網船25　投網船２
	西成郡大和田村	50	112	102	10	コイ・フナ・アユ・ウナギ　他に海魚	四ツ手網船39　十人網船５
	西成郡大野村	29	75	75		海産魚貝のみ	十人網船20　四ツ手網船５
	西成郡福村	31	61	61		ウナギ・シジミ・雑魚　他に海産魚貝	十人網船15　四ツ手網船４　投網船５
	西成郡野田村	79	101		101	海産魚貝のみ	四ツ手網船28　投網船10
	西成郡九條村	16	32	20	12	雑魚	四ツ手網船14
	西成郡難波村	22	45	25	20		四ツ手網船17 投網船４
	西成郡天保町	32	94	72	22	海産魚貝のみ	四ツ手網船11
	西成郡岩崎新田	9	18	18			四ツ手網船９
	西成郡三軒家町	11	22	18	4		四ツ手網船７
	西成郡千島新田	14	28	10	18		四ツ手網船13
	西成郡千歳新田	5	20	12	8		四ツ手網船５
大川・寝屋川など	東成郡猪飼野村	2	2		2	諸魚	四ツ手網船２
	東成郡岡村	1	1		1	諸魚	四ツ手網船１
	東成郡本庄村	4	7		7	ナマズ・諸魚	四ツ手網船６
	東成郡中浜村	6	11		11	ナマズ・諸魚	四ツ手網船４
	東成郡今福村	10	29	12	17	フナ・諸魚	四ツ手網船14
	東成郡蒲生村	2	6	3	3	フナ・諸魚	四ツ手網船２
	讃良郡三箇村	1	1		1	コイ・フナ・エビ・ウナギ	
	茨田郡横堤村	8	8		8	コイ・フナ・ナマズ・ウナギ	
	茨田郡三島村	1	1		1	コイ・フナ・ナマズ・ウナギ	
	茨田郡諸口村	1	1		1	コイ・フナ・ナマズ・ウナギ	
	茨田郡今津村	1	1		1	コイ・フナ・ナマズ・ウナギ	
	若江郡稲田村	2	2		2		
	若江郡長田村	2	2		2		
	茨田郡稗島村	1	1		1	コイ・フナ・ナマズ・ウナギ	
	茨田郡打越村	1	1		1	コイ・フナ・ナマズ・ウナギ	
	茨田郡門真村	1	1		1	コイ・フナ・ナマズ・ウナギ	
	東成郡野田村	5	5	2	3	ウナギ・フナ	
	東成郡友淵村	2	2		2	エビ	
	東成郡善源寺村	8	8	3	5	エビ	
	東成郡中野村	2	2		2	エビ	
淀川右岸	島上郡広瀬村	2	2	2		フナ・諸魚	
	島上郡鵜殿村	17	28	8	20	コイ・フナ・ウナギ	
	島上郡前島村	3	4		4	コイ・フナ・諸魚	
	島上郡梶原村	16	28		28	コイ・フナ・ウナギ	
	島上郡井尻村	7	11	10	1	コイ・フナ・ウナギ	
	島上郡大塚村	5	5	2	3	コイ・フナ・ウナギ	
	島上郡中小路村	2	2		2	コイ・フナ・諸魚	
	島上郡野中村	3	3		3	コイ・フナ・ナマズ	
	島上郡辻子村	4	4	3	1	コイ・フナ・諸魚	
	島上郡番田村	2	2	1	1	コイ・フナ・ナマズ	
	島上郡芝生村	2	2		2	ウナギ・諸魚	
	島上郡唐崎村	8	8	1	7	ウナギ・フナ・コイ	
	島上郡柱本村	3	3		3	ウナギ・フナ・コイ	
	島下郡鳥飼上ノ村	5	5		5	コイ・諸魚	
	島下郡鳥飼中ノ村	3	3		3	コイ・フナ	
淀川左岸	交野郡磯島村	2	2		2	コイ・フナ・ナマズ・ウナギ	
	交野郡渚村	3	3		3	コイ・フナ・ナマズ・ウナギ	
	交野郡阪村	3	3		3	コイ・フナ・ナマズ・ウナギ	
	茨田郡伊加賀村	1	1		1	コイ・フナ・ウナギ	
	茨田郡泥町村	1	1		1	コイ・フナ・ウナギ	
	茨田郡木屋村	3	3		3	コイ・フナ・ウナギ	
	茨田郡太間村	3	3		3	コイ・フナ・ウナギ	
	茨田郡石津村	1	1		1	コイ・フナ・ナマズ・ウナギ	
	茨田郡點野村	3	3		3	コイ・フナ・ウナギ	
	茨田郡佐太村	1	1		1	コイ・フナ・ナマズ・ウナギ	
	茨田郡守口村	1	1		1	コイ・フナ・ナマズ・ウナギ	
安威川・神崎川	島上郡西面村	2	2	1	1	ウナギ・ナマズ・諸魚	
	島下郡島村	10	12	4	8	フナ・諸魚	
	島下郡鶴野村	10	13		13	諸魚	
	島下郡別府村	5	6		6	ナマズ・フナ・諸魚	
	島下郡吹田村	5	9	7	2	フナ・諸魚	
	島下郡南村	2	5		5	諸魚	左手網船５
	豊島郡莚江村	1	1		1		
	豊島郡洲到止村	1	1		1		

＊「明治21年内水面漁家戸口及び主要漁獲物品目主要漁船」（『大阪府漁業史』大阪府漁業史編さん協議会、1997年 352～353頁）をもとに作成。

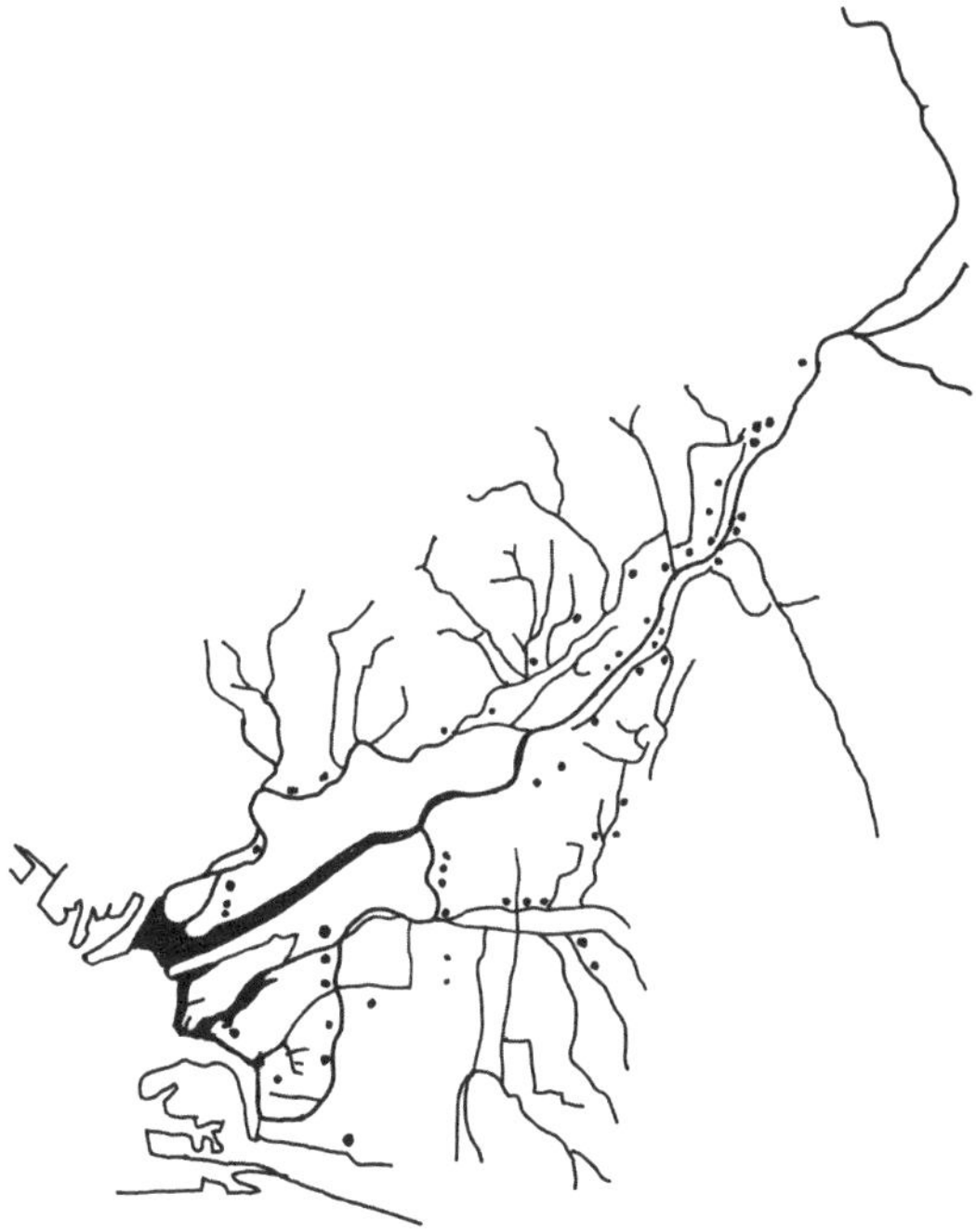

図3の4　明治21年の内水面漁業従事者の分布

第二点目は、川筋には川漁師が一定程度まとまって居住する村が認められた。たとえば、島上郡（淀川右岸）では鵜殿村《うどのむら》で一七戸・二八人、梶原村で一六戸・二八人、また島下郡（安威川《あいがわ》・神崎川）では島村で一〇戸・一二人、鶴野村で一〇戸・一三人などである。これらは周辺の村と比較して川漁師の戸数・人数が多い村である。こうした川漁師の集中は、その人数の川漁師の生活を支えるだけの川魚需用がその地域にあったと考えることができる。具体的には、その地域が大きな人口を抱えているか、あるいは人の往来や宿泊者が多い地域に近接しているなどの要因が考えられる。

以上みてきた淀川両岸の川漁師の村の分布を淀川河口域の村と比較すると、全体的には分散傾向にあり、河川漁業はコイ・フナ・ウナギ・ナマズなどを中心に地元での川魚の需要に対応する形で維持されていたのではないかと考えられる(18)。

さて本節の最後に、淀川漁業とのかかわりで巨椋池の内水面漁業の状況についてみておきたい。巨椋池の漁師からの聞き書きにもとづき、第二次世界大戦前における巨椋池の漁業の実態を明らかにした福田栄治の報告によれば、巨椋池の漁師は漁場を巨椋池だけでなく、池とつながる宇治川をも漁場としていたという(19)。また古老の川漁師からの聞き取り調査にもとづく鉄川精や河野通博の報告によれば、巨椋池の漁師の活動範囲は、宇治川に止まらず、淀川にも及んでいたとされる。

そのなかで、とくに注目されるのは、巨椋池漁師の枚方《ひらかた》移住である。巨椋池の東一口《ひがしいもあらい》の漁師・馬場《ばば》先国三郎《さきくにさぶろう》が枚方に移住したのは、日露戦争があった一九〇四（明治三七）年から一九〇五年ころとされ、「杭《くい》巻き」と呼ばれる新漁法を考案するなど、淀川でコイを対象とした漁業をおこなっていた。大正末年から昭和初期にかけては、毎年一月から六月までの半年間、東一口から枚方に呼び寄せられた漁師一三人は、一月四日から二月一五日ころまではコイ、二月初旬から三月末まではモロコ、三月末から四月はヒガイ、五月にはカマツカを対象とした漁業をおこない、六月五日の宇治の縣神社の祭りには帰村するのが習わしとなっていた。馬場先家は一九五四（昭和二九）年に廃業するまで淀川での漁を続けていたという(20)。

馬場先家に関しては、鉄川精の報告にも登場する。枚方市三矢の馬場先家には大正時代の初め頃まで、東一口の漁師が働きに来ていた。多いときには二三人の漁師が寄留し、鑑札を受けて淀川での漁業に従事していた。とれた魚は、伏見の「いづつ屋」、淀の「ひとくち屋」・「ふなくら屋」などの仲買人が買い取り、市場・魚店・川魚専門の料理屋や料亭に卸していたという。漁獲が多かったのは大正末までで、その後しだいに漁獲が減少していった。それは一九一八（大正七）年から始まった淀川改修工事や、一九三三（昭和八）年に着手された淀川低水工事などの影響によるとされている(21)。このように、鉄川精・河野通博の報告により、大正から昭和戦前期にかけての巨椋池漁師の宇治川・淀川・枚方での活動のようすが明らかになったことは貴重である。

以上、本節では、淀川河口域・大阪東部・淀川両岸、および巨椋池漁師の淀川での漁業のようすを明らかにしてきた。

第五節　淀川における漁業組合史

ここでは淀川漁業のあり方を制度的に規定する漁業組合と漁業権について明らかにしたい。図3の5に示したように、大阪府下の淀川流域の漁業団体は、可動堰のある長柄《ながら》から上流の淡水域は淀川漁業組合、下流の汽水域は大阪市漁業組合の漁業権区域となっていた。ここでは、それぞれの区域の戦前戦後の概要をみておきたい（巻末の「参考図表1　淀川関係年表」を参照）。

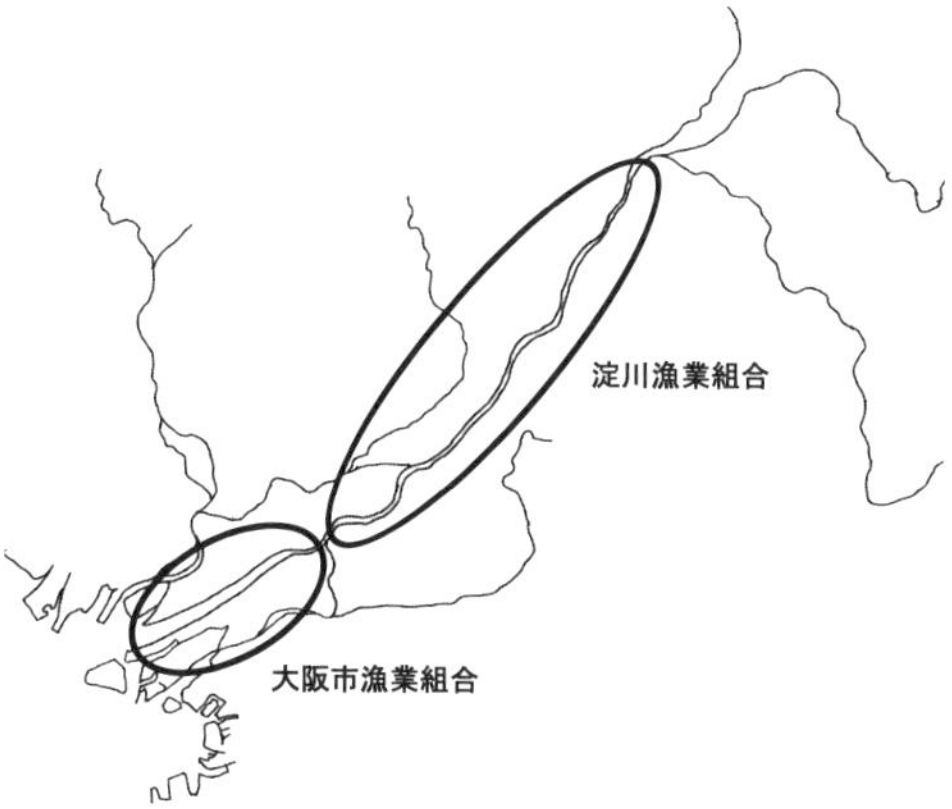

図3の5　淀川の漁業組合

まず淀川淡水域の漁業組合についてみていく。第二次世界大戦前、大阪府下の淀川の淡水域における漁業団体で、その組織の実態を確認できるのは淀川漁業組合である。[22] 当時の新聞の記事によれば、淀川漁業組合（三島・北河内一三カ町村）は一九三〇（昭和五）年六月に創立された。創立時の組合員数は一三〇名で、一九三一年三月には漁業権の獲得のため大阪府に組合の公認を出願した。[23] その後、淀川漁業組合が漁業団体として大阪府の認可を受けたのは、創立から三年後の一九三三年八月であった。同年一〇月七日の朝日新聞の記事には、「淀川両岸三島郡島本村から味生村まで、北河内郡樟葉村から守口町まで十四ヶ町村内漁業免状所有者百十一名から成る淀川漁業組合は、八月府の許可を得、九月末高槻町大字大塚奥田丑松氏方で創立総会を開き」、農林省に対し淀川での漁業独占権獲得を請願する決議をおこなったとある。[24]

ところが、理事長を含めた組織体制を整えたものの、請願にあたって理事長候補者の居住地が定款に抵触するとの理由から、淀川漁業組合は漁業権を得るための公認組合として認めらず、その後、定款の一部を変更したうえでの再申請となった。[25] 一九三八（昭和一三）年八月二六日の新聞記事によれば、「『淀川の魚族を保護せよ』と、同川筋の北河内・三島左右岸の漁業者二百五十余名が起って淀川漁業組合を確立し、このほど専用漁業権の獲得願書を提出した。同組合は昭和八年春府の許可をうけて設立したが、業者の多数が半農半漁であるため組合の基礎が確立しないまゝに動揺をつゞけ無統制を暴露し、最近では組合も有名無実となり心なき業者らは河曳網などを使用し、このまゝに放置するときは業者も自滅のほかないまでに」なっていたところ、「同組合理事小林伊之吉氏らはこのほど組合を再建して杉山代議士を理事長に推挙し、一両日来府の淡水魚族通児玉水産技手の川筋視察によって専用漁業権の獲得も今秋には実現する運びとなった」と伝えるとともに、「専用漁業権獲得の暁には、組合から業者に対しては甲種鑑札を与へ、淀川の一景観をなしてゐる川筋の太公望連には、遊業者として乙種鑑札を与へやうといふ計画で、さらに従来小ブローカーに安い建値で売られてゐた淀川産の魚族を川筋の数ヶ所に集め、大阪市内の川魚問屋とも取引をはじめ、魚族の保護はもちろん稚魚の放流などについても府の指導によって画期的な計画を」立てることになったのである。[26]

しかし、淀川での専用漁業権の設定に対して、障壁となるものが立ち現れた。一九四〇年二月八日の新聞記事によれば、「淀川漁業組合（代表者杉山元治郎代議士）では、大阪毛馬閘門附近から上流枚方町の京都府境にいたる淀川に専用漁業権の設定許可を申請中であるが」、「まづ専用漁場となると日曜の魚釣り党が自由に入れなくなるほか」、「淀川は大阪―伏見間の航路で年百万トンの輸送が可能であるが、漁場となれば網の設置その他で交通を阻害される。内務省は現に淀川改修工事施行中であり、同工事との関係で賠償問題を起すおそれがある。この他大阪市ならびに沿岸各町村でも水道・河川統制、その他水利・水防上の立場から相当反対が有力な模様である」と伝えている。[27]

また三日後の二月一一日の新聞記事には、「大阪漁具卸商組合では、淀川流域で趣味の魚釣に親しむもの一ヶ年の延人員約三十万人に上り、淀川はまさに太公望の心の糧であるとともに、釣道具販売業者にとり生活の源泉となってゐるから『漁業権の設定は我々業者の死活問題だ』と、十日緊急総会を開いて漁業権の設定に反対を決議し、十二日農林省及び府当局へ反対の陳情書を送ることとなった」といった動勢も記されている(28)。

このように漁業権設定に関して反対の動きが台頭するなかで、結局、淀川漁業組合に対する専用漁業権の設定は実現に至らず、第二次世界大戦を迎えることになったのである。淀川淡水域の漁業権の設定に関しては、さまざまな利害関係が漁業権の設定を困難なものにしていたことがうかがえる。

以上のように、第二次世界大戦前、淀川淡水域の漁業団体である「淀川漁業組合」は、組織としては成立していたものの、外部からの反対の動きによって漁業権が設定されないままの状態であった。

さて第二次世界大戦後、淀川漁業組合はどのようになったのであろうか。一九四五（昭和二〇）年に漁業法が改定され、地域の漁業団体に対して専用漁業権が許可されることとなり、淀川淡水域においても漁業権が設定されることとなった。漁業区域は守口市・三島郡界から大阪府・京都府界までとなった。一九四九年に水産業協同組合法が施行され、新たに漁業協同組合が設立されることになり、一九四九年一〇月一〇日に淀川漁業協同組合が設立された。設立時の組合員数は正組合員一二一人、准組合員一四人、設立時の組合の地区は三島郡島本村、五領村《ごりょうむら》、三箇《さんが》牧村《まきむら》、鳥飼村、味生《あじふ》村《むら》、高槻市（大字原、服部を除く）、枚方市、寝屋川町、庭窪町、守口市であった(29)。

漁協設立の翌年、一九五〇年の大阪府内水面漁場現況調査によれば、淀川漁業協同組合の正組合員は一二八人、准組合員は一四七人となっており、漁協設立後一年のあいだに正組合員が七人増加に対して、准組合員が一三三人増加となっており、一年で准組合員が正組合員の数を上回るまでに急増したことがわかる。ここでいう正組合員の大半は農業を定職とし、一定期間だけ漁業をおこなう人たちであり、専業の川漁師はごくわずかであった(30)。なお准組合員とはいわゆる遊漁者である。淀川漁業協同組合の成立にともない、遊漁者が急速に増加していったのである。

大阪府では一九五一（昭和二六）年九月一日に各組合に対して河川漁業権の免許がおこなわれた。淀川漁業協同組合に対する漁業権の内容は、つぎのとおりである[31]。

漁業権番号　共第一〇一号

漁場　大阪府三島郡及び北河内郡地先（淀川）

漁業種類　こい漁業、うなぎ漁業、もろこ漁業、ふな漁業

しかし、一二年後の一九六三（昭和三八）年の漁業権をみると、つぎのようになっている[32]。

内共第一〇五号

守口市・三島郡界から大阪府・京都府界までの淀川

コイ漁業　　一月一日～一二月三一日

フナ漁業　　一月一日～一二月三一日

モロコ漁業　　一月一日～一二月三一日（一本釣を除く）

このように、第二次世界大戦後、淀川においては一九五一年九月に漁業権が免許された時点では、コイ・ウナギ・モロコ・フナを対象とした河川漁業がおこなわれていた。しかし、一二年後の一九六三年には、淀川漁業協同組合の漁業権のなかからウナギ漁が姿を消していることがわかる。このことに関して、理由は不明であるが、この頃から顕著となった淀川の水質汚濁とのかかわりを可能性としてあげておきたい。

なお淀川漁業協同組合は組合員が減少し、一九七五（昭和五〇）年前後には活動休止の状態となっている。その後、組合の解散手続きが取られない状態が続き、現在では事実上、組合は解散したものと見なされており、その漁業権についても廃止となっている[33]。

つぎに可動堰下流、淀川汽水域（新淀川）の漁業組合についてみていく。一九〇一（明治三四）年、漁業法（旧漁業法）の成立にともない、大阪市域をカバーする漁業団体として大阪市漁業組合が設立され、隣接する千船村《ちぶねむら》（佃・大和田・大野）と福村にもそれぞれ千船村漁業組合、福村漁業組合が組織された。このとき、新淀川はまだ開削工事の途上であった。その後、千船村・福村の大阪市への合併により、一九三一（昭和六）年に漁業組合の統合がおこなわれ、三組合が大阪市漁業組合に一本化された。このとき、新淀川は完成後二二年を経過しており、その水域は大阪市漁業組合の漁業権がおよぶ範囲になった。しかし、遡って一九〇九（明治四二）年の新淀川の完成から一九三一年までの間、新たに誕生した水域に対してどの漁業組合がかかわっていたのかは不明である。なお戦時中、一九四三（昭和一八）年に大阪市漁業組合は統制団体として大阪市漁業会に再編された。

第二次世界大戦後、一九四九（昭和二四）年に水産業協同組合法の成立にともない、新たに大阪市漁業協同組合が設立され、淀川汽水域を含めた漁業組合としてスタートした。組合設立当初は、出崎町・此花《このはな》・福町・千船・大野の五支部に分かれ、淀川汽水域（新淀川）の漁場（第一号漁業権）については、河口から伝法《でんぽう》大橋までが漁業権の区域として設定された。その後、一九五四年に長柄支部を大阪市漁業協同組合に追加して六支部となり、一九五六年に淀川汽水域の漁場が伝法大橋から十三《じゅうそう》大橋まで拡張され、[34] 現在に至っている（巻末の「参考図表2　淀川河口域の漁業の変遷」を参照）。

以上、長柄の可動堰を境として、その上流の淀川淡水域、その下流の淀川汽水域における戦前・戦後の漁業団体の推移とその漁業権について概観した。

まとめ

本章では、淀川の環境および近世から近代にかけての淀川漁業の歴史的展開、さらに漁撈活動を規定する漁業組合や漁業権のあり方についてみてきた。

第一節では、本研究のフィールドである淀川の位置づけをおこなうとともに、淀川の治水・水利・水運・漁業・水害などに関する人文系分野の主要な研究を振り返り、内水面漁業を含めた淀川に関する研究史を概観した。

第二節では、淀川の環境に関して、川漁師からみて河川漁撈に大きな影響を与えていたものとして、①明治時代になって淀川の放水路として開削された人工の河川・新淀川、②長柄に設けられた可動堰、③第二次世界大戦後の水質汚濁の問題を取り上げた。新淀川に関しては、分岐点に設けられた可動堰が感潮域を固定し、かつ堰の開閉によって新淀川の汽水域の環境（塩分濃度）が大きな影響を受けていることを指摘した。

第三節では、近世淀川の漁村と漁業に関して、巨椋池と淀川河口域の漁村を中心に取り上げ、漁村の分布や漁法、漁業組合や漁業権の範囲などを明らかにした。とくに淀川河口域の漁村や漁師に関しては、最新の近世大阪漁業史の研究成果などをふまえ、特権的な漁業権を主張する漁村、西成郡漁師方五ヶ村組合所属の漁村、後発の四ツ手持網仲間が、重なる漁業権域のなかで競合と住み分けをしながら漁業を展開してきたことを明らかにした。

第四節では、近代淀川の漁村と漁業に関して、漁業統計などを使いながら、淀川河口域・大阪市内・大阪東部・淀川両岸の川漁師の村と漁業について明らかにした。そのなかでも、淀川両岸の漁師の分布については、一八八八（明治二一）年の統計資料にもとづき、その分布が薄く・広く・点々としている傾向に関して、川魚の需要と供給の関係が比較的狭いエリア内で完結していたと考えられることを指摘した。なお巨椋池については、周辺に多数の漁師が住む村があり、彼らが宇治川・淀川にも出入りし、淀川漁業とのあいだで人と技術の交流があったことを浮き彫りにした。

第五節では、河川漁業のあり方を制度的に規定する漁業組合の歴史的展開について、淡水域と汽水域にわけて概観した。第二次世界大戦前の淡水域の漁業組合に関しては、当時の新聞記事などによりながら、組合組織は成立していたものの、利害関係にからむ外部の反対の動きによって漁業権の設定に至らなかったことを明らかにした。また汽水域の漁業組合に関しては、漁業団体の推移や第二次世界大戦後の新淀川の漁場の拡張などについて明らかにした。

注

（1）鉄川精・松岡数充「淀川の自然」『淀川―自然と歴史―』（大阪文庫1）松籟社、一九七九年、六～七頁。
（2）前掲書（1）、四三頁。
（3）鉄川精「淀川の治水と利用」前掲書（1）、二〇九～二一一頁。
（4）西成郡役所編『西成郡史』西成郡役所、一九一五年、四九二頁。
（5）前掲書（1）、五五頁。
（6）前掲書（1）、五五～五七頁。
（7）久御山町史編さん委員会『久御山町史　第一巻』京都府久御山町、一九八六年、七三五頁。
（8）前掲書（7）、七五九頁。
（9）八木滋「近世大坂の漁業と川魚流通―西成郡漁師方五か村組合を中心に―」『市大日本史』第一三号、大阪市立大学日本史学会、二〇一〇年、五四～五六頁。
（10）前掲書（9）、七〇頁。
（11）中川すがね「川魚の消費と流通―大坂川魚問屋文書を中心に―」『甲子園大学紀要』第三九号、甲子園大学、二〇一一二年、一一一頁。

(12) ここでは大阪府公文書館所蔵の写本を参照した。写本の表紙には「写本207羽原文庫」とある。原本は所在不明。野村豊は『漁村の研究―近世大阪の漁村―』(一九五八年)の「第五章餘論」で「大阪府下漁撈一班」を引用しているが、それは『大阪府水産会報』(大正末~昭和初年)に部分収録されたものからの引用である。

(13) 「天保町」は安治川河口部の左岸に位置する。町名の成立は明治四年である。当地は近世に安治川の浚渫《しゅんせつ》の土砂を積み上げてできた人工の小山である「天保山」に隣接する場所である。野村豊『漁村の研究―近世大阪の漁村―』には、天保町は「旧幕時代に於いては、福・大野・九條・難波・野田等の漁村からの便宜の為め出稼を為し、各其本村の所管となり、漁獲の多寡に応じて幾分か冥加金を各本村の漁業物代に納めてゐたと言われてゐる」(八七頁)とある。当地が福など他の漁村からの出稼ぎの拠点となっていたのは、近世の大阪湾の海面漁業において、天保山の沖が北と南の漁場をわける境界となっており、海面漁業の展開において天保山沖が重要な位置を占めていたことと関連があると考えられる。天保町は一九四九(昭和二四)年の安治川の改修工事にともない、港区の出崎地区に移転となった。

(14) 「大阪府下漁撈一班」(写本)の「凡例」には、「川漁」に関する記述がある。「本書ハ海漁ニ関スル町村ノミヲ調査スルモノニシテ川漁ハ之レヲ省ケリ蓋シ川漁ニ至リテハ一部落ノ之レニ従フナク其業ノ如キ興廃常ナク盛衰徴シ難ケレハナリ」とある。河川漁業の場合は、村をあげてそれに従事するという事例は見当たらないこと、その理由として河川漁業は興廃・盛衰が激しく不安定であることが指摘されている。

(15) 大阪府編『大阪府誌 第三編』大阪府、一九〇三年、一〇六五頁。

(16) 『第二回水産博覧会出品目録 第一冊』(第二回水産博覧会事務局、一八九七年)によれば、明治三〇年の第二回水産博覧会の第一部第二区淡水漁業の部に大阪府から「北区東成野田 大道佐兵衛」が、四ツ手網のほか、投網・網ガヘル・竹ガヘル・叉手網・漁船・船具などを出品している(一三八頁)。ここにある網ガヘル・竹ガヘルは網モンドリ・竹モンドリとも呼ばれる定置漁具である。出品者の居住地と出品物から推測すると、出品者は四ツ手持網仲間に属する川漁師の中心的人物と考えられる。また出品の漁具等から推察すると、当時、大阪市内の河川では四ツ手網漁のほか、投網漁や網モンドリ・竹モンドリといった定置漁具漁などもおこなわれていたと考えられる。

（17）一八九二（明治二五）年に農商務省によって実施された『水産事項特別調査』（一八九四年刊）には、府県別、海川・湖沼別に漁業従事者数や水揚高などが記されており、その当時の河川や湖沼での漁業の傾向をつかむことができる貴重な記録である（本書巻末で資料として該当部分を抜粋して収録した）。しかし、淀川に関しては、淀川左岸の村のデータが欠けており、淀川両岸の川漁師の村の全体像を把握するうえでは不十分な資料といえる。

（18）一八九一（明治二四）年の国内の状況を調べた『水産事項特別調査』によれば、淀川右岸の島上郡・島下郡でとれた川魚などの「漁獲物ハ悉ク生売ニテ毎日仲買人ニ売リ仲買人ハ是レヲ近郷近在ニ販売ス」（三九〇頁）とあり、川魚はおもに地元で消費されていたことがわかる。

（19）福田栄治「旧巨椋池漁村の生活習俗―久世郡久御山町東一口の場合―」『資料館紀要』第一〇号、京都府立総合資料館、一九八一年。のち福田栄治『京都の民俗誌』文化出版局、一九八七年所収、二三八頁。

（20）河野通博「内水面漁業と淡水養殖の展開」大阪府漁業史編さん協議会編『大阪府漁業史』大阪府漁業史編さん協議会、一九九七年、三四九頁。

（21）鉄川精「淀川の漁り今昔抄」『淡水魚』創刊号、財団法人淡水魚保護協会、一九七五年、一七～一八頁。

（22）農林省水産局発行の『河川漁業調』第七輯に、一九四〇年三月末における府県別の「河川漁業組合ノ状況」の記載があり、大阪府下の淀川水系については、北摂漁業組合、安威川上流漁業組合、淀川漁業組合の三つの漁業組合について記されている。このなかで、淀川漁業組合については、事務所の所在地は「北河内郡枚方町伊加賀」、設立年月日は「昭和八年八月二三日」、組合員数は「一〇八人」、組合の地区は「三島郡島本町・五領村・高槻町・三箇牧村・鳥飼村・味生村、北河内郡枚方町、九箇荘村・庭窪村・友呂岐村、守口町」と記載されている。しかし、漁業権の種類・件数については、北摂漁業組合と安威川上流漁業組合は具体的な記載があるのに対して、淀川漁業組合については記載欄に「―」と記されており、淀川については漁業権が設定されていないことがわかる。

（23）「公認運動　淀川漁業組合」枚方市史編纂委員会編『朝日新聞記事集成　第四集』枚方市、一九七七年、一八〇頁。

（24）「淀川漁業権　獲得を請願　組合が当局へ」枚方市史編纂委員会編『朝日新聞記事集成　第八集』枚方市、一九八一年、六六～六七頁。

(25)「定款を改正して　杉山氏が理事長　淀川漁業組合公認へ」前掲書（24）、二〇五頁。

(26)「淀川漁業組合の更生　太公望には乙種の鑑札を　府の指導で稚魚を放流」前掲書（24）、二七七頁。

(27)「太公望に痛事？淀川に専用漁業権が許可されると」枚方市史編纂委員会編『朝日新聞記事集成　第九集』枚方市、一九八二年、一〇〇頁。

(28)「淀川専用漁業権設定に反対　漁具組合で決議」前掲書（27）、一〇〇頁。

(29)渡邊道郎「河川漁業権設定の経過」前掲書（20）、八六九頁。

(30)前掲書（3）、二一〇頁。

(31)前掲書（20）、八六八頁。

(32)一九六三年九月二日付「大阪府公報」ならびに『内水面における漁業権の内容』（大阪府農林部水産課、一九六三年九月）による。

(33)渡邊道郎「河川漁業協同組合の動向」前掲書（20）、八七一頁。

(34)川端直正編『大阪市農業誌』大阪市農業団体協議会、一九六〇年、三七九～三九一頁。なお一九五六年の新淀川の漁業権の拡張については、「河口より伝法大橋までを第一号漁業権として設定していたが、この上流における、えむしなどの漁業は従前より好条件なことから漁業上緊要な水面としてさらに上流とする十三大橋までの区域に拡張」（三九一頁）された。

第四章　淀川淡水域における川漁師の河川漁撈

はじめに

本章で取り上げるのは、淀川淡水域における川漁師の河川漁撈である。具体的には、木津川・宇治川・桂川の三川合流地点から長柄の可動堰までの約二六キロメートルの淡水域において、河川漁撈をおこなってきた川漁師Mさん(1)の河川漁撈である。Mさんは一九二三(大正一二)年に現在の守口市八雲北町に生まれた。Mさんは川漁師だった父親の淀川での河川漁撈のようすを幼少の頃から身近に見て学んだ。Mさん自身は建設業を本業としていた。しかし、その傍ら長柄可動堰上流の淀川淡水域においてコイ・フナ・ウナギなどを対象に河川漁撈をおこなっていた。一九七四年に建築業を廃業してからは、もっぱら淀川での河川漁撈に専念することとなり、とくに収入につながるモクズガニ漁を中心におこなってきた。

本章では、まずMさんが川漁師としてどのような人生を歩み、そのなかでどのようにして河川漁撈と関わってきたのか、大正時代から平成時代までのライフヒストリーを聞き取りによって明らかにする。そのうえで、淀川淡水域において展開されてきた川漁師の多彩な漁撈活動の実態を明らかにする。あわせて、環境民俗学の視点から「自然と人間の関係性」や漁場をめぐる「人間と人間の関係性」に注目しながら、従来あまり報告されることがなかった「秘密の漁場」の存在ほか、定置漁具をめぐる漁場の占有慣行や投網漁における漁撈知識など、淀川淡水域での川漁師の漁撈活動のようすを浮き彫りにしていきたい。

第一節　川漁師Mさんのライフヒストリー

まずMさんの幼少の頃からの生い立ちと、今日にいたるまでの漁撈経験について簡単に紹介しておくことにしたい。Mさんは一九二三（大正一二）年に、大阪府茨田郡《まった》庭窪村八雲《やぐも》（現、守口市八雲北町）に生まれた。父親は名前を「力松」といい、農業もしていたが、淀川での川漁を主たる生業としていた。子どもは八人いた。八雲は淀川中流の左岸に位置する村で、明治時代の淀川の改修工事では村域の一部が河川敷となっている。八雲は八番・北十番・南十番・下島の四つの地区からなり、Mさんの家のある北十番には、Mさんと彼の父親のほかに二人の川漁師がいた。そのほかに南十番には四人、八番には一人、それぞれ川漁師がいたというが、下島には川漁師はいなかった。いずれにしても、八雲には九人の川漁師がいたということであり、近隣のなかでは川漁師の多い村であったといえる。

船の係留地は八雲北町の地先のワンドのなかにあり（写真4の1）、とった魚は、長柄にある「魚松」という仲買人がポンポン船に乗って買い取りに来ていた。当時、漁師の船が二五円から三〇円、高い船だと五〇円くらいだったというが、漁師のなかには仲買人から前借りをして船を買い、その借金を分割で返したり、とった魚で返したりする者もあったようである。

なお守口には、大きな網船《あみぶね》を持つ者が七人ほどいた。網船というのは、船に客を乗せて川に漕ぎ出し、投網《とあみ》でとった魚を天麩羅などにして食べさせる観光船である。これらの網船は、現在の豊里大橋の下流域に船を漕ぎ出して営業をしていた。この網船の繁忙期には、八雲の川漁師も頼まれて手伝いにいっていた。

Mさんはどちらかというと、勉強よりも川漁の方が好きだった。彼はよく父親の船の筵のなかに潜り込んで隠れ、

写真４の１　ワンドのなかの船の係留地（1992年２月）

漁についていった。船が出てから筵に隠れているのが見つかり、棹で叩かれることもあったという。このようにして、彼は小さい頃から父親の川漁についていき、漁の仕方を学んでいったのである。尋常小学校を卒業後、一三歳の時、いったん彼は鳶職《とびしょく》についた。しかし、鳶職は一〇年ほどで辞めることになった。その後は、木造建築の請負をはじめるようになった。八雲周辺にある大きな家や、八雲の近くの商店街の大半の家は、Mさんが手がけたものだという。その後、八雲近辺での建築の仕事がしだいに少なくなり、新たな土地で仕事を探す必要に迫られていた。その頃、あることがきっかけで、琵琶湖の瀬田の漁師と知り合いになった。そして、その漁師の紹介により滋賀県内で建築の仕事が入るようになり、七年から八年ほどのあいだ、瀬田の漁師の屋敷の一角に仮の住まいを設け、そこで若い人たちと寝起きをともにしながら木造建築の仕事を続けるようになったのである。

　Mさんが瀬田の漁師と知り合いになったのは、彼がたまたま瀬田の唐橋にある「網定《あみさだ》」という旅館に客として宿泊し、観光用の網船に乗ったときのことである。Mさんが網船の漁師から投網を借りて打つことになった。網船の漁師は、自分の投網は普通の網より大きいため、素人が打つのは無理だと考えていた。しかし、漁師が無理だと思っていたその投網を、Mさんが見事に打ったので、網船の漁師は驚いたのであった。

　その網船の漁師は、瀬田の若手のなかでは一番の腕をもつ漁師だったらしい。そのことがきっかけで、Mさんはその漁師と仲が良くなり、その家の母屋や、その漁師の兄の家の建築を請け負うことになった。また「網定」旅館の仕事なども請け負うようになっていった。そのようにして、Mさんはしだいに新たな土地で仕事を獲得していったのである。この間、Mさんはまったく川漁師から遠ざかっていたわけではなかった。建築業を本業としながらも、彼自身は親方という立場であったため、見積りがとおって建築を請け負うことが決まれば、あとの仕事は番頭にまかせ、自分は淀川へ出て漁をするのが日常となっていったのである。

しかし、第一次オイルショック(2)のあおりを受け、建築の仕事が減少するようになり、Mさんはその翌年の一九七四(昭和四九)年に建築業を止めることになった。その後、Mさんは畑で野菜をつくったり、淀川へ出て漁をしたりしていたという。ところが、一九八七年に淀川で試しにモクズガニをとってみると、思いのほか漁獲があったため、本格的にモクズガニ漁をはじめることにした。そこで川船を修理し、網製のカニカゴなど必要な漁具類を購入して、翌年からモクズガニ漁をおこなうようになったのである。準備にかかった費用は総額で約一〇〇万円ほどであったが、それは最初の年のモクズガニ漁の収益で支払うことができたという。以来、Mさんは毎年、淀川で秋から初冬にかけてモクズガニ漁を続けてきた。また夏場は、モクズガニ漁で餌として使うコイやフナなどをとるため、投網漁を中心にして淀川の淡水域で河川漁撈を続けてきたのである。

第二節　秘密の漁場

セシタ

Mさんから漁撈活動に関する聞き取りを進めていくなかで、漁場に関する興味深い内容が浮かび上がってきた。それは、川のなかにその漁師だけが知っていて、他の漁師には教えない「秘密の漁場」(3)があるというものである。Mさんによれば、川のなかには魚が寄り集まる場所があるというが、その魚が寄り集まる場所は大きくわけて二つある。ひとつはセシタと呼ばれる場所で、もうひとつはヨコアナと呼ばれる場所である。セシタは川底にあり、ヨコアナは土手の部分にある。そうした魚の寄り集まるセシタやヨコアナは、川漁師にとっては重要な漁場であるため、他の川漁師にはその所在を秘密にしているのである。そこでまず、セシタとはどのようなところかを見てみよう。

Mさんによれば、セシタは川がセ（瀬）になっているところから少し下流にあり、そこは川の底が段が付いたように深く窪んだ状態になっている。つまり、セシタというのは一般に「淵《ふち》」[4]と呼ばれているところにあたる。Mさんによれば、セシタには大きな窪みが一つだけのものもあれば、複数の窪みが続いているものもあるとされる。複数の窪みからなるセシタの場合は、その水面が波を打っているように見えるため、船上から水面を観察しているとわかるという。また深く窪んでいるセシタの場合、その底部はかならず粘土質の土になっているという。

Mさんによれば、魚はつねにセシタに寄り集まるわけではない。ふだん投網を打つ場合は、セシタから二間ほど下流のあたりを目標とする。魚がセシタに集まってくるのは冬場である。セシタは水面に近いところでは水が流れていても、底の部分では水の流れがないことが多い。そのため冬場になると、セシタの底の部分にコイがたくさん集まってくる。セシタは冬場に投網でコイをとるときのポイントとなる場所だったのである。

セシタにはコイのほか、モロコもたくさん集まってくる。セシタに寄り集まったモロコは、餌を入れた瓶《びん》モンドリを仕掛けてとっていた。ただし、瓶モンドリを仕掛ける場所は、セシタではなく、セシタより少し下流のところであった。というのは、セシタの深く窪んだところは水の流れがなく、そうした場所では、仮にモロコが瓶モンドリのなかに入ったとしても、時間の経過とともに瓶モンドリのなかが酸欠の状態となり、中に入ったモロコが死んでしまうからである。いったん瓶モンドリを仕掛けると、おなじ場所で半日くらいは継続して漁をおこなった。枚方の上流には、川の端から端までがずっとセになっているところがあった。そこでは瓶モンドリを四〇本ほど仕掛けてモロコをとっていたという。

写真４の２　納屋とヤノウ（1992年２月）

なお、セシタで瓶モンドリを仕掛け、モロコをとるときには、セシタの川底の土に竹を打ち込み、瓶モンドリが流れないように固定する必要があった。その際には、セシタは全体にかなり深く窪んでいるため、長い竹を使わないと川底まで届かない。そのためセシタに瓶モンドリを仕掛けるときには、丈の長いヤノウと呼ばれる竹を使っていた。Mさんは淀川左岸の堤防の近くにある納屋（写真４の２）のそばにヤノウを栽培していた。なおセシタではコイやモロコのほか、モクズガニなどもよくとれる。Mさんによれば、セシタは「カニのドル箱」だという。

ところで、以前、淀川新橋の少し下流あたりで水難事故があった。そのとき、大阪府警察と地元の消防などが出動し、連日捜索に当たったが、行方不明者の発見に至らなかった。その事故から六日目、Mさんに大阪府警察から捜索の協力依頼があった。捜索の依頼を受けたMさんは、捜索に出かけてから約二時間ほどで行方不明者を発見し、引き揚げることができた。Mさんが行方不明者を発見した場所というのは、水難事故のあった下流のセシタであった。Mさんによれば、そこは捜査を頼まれた当初から見当をつけていた場所だったという。こうした事例からわかるように、Mさんのような熟練の川漁師は、日頃の漁撈活動のなかで川底の詳細な地形を把握し、それを漁撈知識として蓄積していたのである。

ヨコアナ

セシタとともに、川漁のうえでポイントとなる場所がヨコアナである。ヨコアナとは、Mさんによれば、土手の水面下の部分に、土をえぐったように開いた穴のことである。このヨコアナは、コイやフナが土手をつっついて空けた穴だと考えられている。こうした穴は、土手が急激に川に落ち込み、それが川にそって続いているようなところで、しかもその土手が粘土質の土からなっているようなところにあると考えられている。

ヨコアナには、冬場になるとコイやフナが集まってくる。Mさんはそのヨコアナに集まったコイやフナをカスミ網を使ってとっていたのである。実際の漁では、あらかじめヨコアナにそってカスミ網を張り渡しておく。そして準備が整うと、穴の中にいるコイやフナを網の方に追い立てるのである。ヨコアナは、川漁師にとって確実に魚がとれる冬場の川漁の重要なポイントであった。そのため、ヨコアナで川漁をおこなうときには、他の川漁師にその所在を知られないように、細心の注意が払われていたのである。

それはヨコアナだけではなく、セシタでもおなじことであった。すなわち、Mさんの父親がまだ漁をしていたころのことである。彼の父親は息子であるMさんに対して、どこにセシタやヨコアナがあるのかについて、決して教えなかったという。ただ、冬場のヨコアナでの川漁は一人ではやりにくいため、父親は漁の手伝い役として息子のMさんをヨコアナでの漁に連れて行くことがあった。そんなときには、父親はMさんに対して、そのヨコアナの場所を決して誰にも喋ってはいけないと、きびしく注意をしたものであった。セシタやヨコアナの所在は、親子のあいだであっても、基本的には秘密にされていたのである。Mさんも一人でヨコアナでの漁に出かけるときには、まず事前にヨコアナの近くにカスミ網を張って準備をしておき、まったく漁を知らない素人に追い込みの手伝いをしてもらっていたという。

一方で、川漁師のあいだでは、他の川漁師のヨコアナの場所を探し出して、本人に見つからないよう、こっそりと漁をおこなうこともあった。たとえば、Mさんによれば、他の川漁師のヨコアナを盗もうと思えば、その川漁師が夜に漁に出かけたときに、陰に隠れて見ているとわかるという。その川漁師がどのような方法で魚をとっているのかを見る。カスミ網を張って、魚を追いかけていたら、そこにヨコアナがあるということになる。そうして見つけたヨコアナに一週間ほどたってからこっそりと漁に出かけると、偶然にも相手の川漁師とかち合うことがある。そういう場合には、そこが相手の漁場であることを知らないふりをして、次回からそのヨコアナで漁をするときは、かならず相手の川漁師と二人で組んで漁をする約束を結んだという。なお、二人が共同で漁をおこなう場合には、とれた魚は等分することになっていた。

このように、川漁師は川のなかにセシタやヨコアナといった漁のポイントとなる場所をそれぞれに持っていた。しかも、そのポイントとなる場所は、他の川漁師に対しては秘密にされていたのである。川漁師はそこを秘密にすることで自分の漁場を守ろうとしてきた。しかし、反面では、他の川漁師のヨコアナを盗むということもおこなわれていたのである。

以上の点を、漁撈研究の分析枠組みである「漁撈をめぐる三つの関係性」に則していえば、「秘密の漁場」をめぐる「人間と人間の関係性」であった。その「人間と人間の関係性」には二種類の関係性が認められる。ひとつは、自分の穴場を秘密にして守るが、反面では他人の穴場を見つけて盗むという、オモテにあらわれない緊張感のある「人間と人間の関係性」である。もうひとつは、「秘密の漁場」での相手漁師との遭遇によって発生する限定的な共同漁場化による、オモテにあらわれる一対一の「人間と人間の関係性」である。「秘密の漁場」をめぐっては、こうした二種類の「人間と人間の関係性」が存在していたのである。

第三節　モンドリ漁と簀建て漁

モンドリ漁

モンドリとは横筌《よこうけ》の一種である（写真4の3）。細く割ったマダケを簀《す》の子状に編んでつくられている。内部には

写真4の3　竹モンドリ（1992年2月）

ノドと呼ばれる仕掛けが二重に取り付けられており、いちど魚が入ると出られない仕組みになっている。淀川では、こうした漁具を一般にモンドリと呼んでいるが、Mさんはこれをカエルと呼んでいた。Mさんの父親は川漁をおもな生業とする漁師であった。そのなかでも、とりわけモンドリをもちいた川漁を中心におこなっていた。Mさんの父親は一二〇個から一三〇個ほどのモンドリを使って、おもに商品価値の高いウナギやテナガエビなどをとっていた。Mさんによれば、彼の父親は近辺の川漁師のなかでは一番の腕を持っていたという。

川漁師はそれぞれに工夫を凝らしたモンドリをつくっていた。そのため、モンドリはつくった川漁師によって、細かな部分に微妙な違いがあった。たとえば、竹の割り方や削り方、あるいは割り竹の編み目の間隔などに、その違いが現れていたのである。Mさんによれば、彼の父親のつくったモンドリには、いくつかの特徴があったという。まず材料となる割り竹の加工の仕方である。割り竹は全体に角を取り、丸くなるように削っていた。これは上流から流れてくるゴミがモンドリにひっかからないようにするための工夫である。またモンドリの編み方にもこだわりがあった。とくにモンドリの入口部分と反対側のウナギが溜まる部分は、水の通りが良いように編み方に工夫が凝らされていた。さらに、モンドリでもっとも大切なノドの部分は、少し長めにして、ウナギなどが奥のノドに向かって入りやすくし、また一度入ったウナギが出にくいように調整がされていたのである。

かつてMさんは、自分でモンドリをつくろうと思い立ち、村の古老の川漁師にモンドリを見せてもらったことがあった。しかし、そのモンドリはMさんの父親のモンドリにくらべると、編み方や目の粗さなどがかなり異なっていた。そこで手本になりそうなモンドリを探しているうちに、ある川漁師がモンドリを二つ譲ってくれることになった。それはその川漁師がMさんの父親から生前に譲り受けたというモンドリであった。Mさんはそのモンドリを見て、すぐにそれが父親のモンドリであるとわかったという。Mさんはそれを手本にしながら、自分で二〇〇個ほどのモンドリをつくった。

この父親のモンドリを手にしたとき、Mさんは、父親が他の川漁師にモンドリを譲り渡すようなことは考えにくいと直感的に思った。そのモンドリは父親から譲り受けたものではなく、川から盗まれたものではないかとの印象を持ったという。このような逸話からもわかるように、川漁師は自分がつくる漁具（モンドリ）に対して深いこだわりを持っていたのである。

モンドリと漁場の占有

モンドリは一定の場所に設置してもちいる定置漁具であり、漁具を仕掛ける場所の善し悪しが、漁の成否を大きく左右することになる。そのため川漁師の関心はモンドリを仕掛ける漁場の確保に向けられていたのである。

Mさんによれば、ウナギやテナガエビなどは、川に石があり、隠れることができるような場所の近くに生息している。かつてMさんの父親が漁をおこなっていたころ、淀川にはそうした場所がたくさんあったという。その当時の川漁師たちは、川筋のなかに一定の漁場をもち、その漁場の範囲のなかでモンドリ漁をおこなっていた。したがって、他の川漁師の漁場に侵入してまで漁をおこなうことはなかった。また昔は、遠方に新たな良い漁場が見つかったとしても、わざわざモンドリを仕掛けにいくことはなかったという。その当時は、現在と比較すると、淀川の流れも早く、しかも棹一本で上って(5)いかなければならなかったため、遠方までいくこと自体が大変な労力を使うことであった。とくにチンショウの先端部などは、流れが速くてなかなか上れなかったという。

Mさんが川漁をするころには、自分の漁場の範囲外であっても、新たに良い漁場が見つかると、モンドリを仕掛けにいくこともあった。たとえば、工事などで川の岸に新しく石が積まれたところは、ウナギやテナガエビなどの絶好の漁場であった。そんなところを見つけたときは、誰よりも早くその場所にいって、まず棹を立て、ロープを流し、餌を入れないで、モンドリの古いものを仮に仕掛けておいた。ウナギがとれなくても、まず他の川漁師よりも先にモンドリを仕掛け、「ここは俺の場所である」ということを示すことが重要なことと考えられていた。そして、時期を見計らってモンドリの入れ換えをおこなったのである。

つまり、まず棹を立て、漁具を設置することが、漁場の占有を示す行為であると認識されていたのである。Mさんは、このような方法で漁場を確保しつつ、モンドリ漁をおこなってきた。しかし今は、川に石が無くなり、川の底がズンベラボウになっているという。モンドリを仕掛けようとしても、ほとんど仕掛ける場所がない。現在モンドリを仕掛けようとするのであれば、柴島《くにじま》の水源地の前と、その対岸あたりにある深みのところくらいだという。

簀建てによる川漁

以前にくらべると、淀川には「大きな水」が流れてこなくなったとMさんはいう。Mさんがいう「大きな水」とは、増水のことを指している。淀川で増水が減ったのは、上流部にダムが建設されたことによると考えられている。宇治川に天ヶ瀬ダム（一九六五年三月竣工）、木津川支流の名張川に高山ダム（一九六九年三月竣工）・青蓮寺《しょうれんじ》ダム（一九七〇年三月竣工）・室生《むろお》ダム（一九七四年三月竣工）が建設されたが、その流量調整によって増水の発生が減少することとなり、淀川下流からの「上りのウナギ」が無くなったとされる。ダム建設以前には上流で雨が降ると、淀川が増水することがよくあり、堤防沿いのヨシが三日も四日も水に浸かることがあった。そんなときには、長柄の可動堰を越えて、下流から「アオ」[6]と呼ばれるウナギをはじめ、さまざまな魚が上ってきたという。スズキやボラなども上ってきた。アオは頭の部分が小さいのが特徴で、海水と淡水のあいだに生息しており、ウナギのなかでもとくに味が良いとされるものであった。

Mさんによれば、増水時には堤防とヨシ原のあいだに簀を設置して、上ってくる魚をとっていた。Mさんはこの時に備えて、ヨシ島のなかの一部のヨシを刈り取っておく。そして、あらかじめ簀《す》を張るための竹の杭を打ち込んでおき、いつでも簀を張ることができるように準備を整えていた。そして、川の水が増え、簀が張れる程度の水かさになったころを見計らい、夕方ころから簀を張り渡し、大型の袋網を仕掛けるのである。こうした方法によって魚をとることをMさんは「上りをかける」と呼んでいた。

「上りをかける」場所は、ふだんからヨシを刈り込んでおき、いつでも対応できるようにしていた。そして、その場所から上流・下流の何百メートルかの範囲には、他の川漁師を近寄らせないようにしていたのである。Mさんの家では、淀川左岸の現在では河川敷公園になっているところに、簀を建てる場所を確保していた。そこは増水時にはよく魚のとれる場所であり、彼の家では、この場所を「ウチのゲブツ」(7)と呼んでいた。

Mさんの父親が六〇歳代で、淀川の水もきれいになっていたころの話である。Mさんの父親が一度、雨が降ったときに、簀を張って仕掛けておいたが、まったく魚が入らなかった。そこでMさんは、つぎの月の雨の降ったときに、もう一度おなじ場所でやってみようと思い立ち、父親に声を掛けたが、父親は加わらなかった。そこでMさんがひとりでやることにした。すると思いもよらず、ウナギが大量に入り、三回も網をあげることになったのである。そのときの水揚げで、Mさん親子は揃って漁船を新造することができたという。それだけ大量にとれたのは、このときが最初で最後であった。

一方、川に水が少ないときは、べつの場所で簀を建てた仕掛けで魚をとっていた。たとえば、それはワンド(8)とワンドのあいだの、水が流れているような場所であった。水の流れの上の方の口に簀を建て、仕掛けをしておく。そして、夜になって、ワンドのなかに魚が入ってきたあと、下の方の口を堰き止めるのである。そのようにしておいて、ワンドに網を打つなどして荒らし、ワンドのなかの魚を仕掛けの方へと追い込んでいくのである。これは一人ではなく、他の川漁師と共同でおこなう漁であった。このように簀建ては、増水時にはヨシ島と堤防とのあいだに仕掛け、水が少ないときはワンドとワンドのあいだに仕掛けるなど、川の水量にあわせておこなわれていたのである。

ここでは、川のなかに杭を立てて定置漁具を仕掛けるモンドリ漁や簀建て漁をみてきた。これらの漁では、漁場の占有が慣行として成立しており、漁場をめぐる「人間と人間の関係性」という視点からみると、お互いのナワバリを尊重し合う関係性が築かれていたといえる。

第四節　投網漁

アミウチ

Mさんは投網漁のことをアミウチと呼んでいる。投網漁には一般に船打ちと陸打ちがあるが、ここでいうアミウチは、船の上から網を打つ船打ちである。Mさんによれば、漁師はいったん漁に出れば、魚がとれないからといって、簡単にあきらめて帰るわけにはいかない。アミウチに出た場合だと、魚がとれなければ、とれるところまでいって魚をとってくる。また夜通しでも魚をとりにいくという。「ここでアブレたら、アコにいったらおるなぁ」と、次つぎに行くべき漁場が頭に浮かんでくる。そして、次回漁に出かけるときには、前回とれなかったところは後回しにし、確実にとれそうなところを先に回っていくようにしていた。ここには、川漁師の漁撈に対する姿勢がどのようなものであったかが、よくあらわれているといえる。

Mさんの父親はモンドリ漁が中心であったが、アミウチもおこなっていた。その当時は、船にエンジンがなく、棹

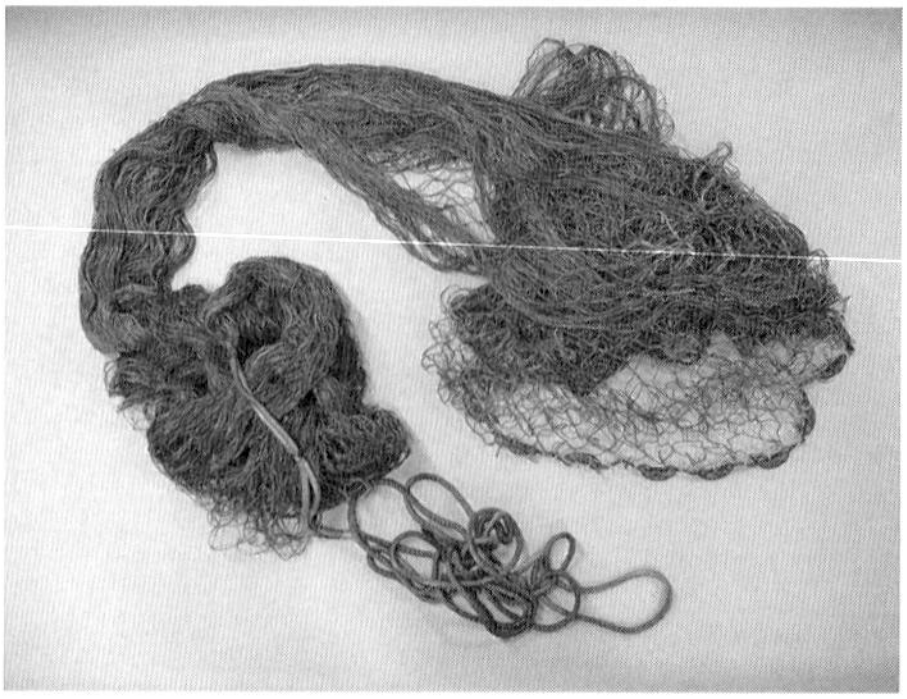

写真４の４　トアミ

を使って淀川を上っていった。そのため守口からだと、枚方《ひらかた》あたりまでが漁に出る範囲の上限となっていた。弁当を用意し、二〜三人くらいで一組になって枚方大橋あたりまで上っていき、そこで日が暮れる頃まで休憩し、夜になってから網を打ちながら下流へと下っていくのである。八雲まで下ってくるころには朝になっていた。また漁船を三艘くらい出して、五〜六人で組んでアミウチをおこなうこともあった。その場合は、あらかじめ長柄《ながら》の問屋に連絡を入れておき、翌朝に魚を取りに来てもらうようにしていた。

　Mさんが漁をするときは、おもに一人でアミウチに出かけていた。目的の場所までは棹を使って上っていく。漁場に到着すると、棹は使わず、セッカイという小さな櫓に切り替える。棹は川底の砂に当たったときに音を出し、その音に驚いて魚が逃げ出してしまうからである。セッカイで静かに水を切っていると、魚に近づいても気づかれずに済むのだという。また魚への音対策として、船の舳先にはドンゴロスという目の粗い麻袋を敷いていた。舳先には碇代わりに、チェーンの付いた重りを置いていたが、ドンゴロスを敷くのは漁の最中に少しでも音を立てないようにするためである。またセッカイを船のうえに置こうとすると音がするため、セッカイには紐をつけておいて、使った後は水面に流した状態にしていた。このように、漁の最中の音に対して川漁師はたいへん注意を払っていたのである。なおセッカイは川漁師にとって大切な道具と認識されており、「川漁師はセッカイが使えるようになったら一人前である」とされていた。

　なお川漁師は音だけでなく、川面に映る影にも注意を払っていた。たとえば、夜、月が出ているときの漁では、川面に影が映ると魚に気づかれてしまう。そのため、影が川面に映らないよう、横から投網（写真４の４）を打つようにしていた。このように川漁師は、音や影に細心の注意を払いながら、アミウチをおこなっていたのである。

エウチ

アミウチには、餌で魚をおびき寄せておき、魚が集まってきたところをめがけて網を打つ方法がある。これをエウチという。Mさんが淀川でエウチをしていたのは、一〇月の秋祭りのころであった。淀川にそった北河内の一帯では、秋祭りにフナの昆布巻をつくる風習があり、この時期になるとフナの需要が高まるのである。フナの昆布巻はまずフナの内臓を取り除き、いったん素焼きにして乾燥させたあと、昆布で巻いて醬油と砂糖を加えて、中骨がやわらかくなるまで煮込んだものである。このフナの昆布巻に欠かせないのが小ぶりのフナであった。淀川の川漁師たちは秋祭りが近くなると、エウチによって昆布巻用のフナをとっていた。

Mさんの話にもとづきながら、エウチの方法を少し詳しく見てみよう。まずエウチにもちいる餌であるが、これにはミミズやサナギのほか、ヌカの煎ったものを用意する。これらを粘土に混ぜて、大きなボール状に丸く固める。エウチのため餌を仕掛けるのは昼間である。川が浅く、魚が上ってきて集まるようなところで、網が引っかからないようなところをあらかじめ見つけておき、そこに餌を仕掛けるのである。水中に沈めた餌は、しだいに粘土が崩れ、餌が下流に向かって流れ出す。その流れ出た餌に誘われて魚が寄ってきたところを投網でとらえるのである。

餌を食べにくる時間帯は、小さなフナと大きなフナとでは異なっている。小さなフナは宵のころに出てくるのに対して、大きなフナやコイは夜が更けてから出てくる。小さなフナをとろうとするときは、餌をたくさん仕掛けておき、宵のうちに一気に網を打って回らなければならない。宵のうちに一通り網を打つと、つぎは夜中の一二時ころにもう一度、上流から網を打って回り、大きなフナやコイをねらうのである。

なお餌を沈めた場所には、目印を立てていた。その目印には竹の棒をもちい、その棒の先には草を差した。棒の先に差す草は、どんなものでもよかった。その竹の棒を、餌を沈めた場所の岸側近くに、棒の先の草が水面ぎりぎりのところにくるように打ち込んでおく。こうしておくと、夜間でも灯りをつけなくても十分に確認することができたという。

アミウチの漁撈知識

アミウチに際して必要なことは、目的とする魚の居場所や動きに関する漁撈知識である。たとえば、Mさんによれば、川には魚が上ってくる道があり、上ってきた魚が遊ぶ場所があるという。また冬場になると、どこの石にコイがつくのか、あるいは投網を打ったとき、引き揚げるのに障害物となるものがどこにあるのかといったように、守口から枚方までの漁のポイントとなる場所や川底の地形は、Mさんの頭のなかに入っていたのである。以下、もう少し詳しく、魚の居場所と動きに関する漁撈知識を見てみよう。

まず水の流れと魚の居場所に関してである。Mさんによれば、水と水が当たっているところの下には、かならず魚が列をなして続いているという。ふだん水の流れがゆっくりとしているところであっても、水は互いに動いている。アミウチでは、そうしたところが漁のポイントとなる場所と考えられていた。また大きなヘラブナは水の流れがあるところにはいない。水が流れて舞っているような場所ではなく、水が舞っているところの外側にいるとされる。Mさんはヘラブナが通りそうな場所の水面をじっと見つめながら、水面近くをヒューッ、ヒューッと波を切って動くところをめがけて網を打つのである。

つぎに石積みがある場所も魚の居場所となっていた。たとえば、川岸の石積みの下にできた穴はコイの住処になっていた。河川の工事で川岸に石を積むとき、柴を束ねたもの（粗朶《そだ》という）を敷いたうえに石を積み、またその上に粗朶を敷き、これを繰り返しながら石を積んでいく。ところが、その石積みの一番下の部分の石が外れてしまい、粗朶が残ると、その粗朶の下に空間ができ、そこがコイの住処となるのである。そうした場所は川のなかでももっとも深いところであり、そこにいるコイはとることが難しい。しかし、どうしてもそれをとろうとするときは、大きな石二つを縄でひとつにくくったものを用意し、船二艘で出漁する。一人は投網を打つ準備をして待つ。そしてもう一人が穴のある石積みの部分を用意した石で強くたたく。すると、その振動でコイが驚き、泡を吹きながら穴から飛び出してくる。この泡を「コイのフキ」といい、Mさんはこの泡を見ながら、その少し先の方を投網で打つのである。

ところで、こうした魚の居場所や動きに関する漁撈知識は、いくらことばで教えられても理解できるようなものではなかった。Mさんはアミウチを始めるようになったころ、父親によく魚の居場所を尋ねたことがあった。しかし父親の答えは、いつも「ジャコのことはジャコに訊け」であった。ここでいう「ジャコ」とは、魚一般を指したことばである。すなわち、「魚のことは魚に訊け」というのが、父親の答えだったのである。Mさんはそのような答えしかしてくれない父親に対して、「根性が悪いなぁ」と思うこともあった。しかし、今になってみると、父親が言っていたことばの意味が理解できるようになったという。つまり、今日そこに魚がいたとしても、明日おなじところに魚がいるとは限らない。小さい魚はどこにいるのか、大きな魚はどこにいるのか、それもやはり魚に訊かなければわからないのである。そうした魚の居場所や動きといった漁撈に関する知識は、すべてが経験からもたらされるものであり、それは実際の漁撈活動の積み重ねをとおして初めて理解し、身についていくものである。Mさんは「ジャコのことはジャコに訊け」という父親のことばを、このように理解しているのであった。

以上、投網漁における魚の居場所と動きに関する川漁師の漁撈知識をみてきた。これを「自然と人間の関係性」という視点からみると、川漁師は「魚との対話」をとおして漁撈知識を体得してきた、といえるのではなかろうか。ここでは、川漁師の「自然と人間の関係性」として「魚との対話」という関係性が築かれていたことを指摘しておきたい。

第五節　モクズガニ漁と民俗知識

モクズガニ漁

Mさんが近年までおこなっていた川漁はモクズガニ漁であった。モクズガニは淀川の上流で成長し、秋になると産卵のために川を下ってくる。Mさんがおこなっていたモクズガニ漁は、産卵のために下ってくるモクズガニをカニカゴ（網製の籠）でとらえるというものである。通常は一〇月末頃から一一月末までがモクズガニの漁期で、とれたモクズガニは大阪市の中央卸売市場に出荷されていた。年によっては一二月一〇日ころまで漁をおこなうこともあった。しかし、一二月に入ると、中央卸売市場で扱われるものが正月向けのものになるため、モクズガニの売れ行きは落ち込み、値段も下がる。

カニカゴは川のなかに一つずつ仕掛けるのではなく、約二〇〇メートルのロープを親綱とし、そこに等間隔で二五個のカニカゴを繋いでいくのである。カニカゴのなかには餌としてコイやフナをブツ切りにしたものを入れる。Mさんは淀川新橋から鳥飼大橋までのあいだの六箇所にこの仕掛けを設置して漁をおこなっていた。カニカゴを仕掛ける時は上流の方のロープの端に大きな石をつけて沈めるとともに、カニカゴ五個おきに小さめの石を一つずつ付け、一番下流側のところには目印のブイをつける。仕掛けておいたカニカゴを引き揚げるのは、日が暮れてからである。それは他の川漁師に漁場を見られないようにするためである。夕方から淀川に出て、まず仕掛けておいた最上流の一本目のロープを下流側から引き揚げ、カニカゴのなかに入っているモクズガニを取り出す。このようにして順次、カニカゴを揚げていく。いったんカニカゴを揚げ終わると、そのなかに餌を補充しながら、水中へまた沈めておくのである。このように、川を下りながら、六本のロープを順番に揚げ、船着場まで帰ってくると、だいたい朝の八時から九時ごろになるという。

船着場まで帰ってくると、まず荷揚げをおこない、そこから自宅までは自動車で運ぶ。そして、モクズガニを選別して荷造りをし、その日の夜のうちに中央卸売市場へ持って行く。モクズガニがよくとれるときは、市場から帰ってきて、またすぐに仕掛けを揚げにいくこともあった。そんなときは、二日や三日ほど睡眠をとらないこともあり、四キロくらい痩せることもあった。モクズガニがカニカゴによく入るときは毎日揚げに行くが、あまり入らないようになると、二日間ほど間隔をあけることもあった。それでも餌の準備や網の修理などの仕事があるため、睡眠の時間は少なかった。

Mさんが中央卸売市場に持ち込んでいたモクズガニは決まった仲買人が扱っていた。Mさんの話によれば、中央卸売市場には四万十川のモクズガニも入荷している。しかし、四万十川は水がきれいで、モクズガニの食べる餌が少ないため、甲羅が大きい割には身が少ないという。これに対して、淀川を下ってくるモクズガニは餌が多いため、体は小さくても中身がよく詰まって肥えているとされる。そのため中央卸売市場では、淀川のモクズガニは四万十川のモクズガニの二倍くらいの値段がついている。たとえば、一九九一年ころ淀川のモクズガニの相場は、一キログラムあたり雌の良いもので二〇〇〇円くらいであった。Mさんは一晩で七〇キロから八〇キロほどのモクズガニを水揚げしていた。そのなかから雌雄をより分けると、雌の良いものは六パイから七ハイほどになるという。仮に六パイだとすると、約三〇キログラムくらいになるため、それだけでおよそ六万円になる計算である。そのほか雄の値段も加えると、一晩で約一〇万円くらいの水揚げになったのである。

モクズガニ漁の民俗知識

Mさんはモクズガニ漁を一〇月末ころから始めることが多い。ただし、その開始の時期は、あらかじめ日を決めているわけではなく、その年のモクズガニの下りのようすを観察しながら決める。まずモクズガニ漁の時期が近くなると、試験的にカニカゴを仕掛け、モクズガニが下ってきているかどうかを調べる。その判断の基準となるのは、モクズガニの腹の部分である。Mさんによれば、地にいるモクズガニと、下ってきたモクズガニとでは、腹の部分に違いが見られるという。すなわち、地にいるものは、大きく成長したものであっても、川底で腹を擦っていないため、腹の部分が汚れている。これに対して、上流から下ってきたものは、移動している途中で腹の部分が川底に擦れるため、磨いたようにきれいになっているという。このようにして、Mさんはとれたモクズガニの腹の部分を観察しながら、下りの時期を判断し、漁の開始時期を決めるのである。

Mさんによれば、魚の場合とおなじで、川のなかにモクズガニの通る道があるとされる。その通り道を見つけ、そこに餌を入れたカニカゴを仕掛けておけば、モクズガニがとれるのである。しかし、難しいのは、モクズガニの通り道がいつも一定しているとはいえないからである。川の水量の変化によって、モクズガニの通り道が変わっていくと考えられている。モクズガニの通り道が変わったと思われるときには、その通り道を探し出し、カニカゴを仕掛ける場所を変更しなければならない。モクズガニの通り道を確認するには、それまで川に沿って一直線に沈めていたカニカゴを、いったんジクザクの状態に沈め直す。そうして個々の仕掛けに対するモクズガニの入り具合を確認し、新たな通り道を探していくのである。

モクズガニの通り道は水量だけでなく、季節によっても変わってくる。Mさんによれば、冬になって、気温が下がってくると、モクズガニは川のなかの深いところを通るようになると考えられている。すなわち、一〇月から一一月中旬ころまでは、モクズガニは川底を立った姿で歩きながら下るとされるが、一一月末ころになると、寒さのためモクズガニは川底をドロドロと這うようにして下ってくるという。そのため、モクズガニはおのずと川の深みに落ちてくるため、カニカゴを仕掛ける場所も、それにあわせて川の深い方へと移動させなければならないのである。こうしたモクズガニの生態に関する民俗知識を駆使しながら、Mさんはモクズガニ漁を続けてきたのである。

まとめ

本章では、三川合流地点から長柄の可動堰までの淀川淡水域において、アミウチ・モンドリ漁・簀《す》建て漁・モクズガニ漁などの河川漁撈をおこなってきたMさんのライフヒストリーを明らかにするとともに、漁撈活動における「自然と人間の関係性」、漁場をめぐる「人間と人間の関係性」に注目しながら、Mさんの漁撈活動を詳述してきた。そのなかで、いくつかの興味深いテーマが浮かび上がってきた。

まず注目されるのは、セシタやヨコアナと呼ばれる「秘密の漁場」の存在である。本章では、淀川での漁場の一種として、川漁師が「秘密の漁場」ともいうべきものを持っていることを明らかにし、そこでの漁のあり方を詳述した。またヨコアナに関しては、他の川漁師による漁場を盗むという行為にも触れ、これまであまり報告されることのなかった秘密の漁場について、漁場をめぐる「人間と人間の関係性」という視点から、その利用と確執の具体像を明らかにした。

またモンドリ漁や簀建て漁など定置漁具をもちいた漁撈活動について詳述し、漁場の占有慣行を明らかにした。モンドリ漁では、川漁師のあいだで互いに先占権を認め合う慣習があることを指摘した。また簀建て漁では、漁場の日常的な維持管理によって排他的な漁場占有がおこなわれていたことを明らかにするとともに、漁場を「ゲブツ」と呼ぶ独特の環境観があることを指摘した。

また投網漁については、魚の居場所と動きに関する川漁師の民俗知識について詳述した。通常のアミウチのほか、事前に餌を撒いておこなうエウチについて、網を打つ場所や網の打ち方など「自然と人間の関係性」に着目しながら漁撈活動の詳細を明らかにし、川漁師の漁撈観ともいうべきものを浮き彫りにすることができた。またモクズガニ漁については、モクズガニが川を下る時期やルートなど、モクズガニ漁をめぐる民俗知識を明らかにした。

注

(1) Mさんの存在は、『病み、汚れても母なる流れ』(毎日新聞大阪本社社会部、一九九〇年)で知り、一九九一年から一九九二年にかけて聞き取り調査をおこなった。寄付申し出のあったモンドリなどの漁具は大阪歴史博物館で収集し、館蔵品となっている。この調査結果は「淀川中流における川漁師の漁撈活動」(原泰根編『民俗のこころを探る』初芝文庫、一九九四年)として報告しており、本章はその報告を加筆修正したものである。Mさんの漁撈活動については、出口晶子による報告(「淀川本流・最後の川漁師」『大阪府漁業史』大阪府漁業史編さん協議会、一九九七年)もあるので、参照していただきたい。

(2) 第一次オイルショックは、一九七三(昭和四八)年一〇月六日に勃発した第四次中東戦争に端を発する原油価格の高騰、大型公共事業の凍結・縮小、景気低迷などの大きな経済的混乱をさす。

(3) 川漁師が秘密の漁場を持っていることは、荒川中流の川漁師の聞き取り調査でも報告されている。調査を担当した小林茂によれば、漁のポイントとなる場所を「ツボ」といい、川漁師は転々とツボをまわり漁をしていくが、「特に生活に必要な時には、とっておきのツボに出漁する。それは最良のツボで、一家の危急を救うためのもの」であった。川漁師はそれを「コメビツ」と呼んでいた(『戸田市の伝統漁法(補)付・戸田の漁撈関係語彙集』戸田市教育委員会、一九七六年、一九頁)。この点について、のちに刊行された小林茂『内水面漁撈の民具学』(言叢社、二〇〇七年)のなかでも「米櫃を開ける」という言葉にふれながら取り上げられている(七頁)。

(4) 瀬・淵は河川の基本単位となるもので、瀬は水の流れが早いところを指し、淵は水の淀むところをいう。実際の瀬・

淵は、上流・中流・下流などの区域、蛇行の仕方、川底の基盤などの違いにより、多様な姿をみせる。淵についても、その成因や位置によって形態に違いがあり、生物相との関連も含めて、生態学者により類型化がなされている（沖野外輝夫『新・生態学への招待　河川の生態学』共立出版、二〇〇二年、一〇～一一頁）。

（5）「沈床」と書く。明治時代の淀川修築工事において舟運の航路確保のために設置された粗朶沈床である。材料は柴と石材を組み合わせたもので、岸から川の中央にむかってTの字形につくられていた。

（6）アオとよばれるウナギについては、仁保寛真「うなぎのにぎり取り―失われゆく漁法―」（『岡山民俗』第一七号、岡山民俗学会、一九五五年）において、児島湾の青江のウナギとりにかかわり、河口の「アオはヂコで冬にもどこへもゆかず、深く泥にもぐつているらしい。」「アオは緑がかつた黒色で冬になつても死なない。」「味がよいのはアオの雌で七、八月が最もよく九月のは少しおちる。」（二～三頁）などの聞き取りが報告されている。

（7）ゲブツはゲビツの訛りで、大阪や堺で米櫃を指す方言である。

（8）ワンドは淀川の低水敷に形成された大小の湾入部のことで、明治時代の淀川修築工事にあたり岸から突き出すようにして設置された粗朶沈床がもととなって生まれた。淀川の魚にとってワンドは大切な生活の場所となっており、川漁師にとっても重要な漁場のひとつである。

第五章　淀川淡水域と汽水域における川漁師の河川漁撈

はじめに

本章で取り上げるのは、淀川の淡水域と汽水域における川漁師の漁撈活動である。具体的には、淀川の水質汚濁により、淡水域から可動堰下流の汽水域へと漁場移転をしながら河川漁撈を継続してきた川漁師Aさんの事例である。(1) Aさんは一九一六（大正五）年に現在の大阪市東淀川区菅原の川漁師の家に生まれ、三川合流地点から長柄の可動堰までの広い範囲を漁場とし、コイ・フナ・ウナギなどを対象とした淡水漁撈に従事してきたが、その後、淀川の水質汚濁のため、可動堰下流の汽水域に漁場を移し、ウナギ漁に特化した漁撈活動をおこなってきた。

本章では、まず第一節において、Aさんが川漁師としてどのような人生を送ってきたのか、そしてそのなかでどのようにして生業としての河川漁撈に関わってきたのか、大正時代後期から平成時代までのライフヒストリーを明らかにする。そのうえで、第二節では淀川淡水域での漁撈活動について、第三節では漁場移転後の淀川汽水域での漁撈活動の実態を詳述する。あわせて「自然と人間の関係性」や漁場をめぐる「人間と人間の関係性」に着目しながら、漁場移転後の新たな環境のもとで川漁師がどのようにして河川漁撈を再構築してきたのかについても明らかにしたい。

第一節　川漁師Aさんのライフヒストリー

川漁師の家に生まれる

ここで取り上げる川漁師のAさんは、専業川漁師の家に生まれ、淀川上流から河口までを漁場とし、コイ・フナ・ウナギなどを対象とした河川漁撈によって生計を立ててきた。まずAさんのライフヒストリーをたどってみよう。

Aさんは一九一六（大正五）年、淀川下流の右岸に位置する大阪府西成郡豊里村（現・大阪市東淀川区）に、男二人女三人の五人兄弟の末っ子として生まれた。父親は淀川での漁業によって生計を立てる川漁師であった。その当時、豊里近辺には川漁に携わる人が四人ほどいたが、それを専業とするのはAさんと父親のみで、他の人たちは農業を主として川漁を兼業でおこなっていた。

Aさんは、尋常小学校のころから、父親とともに淀川での川漁に出掛けていた。学校を卒業したあとも、父親の川漁を手伝っていた。しかし、そのころから徴用が頻繁となりはじめた。川漁師をしているだけでは徴用に駆り出されるため、一九三四（昭和九）年から下新庄にある参天製薬の工場で働きはじめた。当時、月給は三〇円だったが、その収入だけでは生活が苦しかった。そのため出勤前の早朝の時間帯、毎日のように川漁に出かけていた。また魚がよくとれる夏の時期には、帰宅後、夕方から漁に出かけて収入を補っていた。このように、徴兵検査を受けるまでは、会社勤めのかたわら、父親といっしょに川漁をおこなうという日々であった。

一九三八年、二三歳のときにAさんは結婚したが、その後も親の家に同居していた。当時は結婚後も生まれた家に残って同居することが多かったという。その後、Aさんの兄や姉は、結婚を契機に家を離れ、結局、末っ子のAさんが家に残って、跡を継ぐことになった。

一九四四年、二九歳のときに召集がかかり、Aさんは出兵することとなった。その後、戦争が終わって、Aさんがシベリアから帰ってきたのは一九四八年で、三三歳になっていた。その当時は、物資が不足し、漁船を動かす燃料も十分ではなかった。そのため、動力船を使った海での漁業はさかんではなく、多くの家庭では、もっぱら川魚が食卓の主役の座を占めていて、漁を終えて家に帰ってくると、毎日のように魚を買い求める人たちの列ができていた。コイ・フナ・ウナギ・ハス・ナマズなど、とれた魚はすべて買い手がつき、すぐに売り切れるという状況であった。

専業の川漁師として生きる

Aさんが専業の川漁師になったのは、シベリアから帰還して四～五年が経った一九五二～三年ころだった。Aさんはそれまで勤めていた参天製薬を退職して、河川漁撈一本で生計を立てる決意をした。最初は、淀川上流から下流をまわって淡水域で漁を続けていたが、しだいに淀川の流域に工場が建設されるようになった。それにともない淀川の水質の悪化が進み、ときには川に油が流出するという事態も発生した。こうした淀川の環境悪化がもたらした河川漁撈へのダメージは大きなものがあった。すなわち、漁獲量が減少するだけでなく、「川の魚が臭い」との評判が立つようになったのである。またこの頃になると、海の魚が市場に出回るようになり、しだいに川魚が売れなくなっていった。このように、淀川の汚染という河川環境の悪化によって、川漁師の生活も維持が難しくなっていったのである。

こうしたなかで、十三《じゅうそう》の地先《ちさき》（汽水域）で川漁をおこなう知り合いの川漁師から誘いを受け、Aさんは一九六〇（昭和三五）年ころ漁場を淀川淡水域から十三の地先に移すことになった[2]。移転当初は、それまで淡水域でおこなっていた網モンドリでコイやフナなどをとっていた。しかし、それだけでは水揚げが少なく、生計を立てることができなかった。そこでＡさんは十三で他の川漁師がおこなっているシバヅケ漁のほか、河口域でおこなわれていたツツ漁を取り入れ、商品価値の高いウナギに特化した川漁に切り替えることで生計を立ててきたのであった。その後、仲間の川漁師が他界したり、また漁師をやめる人があるなど、しだいに漁師仲間が少なくなって、十三の地で昔からの川漁師といえるのはＡさんが最後の人となったのである(3)。

なおＡさんは、淀川での漁撈域をカミとシモに区分する。長柄の可動堰を境とし、三川合流地点から可動堰まで、つまり可動堰上流域をカミと呼び、可動堰下流の十三の地先を中心にした水域をシモと呼ぶ。カミは淡水域であり、そこでの漁撈はコイ・フナ・ウナギをはじめさまざまな川魚を対象としたものであった。移転後のシモは汽水域であり、そこでの漁撈は商品価値の高いウナギに特化したものであった。このカミとシモという区分は、Ａさんにとっては、漁撈域の区分であるとともに、カミで漁をしていた時代、シモで漁をしていた時代というように、一九六〇年頃を境とする川漁師としてのライフヒストリーを区分するものでもあった。以下は、このカミとシモの区分にしたがって、Ａさんの漁撈活動の詳細をみていくことにしたい。

第二節　可動堰上流域での漁撈活動

Ａさんは可動堰下流の汽水域に移転する一九六〇年ころまで、三川合流地点から長柄の可動堰までの約二六キロメートルにおよぶ淡水域を漁場として河川漁撈をおこなってきた。第二次世界大戦後の淀川淡水域の漁業はどのような業況だったのであろうか。淀川漁業協同組合設立時（一九四九年一〇月）のデータによれば、当時の漁協の正組合員は一二一人、準組合員は一四人という状況であった(4)。ただし、正組合員といっても多くは兼業であり、専業はごくわずかであったと推測される。また準組合員は遊漁者である。組合設立の翌年一九五〇（昭和二五）年の大阪府内水面漁場現況調査によれば正組合員一二八人、準組合員一四七人という状況であり、準組合員つまり遊漁者が急増する傾向があった(5)。豊里の近辺で河川漁業を専業にしていたのはAさんだけであった。なおAさんによれば、大阪市漁業協同組合に属する西淀川区福町の専業漁師の一部は、長柄運河(6)を経由して可動堰上流の淀川漁業協同組合の漁業権域に入り、八幡《やわた》から枚方にかけての水域で漁をする者もいたという。

Aさんは川漁師として、どのような河川漁撈によって生計を立てていたのであろうか。次頁の表5の1はAさんが可動堰上流でおこなっていた河川漁撈の一覧である。この表にもとづき、Aさんの淀川淡水域での河川漁撈のようすを見てみよう。

ナゲアミ漁とウナギカマ漁

まず主要な川漁として、ナゲアミ漁があった。ナゲアミ漁とはコイやフナを対象とした投網漁のことで、Aさんは淀川上流の八幡の御幸橋《ごこうばし》から可動堰のある長柄までの広い範囲を漁場としていた。おもな漁期は夏であるが、冬もおこなっていた。夏は気温が高く、日中、魚はほとんどとれない。そのため、夏のナゲアミ漁はもっぱら夜間におこなわれた。ナゲアミ漁をおこなう時は、朝から櫓を漕いで御幸橋のあたりまで上っていき、夕方になるまでいったん休憩をとる。手漕ぎで淀川を上るには、豊里から御幸橋まで半日以上を要した。川の流れは場所によって一定ではなく、流れが強いところや弱いところがあった。淀川の川漁師は、水の流れが強いことを「水の当たりがある」と表現する。逆に水が通りにくく、流れが弱い場所を「水裏《みずうら》」と呼んでいる。かつての淀川は、川の流れが強く、「水の当たりがある」場所が多かった。そのため櫓の力だけで川を上ることは困難であり、棹を使って上っていった。その際、体を安定させるために船の舷側に膝を当てながら棹をさすため、膝が舷側に擦れて血が出るようなこともあったという。

表5の1　Aさんの淀川淡水域での漁撈

漁具・漁法	おもな漁獲対象	漁　期	漁　場
ナゲアミ	コイ・フナ	夏の夜間、冬の日中	八幡～長柄
ウナギカマ	ウナギ	冬	神崎川
網モンドリ	コイ・フナ	産卵期、川の増水時	淀川一帯、長柄運河
竹モンドリ	ウナギ・テナガエビ	春～秋	淀川一帯、とくに枚方から鳥飼
瓶モンドリ	モロコ	春～秋	淀川
カスミ網	ヒガイ・ホンモロコ・カワギス	魚の産卵期	淀川一帯、長柄運河
曳き網	コイ・フナ・ハス	夏の夜間	淀川のワンド

淀川を上ることはたいへん労力を使うことであったため、いろいろな補助的な方法がとられた。たとえば、西風が少しでもあるときは、船に帆を張って、風の力を最大限利用して上っていった。また淀川には「川蒸気」と呼ばれる蒸気船が行き来して、大きな船を五艘から六艘ほど曳いていた。Aさんは蒸気船の船頭と顔なじみになり、蒸気船に自分の漁船を曳いてもらうことが多かった。漁船を曳いてもらった場合、その船頭には、漁でとれた魚の一部を取り置いておき、おかず用に渡すことが慣例となっていた。なお東芝が船外機を発売してからは、Aさんは漁船に五馬力の船外機を付けたが、それからは八幡まで上っていくのに、半日もかからないようになったという。ちなみに船外機は一馬力が一万円くらいの値段だったという。

さてナゲアミ漁であるが、魚は夜になって周囲が静かになると、餌を食べに岸に寄ってくる。その習性を利用して、あらかじめ岸近くに餌を沈めておき、魚が餌を食べに来たところをねらって網を打つのである。餌は赤土にサナギや糠を混ぜ、ボールくらいの大きさに固めたものである。淀川筋には漁のポイントとなる場所がたくさんあったが、全部のポイントをまわっていると、朝までに漁を終えることができない。そのため、ナゲアミ漁をおこなうときは、上流から下流へと川の流れにそって、魚の居そうな場所を順番に回っていくのが通例であった。

夏のナゲアミ漁の時期は一年のなかで一番の稼ぎ時であった。明け方まで川漁をおこない、家に帰宅するのは、夜が明けてからとなる。子どもが大きくなるまでは、夏の時期は毎日がそうした状況で、家で寝ることはほとんどなかったという。それくらい一生懸命に働かないと、川漁によって生活を立てることはできなかったのである。

ナゲアミ漁で魚がとれない時期、それを補う目的でおこなわれていたのがウナギカマ漁である。ウナギカマは、木製の柄の先に鎌の形に似た鈎《かぎ》状の金具を取り付けたもので、川底に潜り込んでいるウナギを船上から掻き取るための漁撈具である。ウナギカマ漁は冬におこなう川漁で、漁場は上新庄《かみしんじょう》の近くの神崎川で、おもに第二次世界大戦前までAさんは父親といっしょにおこなっていた。

モンドリ漁

モンドリはコイ・フナ・ウナギ・テナガエビなどを対象とする定置漁具で、いったん入った獲物が逃げ出さないよう漏斗状のノドと呼ばれる仕掛けが付いている。材料により竹モンドリ・網モンドリ・瓶モンドリなどがあった。竹モンドリは、細く割ったマダケを棕櫚縄《しゅろなわ》で簀の子状に編み、それを紡錘形にしたものである。おもにウナギやテナガエビを対象とし、エサを入れてもちいる。ウナギは夜になるとエサを探して川の浅瀬に移動してくる習性がある。竹モンドリは、そうしたウナギをねらって浅瀬に仕掛けておく。竹モンドリは枚方《ひらかた》や鳥飼《とりがい》など淀川の上流から中流では、イッパイヅケといい、とれそうな場所に杭を立て、ひとつの杭にひとつのモンドリを設置するという方法で仕掛けるのが一般的であった。

網モンドリは、木綿糸で編んだ網製のモンドリで、アンモンドリとも呼ばれていた（写真5の1）。網モンドリには、コイ用とフナ用があった。網モンドリによる漁は、一年のなかでも魚が群がって行動する特定の時期に限られていた。ひとつはコイやフナの産卵期である。とくに四月末から五月初旬頃が最盛期であった。産卵期を迎えたコイやフナは、川の浅瀬の藻に群がって産卵・放精する習性があり、それをねらって、藻の周辺に網モンドリを仕掛

写真5の1　網モンドリを再現するAさん（1992年6月）

けるのである。藻がよく生えていたのは、川の流れが緩やかなところだった。また淀川本流以外では、長柄運河にも藻がよく生えているところがあった。また大阪市東淀川区の江口《えぐち》の君堂《きみどう》の近くには、川の流れが速いところがあったが、そういったところでは、水の力によって藻が切れてしまうため、藻が大きく育たなかった。水深が深いところにも、藻はあまり生えなかったという。

藻のなかに網モンドリを仕掛ける作業は、船の上からの作業となる。網モンドリの設置は日没までに、すばやくおこなわなければならないが、増水時をねらって岸の土手（オカ）に仕掛ける場合と比べると、船上からの作業は、どうしても仕掛けるのに時間がかかり、設置できる網モンドリの数は限定された。

仕掛けた網モンドリには、多いときには、コイが五匹から六匹くらい入っていた。とくに産卵期には、雌のコイに雄のコイが黒くなるほど群がってくる。そのため、いったん網モンドリに雌のコイが一匹でも入ると、それにつられて雄のコイがたくさん入ってくるのである。なお産卵期の魚は、体が弱くなっているので、大事に扱わなければならなかったという。

網モンドリを仕掛けるもうひとつのタイミングは川の増水時である。京都方面で雨が降り、水位が上昇すると、コイやフナなどが下流から岸沿いに上ってくる。その魚の習性を利用して、あらかじめ遡上の経路沿いに口を下流に向けて、まだ水に浸かっていない岸の土手に一〇〇個から一五〇個ほどの網モンドリを仕掛けるのである。

この網モンドリ漁が成功するかどうかは、淀川の水位の予測の当否にかかわっている。たとえば大阪で雨が降ったとしても、京都方面でまったく雨が降らず、水位が上昇しないこともある。そのため、川漁師は上流域での降雨量を想定し、川が増水する前にあらかじめ上昇する水位を予測し、土手に網モンドリを仕掛けていくのである。この網モンドリ漁では、予測が的中すると、まとまってたくさんの魚がとれるが、予測が外れると、網モンドリのなかにまったく魚が入らないこともある。そのため、網モンドリ漁をする川漁師は、ふだんから京都方面の天候に対して注意を払っていたのである。

カスミ網漁と曳き網漁

Aさんがおこなっていた網漁には、カスミ網漁と曳き網漁があった。カスミ網はおもにヒガイ・ホンモロコ・カワギス（カマツカ）を対象としたもので、水中に立てた竹竿に網の片方を固定し、もう片方を川の流れに沿って流しておく。淀川の水がきれいだったころ、水中にたくさん藻が生えており、そうした藻のところに魚が寄ってくる習性があった。カスミ網は、藻に寄ってくる魚をねらって、藻と藻のあいだを網が流れるようにして仕掛けたのである。夕方ころに仕掛け、翌朝に引き上げるのが一般的であった。

カスミ網漁の最盛期は魚の産卵期である。Aさんによれば、産卵期を迎えた魚は活発に動き回るため、カスミ網にかかりやすくなる。最盛期には一時間置きに網を引き上げていたという。Aさんは一九六〇年ころまで、淀川の上流から中流においてカスミ網でヒガイをとっていた。また淀川本流以外にも、淀川下流左岸の運河でもヒガイをよくとっていた。なおヒガイとおなじ時期によく網にかかったのがホンモロコである。ヒガイの時期が終わると、つぎはカワギスをとった。カワギスは水のきれいなところを好むが、かつての淀川にはカワギスがたくさんいて、よくとれたという。淀川の上流から中流では、Aさんのほかにカスミ網漁をする川漁師はあまりいなかったらしい。

カスミ網は網地の部分だけを購入し、あとは川漁師が自分で作っていた。網地は絹糸の機械編みのものを琵琶湖周辺にある店から購入し、その網地に浮きや重り（シズ）などをつけた。重りも川漁師の手作りで、溶かした鉛を型に流し込んで作った。なお長期間、川のなかに網を浸けたままにして置くと、ミズアカなどの汚れが網に付着し、糸が倍くらいの太さになるため魚がかからないようになるという。

Aさんが父親と川漁をしていたころ、夏の夜にナゲアミ漁のほかに曳《ひ》き網漁もおこなっていた。曳き網は地曳《じび》網《あみ》とも呼ばれ、長さが約五〇間《けん》（約九〇メートル）ほどあり、親子二人で出漁していた。魚は夜になると餌を求めて岸に寄ってくる習性があり、曳き網漁はその機会をとらえておこなうのである。曳き網漁のおもな漁場はワンド（川の中の入り江）の入口付近であり、曳き網が引っ掛からないような場所を選んでおこなわれた。曳き網ではコイ・フナ・ハスをはじめ、ワンドに集まるさまざまな魚がとれた。水がきれいだったころには、アユもとれたという。Aさんは父親が元気だった頃、親子二人で曳き網漁をおこなっていたが、父親が亡くなってからはしていないという。

カスミ網や曳き網には絹や木綿の糸が使われていたが、その網の傷みを防止し、長持ちさせるため柿渋《かきしぶ》がもちいられた。しかし、網に塗られた柿渋は使用とともに剝落してくるため、定期的に渋染めをおこなう必要があった。Aさんによれば、網の渋染めは川漁師が自分の手でおこなっていた。渋染めの頻度は網の使用状況によって変わってくるが、魚がたくさんとれた時には、渋もよく落ち、とれないときは、渋の落ち具合も少ない。柿渋が落ちたままにしておくと、網がすぐに腐ってしまうため、多いときには、月に二回ないし三回、渋染めをおこなったという。とくに夏になると網が腐りやすいため、頻繁に渋染めがおこなわれていた。

渋染めの原料となる柿渋は、傘屋や提灯屋などで購入することもできたが、値段が高いうえに薬品が混ざっていたりするため、川漁師自らが山手の村に行って買い求めることが多かった。また自宅近くの民家で渋柿があれば直接買い取ることもあった。その場合はただ同然の値段で買い取ることができた。のちに、柿渋を大量に使わないようになってくると、十三にある柿渋問屋「西川」で必要な分量だけを購入し、渋染めをしていた。

川魚の仲買商と流通

Ａさんはとった魚を川魚の仲買商に売り渡し、現金収入を得ていた。川魚の仲買商は長柄橋南側の長柄運河の近くに何軒かあった。そのなかでも「魚喜《うおき》」と「鮒音《ふなおと》」は大きな仲買商であった。「魚喜」(7)は長柄橋を南に渡った西側の運河のそばに店を構えていた。「鮒音」(8)は長柄橋を南に渡った東側にあった。そのほかにアユを専門に扱う「鮎の茶屋」があり、また長柄橋の南側には小さな仲買商が四軒ほどあった。これら大小の川魚の仲買商は、川漁師から買い取った魚を運河に設けた生簀に入れて保管していた。

川魚の仲買商は、川漁師の船まで直接、魚を買い取りに来ていた。とれた魚の重さを船上で計り、その場で現金払いで買い取っていた。コイやフナは夏になると刺身としての需要があり、高い値段で売ることができた。市場に魚を持ち込む場合と比べると、値段の点では多少安くなるが、手間がかからず、川漁師にとっては楽な方法であった。

小規模な仲買商の場合は、イッパイオクリという方法で取引がなされた。イッパイオクリとは、仲買商が当日分の魚をいったん店まで持ち帰り、翌日に前日分の魚の買取額を支払うというものである。大きな仲買商の場合は、魚の目方も量らずに、その場で魚と交換で現金払いであったが、イッパイオクリの場合には、持ち帰った魚が死んだとか、なにかと理由をつけて代金が値切られることもあった。

Ａさんの家では、父親の代から「魚喜」とのみ取引をし、他の仲買商との取引はしていなかった。しかし、一九四八年にシベリアから帰ってきたとき、「魚喜」はすでに廃業していた。そのため、Ａさんは長柄橋の南側にある「伍長森《ごちょうもり》」に魚を卸すようになった。魚がたくさんとれたときは、船で店まで運び、少ないときは、自転車に積んで運び込んだ。「伍長森」は長柄運河の埋め立て（一九六七年）によって生簀の設置場所を失い、廃業に追い込まれた。その後、Ａさんは直接、市場をまわって、魚を売り捌いていたという。

第三節　汽水域への漁場移転と漁撈活動

新たな漁場を求めて

一九六〇年ころ、淀川の水質汚濁によって、Aさんは長柄の可動堰の下流、十三《じゅうそう》の地先（写真5の2）に漁場を移転した。移転先の可動堰下流は汽水域で、淡水であった可動堰上流とはまったく異なる環境であり、漁具・漁法など新たな環境に対応する漁撈技術が求められるものであった。十三の地先は大阪市漁業協同組合の長柄支部の漁場であった。長柄支部の組合員は、最盛期には五七名を数えたというが、実際に漁をおこなっていたのはその三分の一程度であったとされる。しかし、十三の地先を中心とした長柄支部の漁業権の範囲は、可動堰下流から十三大橋までとなっており、比較的狭い範囲に多くの川漁師が密集する漁場であった。Aさんにとって、漁場の移転は水域の自然環境や人的環境が一変することになるため、大きな決断を必要とするものであったのである。

漁場移転にともない、Aさんはどのようにして新しい漁場で漁撈活動を展開してきたのか、漁場の開拓や汽水域でのウナギ漁のあり方について、漁場を媒介とした「人間と人間の関係性」および「自然と人間の関係性」に注目しながら、新しい漁撈環境のなかでのAさんの河川漁撈について見てみよう。

写真5の2　十三の地先の船の係留地（1992年6月）

漁場移転と新たな生き方

Aさんが十三の地先に漁場を移転した一九六〇年ころ、淀川右岸の水辺にはヨシ原が広がっていた。一帯は海水と淡水が混じる汽水域であり、沈床《ちんしょう》（石積みの水制工）周辺の水深の浅い場所が漁場となっていた。その当時、可動堰下流から淀川河口にかけては、シバヅケ・竹モンドリ・ツツ・ウナギカマなどによるウナギ漁のほか、シジミ漁などがおこなわれていた。十三の地先での漁撈は、もっぱらシバヅケと竹モンドリによるウナギ漁に限られており、ツツやウナギカマによるウナギ漁は、河口に近い大阪市此花区伝法や西淀川区福町の漁師がおこなっていた。

Aさんが十三の地先に移転してきたとき、一番困ったのは漁具を仕掛ける場所であった。シバヅケ漁や竹モンドリ漁をおこなうには、漁具を固定するために杭を立てる必要があった。しかし、移転当時、十三の地先には他の川漁師が設置する杭が立ち並び、そこがそれぞれの漁師のナワバリとなっていた。Aさんは杭が立っていないところをみつけ、自分の漁場を開拓しなければならない状況にあった。

移転当初Aさんは、他の川漁師と同じように、竹モンドリ漁とシバヅケ漁をおこなっていた（表5の2）。新しい漁場での漁は、以前の上流での漁と比べ、自然環境が異なるうえ、漁具・漁法も異なるものであったが、Aさんが汽水域でのウナギ漁に慣れるにはそんなに時間はかからなかった。仮に他の川漁師がウナギを一〇匹とったとしたら、Aさんは五匹か六匹くらいはとっていたという。

ただし竹モンドリ漁はすぐに止めることになった。竹モンドリは、竹や棕櫚縄などの材料費が高く、製作にもかなりの時間を要するが、その割に漁獲が少なく、採算がとれなかったからである。竹モンドリ漁を止めて、新たに始めたのがツツ漁であった。ツツ漁は淀川の河口域でおこなわれていたもので、十三の地先では誰もおこなっていなかった。

Aさんは、竹モンドリ漁からツツ漁に切り替えることによって、他の川漁師との間での漁法や漁場の重なりを避

表5の2　Aさんの淀川汽水域での漁撈

漁具・漁法	おもな漁獲対象	漁　期	漁　場
竹モンドリ	ウナギ		可動堰下流〜十三大橋
シバヅケ	ウナギ	5月〜11月（最盛期は9月）	可動堰下流〜十三大橋
ツツ	ウナギ	5月〜11月（最盛期は9月）	可動堰下流〜十三大橋

けることができたのである。これは新しい漁具・漁法を取り入れることにより、他の川漁師との漁場をめぐる摩擦を回避し、漁獲の向上をめざすものであり、新しい環境に移転してきたAさんが、生計維持のために見い出した「戦略」または「生き方」ともいうべきものであった。これは漁場を媒介とした「人間と人間の関係性」を見ていくうえで興味深い事例といえる。

シバヅケ漁とツツ漁

つぎにAさんがおこなっていたウナギを対象としたシバヅケ漁とツツ漁を取り上げ、移転先の漁場での「自然と人間の関係性」について見てみよう。まず移転先の漁場の特徴について見ておきたい。Aさんによると、十三の地先では、長柄の可動堰の水門が開くと、川筋が曲がっている関係で、上流からの強い水の流れが十三側（右岸）に当たるという。こうした場所を川漁師は「水当たり」と呼んでいる。これに対して、十三の対岸にあたる中津の地先（左岸）では、水の流れが緩やかであり、そうした場所を「水裏」と呼んでいる。水裏は水の流れの裏側という意味である。魚は夜になると「水裏」に出てきて餌を食べるため、魚は「水裏」にいると考えられていた。このように、右岸と左岸では水の流れが大きく異なっていたのである。

かつての淀川の川岸には沈床が造られていた。沈床はシバを下に敷き、その上に石を積み、またその上にシバを敷いて石を積むという構造になっていた。そうした構造の川岸はウナギが潜むのに適しており、淀川にはたくさんのウナギが棲息していたという。かつては秋になって、淀川の上流で雨が降って川の水が濁ると、ウナギが上流からまとまって下って来ることがあった。淀川の川漁師はこれを「ウナギのオチ」と呼んでいた。「ウナギのオチ」があると、十三の地先でもウナギがよくとれたのである。とくに太いウナギがとれたという。Aさんは一本で二キログラムを超える大きなウナギをとったこともある。ただし、大きなウナギは値段が安くなる。また「ウナギのオチ」の時期には十三の地先だけではなく、淀川河口に近い伝法大橋のあたりまで出漁し、ウナギをとることもあったという。

シバヅケ漁は束ねた樒《しきみ》の枝を水中に吊り下げておき、そこに潜り込んだウナギをタモ網ですくいとる漁法である。淀川河口では樒の枝を束ねたものをシバと呼び、そのシバにウナギが潜り込むことを「ウナギがつく」と呼んでいる。Aさんが十三の地に移転してきた当初、堤防に近い水深の浅い場所で、シバヅケなどのウナギ漁がおこなわれていた。とくに十三の地先には、河川工事に際して造られた沈床がたくさんあり、その沈床の石を積んだところがシバヅケ漁に適した漁場となっていた。

沈床でシバヅケ漁をする場合は、石積みの部分に直接、竹を立てることはできないため、石積みの上部にシバがくるように竹を斜めに立て、その竹の先からシバを吊り下げていた。シバヅケ漁は五月から一一月が漁期で、最盛期は九月である。ウナギがよくとれるときには、一度シバを引き上げたあと、もう一度引き上げに回っても、またウナギがついていることもあった。移転当初の一九六〇（昭和三五）年ころと比べると、一九九〇（平成二）年頃はウナギの漁獲量が減少していた。その要因としてAさんは、ヨシ原だったところが河川敷になったり、沈床の石が泥で埋まった状態になるなど、ウナギが棲息するための河川環境の変化が関連していると考えている。

シバの材料となる樒は、大阪市内の寺院に出入りする葬儀会社などから廃棄される樒を無償で譲り受けて使っていた。葬儀会社が廃棄のための樒をトラックに積んで漁船を係留している十三の堤防のそばまで運んでくれていたのである。そのなかから、使えるものと使えないものを選別し、漁の合間にシバを作っていた。そのためシバヅケ漁にはほとんど経費がかからなかったのである。しかしその後、樒が有料となり、軽トラックにいっぱい積んで一万円から一万五〇〇〇円ほど支払うようになった。また最初は樒だけだったものが、しだいに椿の枝が混じるようになり、後にはほとんどが椿の枝ばかりという状態になった。それでもAさんは仕方なく葬儀会社から椿の枝を仕入れ、シバを作っていた時期もあった。しかし、樒の枝は漁具の材料としては高価であったため、その代用品として須磨で海苔養殖に使われた古い網を知り合いの漁師から譲り受け、それを樒の代わりにシバとして使うようになった。古い網の再利用はAさんが考え出したもので、一九八〇（昭和五五）年ころから始めたという。

なお樒のシバは時間が経つと朽ちていくため、一年に三回から四回ほど新しいものにしなければならなかった。そのため、漁の合間に頻繁にシバを作っていたという。これに対して、網のシバは付着するカキや泥などを叩いて落としておけば、台風や淀川大堰の開閉による増水で流されないかぎり、長い間そのままの状態で使うことができ、手間がかからなかった。

ツツ漁は、節を抜いたマダケの竹筒（タンポともいう）二～三本を一縛りにし、それに枝綱を付けて親綱から一尋《ひろ》（約一・五メートル）の間隔で五〇個から六〇個ほど吊り下げ、それを川の流れの方向に合わせて沈めておく。早朝それを船上から親綱をたぐり寄せ、ひとつずつ引き上げ、ツツのなかに入り込んでいるウナギをタモ網の中に落としてすくいとる漁法である。もとはマダケの竹筒を使っていたが、のちに塩化ビニールのパイプを使うようになった。

シバヅケ漁が汽水域の塩分濃度に合わせて、日々、漁具の高さを変えていくのに対して、ツツ漁は川底に漁具を仕掛けたままである。ツツ漁の漁期はシバヅケ漁と同様、五月から一一月までの七カ月間であるが、最盛期は九月である。シバヅケは沈床の石組みの上に仕掛けるが、ツツ漁はウナギが寄りつきやすい沈床のきわに仕掛けることが多い。しかし、季節によってウナギの居場所が変わるため、それに合わせてツツを仕掛ける場所も変わってくる。とくに盆の頃になると、十三の地先よりも対岸の中津の地先でウナギがよくとれるようになるという。中津の地先は川底に泥が多く、ウナギが隠れるところが少ないため、ツツに入りやすいと考えられている。

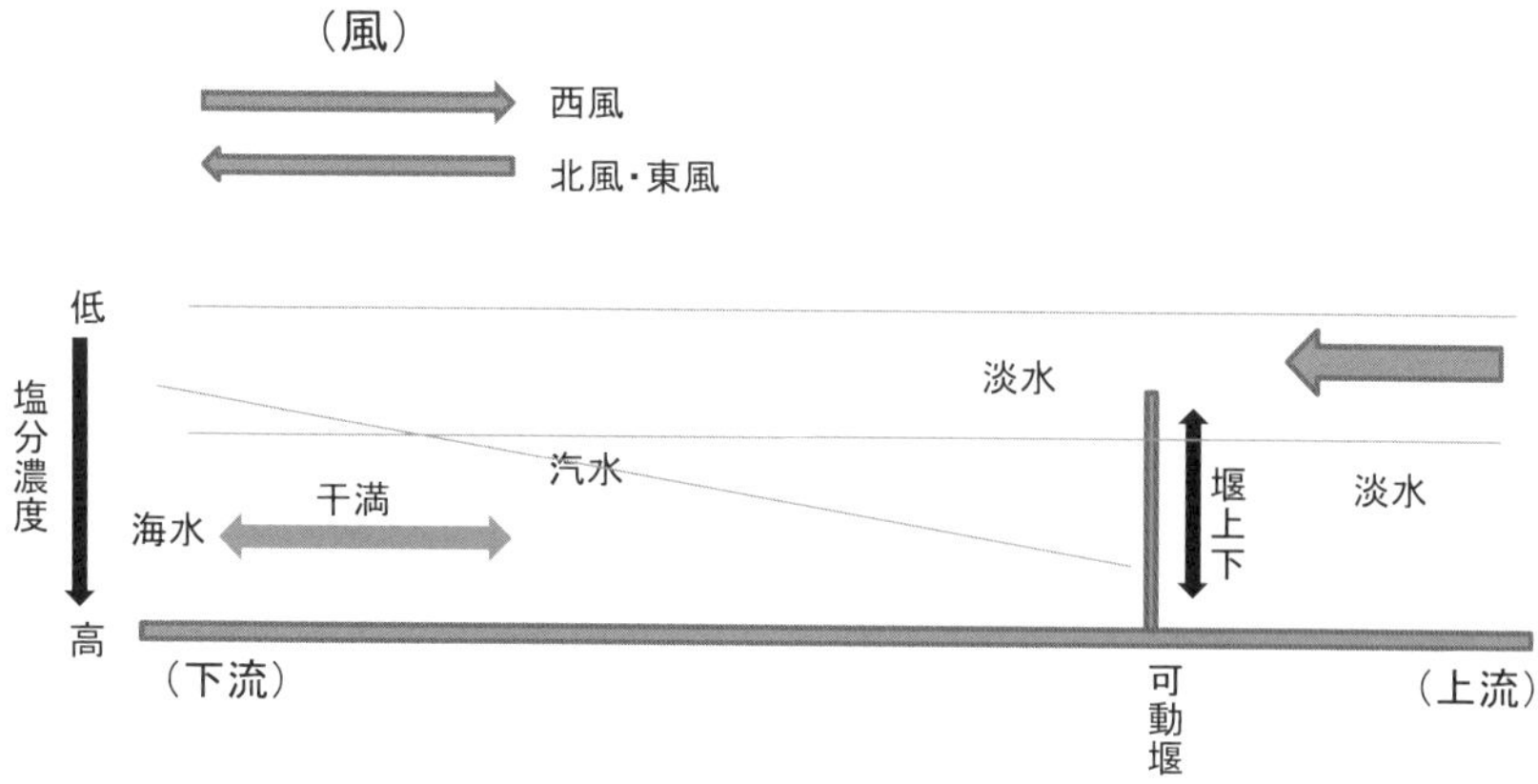

図５の１　淀川汽水域の環境

汽水域の漁撈と民俗知識

十三の地先でウナギ漁をする川漁師たちは、塩分濃度の高低を「シオがカライ」、「シオがアマイ」ということばで表現する。「シオがカライ」とは汽水の塩分濃度が高い状態を指し、「シオがアマイ」とは汽水の塩分濃度が低い状態を指している。Ａさんによれば、シバヅケ漁では、「シオがカライ」ときにウナギがよくとれるという。ウナギは普段、川底にいるが、シオがカラくなると、塩分濃度が低い上の方に浮いて来るとされ、その時、水中に吊り下げたシバに潜り込むと考えられているのである。

漁を左右する汽水域の塩分濃度の変化には、さまざまな要因がかかわっていると考えられている。Ａさんが漁撈活動のなかで蓄えてきた塩分濃度に関する漁撈知識を見てみよう。まず塩分濃度は、川底のほうから先に高くなってくるという（図５の１）。そして、シオがカラくなるのは、海が満潮になるとき、東風や北風が吹くとき、堰の水門が閉じられているときだという。

表５の３　汽水域の塩分濃度と規定要因

《人工的要因》

《自然的要因》		可動堰			
		閉		開	
潮	満潮	＋	＋	＋	－
	干潮	－	＋	－	－
風	東風	＋	＋	＋	－
	北風	＋	＋	＋	－
	西風	－	＋	－	－

（＋と－は塩分濃度の高低を表す。）

逆にシオがアマくなるのは、海が干潮となるとき、西風が吹くとき、堰の水門が開いているときだと考えられている。そうした塩分濃度の変化に関するAさんの漁撈知識を要因別に整理したのが表5の3である。この表からわかるように、可動堰下流の汽水域の塩分濃度は、潮の干満や風向といった自然的要因と、可動堰の開閉といった人工的要因とが複雑に絡み合い、日々変化し続けているのである。

Aさんは、このような漁撈知識にもとづき、シバを引き上げる早朝の時間帯の塩分濃度をあらかじめ想定し、もっともウナギがつきやすい高さにシバの位置を日々調整してシバヅケ漁をおこなっていたのである。こうした塩分濃度に関する漁撈知識は、移転先の汽水という新たな環境下での漁撈において形成されたものであり、そこには可動堰からの影響を受ける汽水域特有の環境に対する認識が築かれていたといえる。

シラスウナギ漁

Aさんがシラスウナギ漁をするようになったのは、新しい漁場に来てからのことである。可動堰上流で漁をしていたころは、水が濁ると、黒く見えるほどたくさんのシラスウナギが川の堤防に沿って上ってきた。Aさんが子どものころは籠を使ってシラスウナギをとっていたが、商品として売れることはなかったという。

可動堰下流では、四月から五月にかけての二カ月間がシラスウナギ漁の時期にあたり、夜間、船上から灯りをつけ、集まってきたシラスウナギを網で掬《すく》いとる。夜一〇時くらいまでと、夜明けころの、二回に分けてシラスウナギをとる。葉のついたシバを岸の近くに浸けておくと、シラスウナギがよくとれた。シラスウナギは、多いときには一晩で一キログラム半くらいはとれたとされる。

遡上するシラスウナギの数は年によって一定しない。シラスウナギの相場は他の場所でたくさんとれたら、値段が下がってしまう。シラスウナギ漁は「水物」なのである。ちなみにAさんの話では、一九九一年の春は一キログラム当たり一〇万円だった。ただ値段が良いときには一キログラムで二五万円くらいになることもあったという。

ウナギの仲買

十三の地に移ってからは、大阪市鶴見区の横堤にある「北浜」という仲買にウナギを卸している。「北浜」以外にも、中之島の大阪大学病院の近くにある「別所」という仲買とも長い間、取引をしていた。「北浜」は十三の船着場まで取りに来たが、「別所」は店まで持っていかなければならなかった。以前は、十三に何人も川漁師がいたので毎朝、仲買が来ていたが、Aさん一人になってからは、とったウナギを生簀に入れておき、ある程度貯まったころに仲買に電話をかけて取りに来てもらっている。またシラスウナギの時期には、浜松から仲買が来て、シラスウナギだけでなく、ウナギの成魚も買い取っていったという。

まとめ

一九六〇年ころ、河川環境の悪化により、漁場の移転を余儀なくされた川漁師のAさんは、可動堰下流の汽水域に移転した。そこは潮の干満や風向によって塩分濃度が変化するとともに、可動堰の開閉からも影響を受ける水域であり、いわば「自然の力」と「人の力」が入り交じる環境にあった。そうした環境のなかで、川漁師はどのようにして生きてきたのか、「自然と人間の関係性」、漁場をめぐる「人間と人間の関係性」という二つの視点に注目しながら、新たな環境下での漁撈活動のあり方を見てきた。

そのなかで浮かび上がってきたのは、つぎの二点である。ひとつは、他の川漁師との競合や摩擦を無くするため、ツツ漁という新たな漁具・漁法を導入し、おなじ漁撈空間のなかでの「住み分け」をおこなってきた点である。これは漁撈空間での「人間と人間の関係性」の再構築といえるものであった。もうひとつは、可動堰下流の汽水域でのシバヅケ漁のために、それまでの淡水域とは異なる民俗知識が築かれていた点である。これは新たな漁撈環境のもとで形成された「自然と人間の関係性」といえるものであった。このように、川漁師は移転先の新たな漁撈環境のなかで、「人間と人間の関係性」および「自然と人間の関係性」を立て直しながら生きてきたのである。

以上、本章では、淀川淡水域から可動堰下流の汽水域へと漁場を移転してきた川漁師の漁撈活動を取り上げ、環境民俗学の視点から環境変化にともなう河川漁撈の対応のあり方、いい換えれば、川漁師の「生き方」ともいうべき側面を浮かび上がらせることができた。これは漁具・漁法中心の従来の漁撈研究・生業研究では、語られることがなかった側面といえるであろう。

注

(1) Aさんからの聞き取り調査は一九八九（平成元）年から一九九二年にかけて実施した。その調査成果は「淀川における川漁師の漁撈活動」（『近畿民俗』第一七七号、近畿民俗学会、二〇〇九年）として報告している。本章はその報告をもとに大幅に加筆修正したものである。

(2) 筆者がAさんと初めて出会ったのは一九八九年で、その時Aさんはすでに七三歳を迎え、日々の楽しみとして小遣い稼ぎ程度に川漁をして過ごす生活を送っていた。

(3) 淀川漁業協同組合から大阪市漁業協同組合長柄支部に籍を移したことになる。

(4) 渡邊道郎「河川漁業権設定の経過」『大阪府漁業史』大阪府漁業史編さん協議会、一九九七年、八六九頁。

(5) 鉄川精「淀川の漁り今昔抄」『淡水魚』創刊号、財団法人淡水魚保護協会、一九七五年、一九頁。正組合員は、多い順に枚方市二九人、三ヶ牧村二二人、高槻市一九人、鳥飼村一七人、寝屋川市一二人などとなっている。このデータには豊里村の記載が見当たらない。

（6）長柄運河は、新淀川の開削にあたって発生する不用土砂を海口に投棄するため、新淀川左岸の北長柄から海老江までの間に造られた長さ六キロメートルの土砂運搬用の水路で、明治三二年中に完成した（淀川百年史編集委員会『淀川百年史』建設省近畿地方建設局、一九七四年、三八七〜三八八頁）。

（7）「魚喜」は「大阪川魚商組合員名簿」（大正一二年三月現在）に記載があり、「仲買」「木下治三郎」の商号で、住所は「西成郡豊崎町字北長柄二八二」とある（大阪水産物流通史研究会編『資料大阪水産物流通史』三一書房、一九七一年、九三八頁）。

（8）「鮒音」は、「天満魚市場組合員名簿」（大正一二年三月現在）に記載があり、「伴音吉」の商号であることがわかる。住所は不明（前掲（7）『資料大阪水産物流通史』九四〇頁）。

第六章　淀川河口域における河川漁撈と川漁師

はじめに

本章では淀川河口域における川漁師の漁撈活動をみていくことにしたい。具体的には淀川右岸の大阪市西淀川区福町を対象地域として取り上げる。淀川河口域は明治時代に放水路として開削された人工の河川であり、大阪市の中心部を東西に流れる旧淀川（現在の大川）に対して、通称「新淀川」と呼ばれている[1]。汽水域である淀川河口域は、風や潮の干満などの自然的要因のほか、淀川河口域の最上流地点に設けられている淀川大堰の開閉による淡水の放水量といった人工的要因など、いくつかの外的要因によって塩分濃度が複雑に変化するのが特徴といえる。

第一節では、まず川漁師の漁撈活動の場である人工河川・新淀川の漁撈環境の移り変わりを明らかにする。そのうえで、第二節において大阪市西淀川区福町を拠点にして、貝とりやウナギ漁によって生計を立ててきた川漁師Tさん（一九二一年生まれ）からの聞き取り調査と漁撈調査にもとづき、淀川河口域の汽水域における川漁師の漁撈活動を詳述する。第三節ではシバやタンポによるウナギ漁を中心とした川漁師の自然認識を明らかにする。そのうえで、それを長柄の可動堰下流の十三の川漁師の自然認識と比較しながら、淀川河口域の川漁師の自然認識の相対的な位置づけをおこなっていくことにしたい。

川漁師Tさんは、父親の漁業を継承して淀川河口域で貝とりをおこなってきた。しかし、第二次世界大戦後、淀川流域の水質汚濁という環境変化によって、淀川の貝や魚に対する需要が低下していくなかで、Tさんは従来からの貝とりを止めて、ウナギやカワエビを対象とする漁撈に切り替えていったのである。調査当時（一九九一年）Tさんは、福町における現役の漁師のなかで最年長に属し、大阪市漁業協同組合福支部の支部長を務めており、貝とりやウナギ漁に関して豊かな漁撈経験と知識を有する漁師のひとりであった。次節ではまず河川漁撈の場としての淀川河口域の漁撈環境について明らかにする。

第一節　川辺のエコトーンと河川漁撈

新淀川の開削と人工的水界

新淀川が近代になって開削された人工の河川であることは先に述べた。この人工の河川は、一八八五（明治一八）年の淀川大洪水を契機に、大阪市内を貫流する大川（旧淀川）の洪水対策のため、その放水路として長柄から分流していた中津川の流路を変更し、大阪湾に向かって一直線に開削されたものである。この開削工事を含む淀川改良工事は、旧河川法制定以降最初の明治政府による大規模治水工事であり、一八九六（明治二九）年五月に着手され、一九〇九（明治四二）年六月に竣工を迎えた。

新淀川の通水後、渇水時において大阪市内を流れる大川への流水を確保するため、竣工五年後の一九一四（大正三）年に「長柄起伏堰」が設けられた。長柄起伏堰の設置により感潮域（汽水域）が堰から下流に固定されることとなり、それにより淀川における汽水性生物の分布に大きな変化がもたらされることになった。[2] なお、一九三五（昭和一〇）年には、堰の開門を機械化するため、「長柄起伏堰」にかわって「長柄可動堰」が設置されている。[3]

開削後、新淀川はどのような環境になっていったのであろうか。人工の河川・新淀川の漁撈環境としての変化を見てみよう。新淀川完成六年後の一九一五（大正四）年に刊行された『西成郡史』は、「新淀川の開かれたるはあれど、其河身《かしん》に曲折なく一直線に流れ、而《しか》も其両岸の地は洪水時に於ける通水地にして、又其水辺に木竹岸杌《がんごつ》の如き流水瀉下《しゃか》の支障となるべきもの一もあらざれば、是亦《これまた》魚族の繁殖に適さざると見て可なり。（中略）されば淡水漁は斯《かか》る

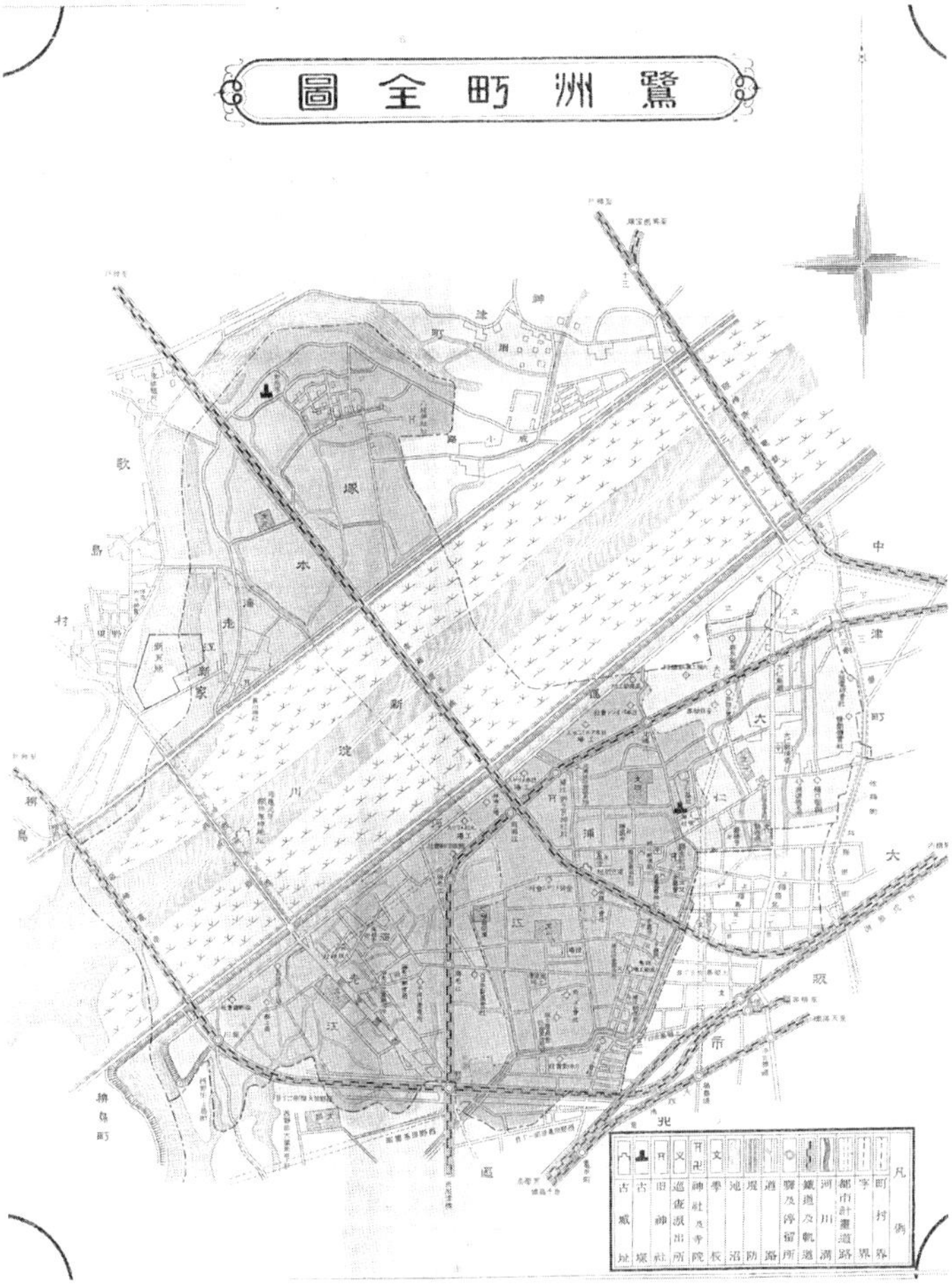

地図6の1　鷺洲町全図

現状に鑑《かんが》みて、将来之に対する何等かの経営なき限り、前途殆ど絶望に邇《ちか》からんとす。[4]」と記し、新淀川の河川環境が魚族の繁殖に適さず、この状況に対する対策がなければ淡水漁業が絶望的な状況になるとの見解を示している。

『西成郡史』の指摘から一〇年後、新淀川の河川環境には変化が認められる。前頁地図6の1は『鷺洲町史』（一九二五年）に収録されている「鷺洲町全図」である。この図は一九二五（大正一四）年当時の鷺洲町を示している。新淀川が完成してから一六年後の状況である。町域の真ん中を貫通しているのが新淀川である。その堤防と本流とのあいだに注目すると、そこにヨシ原が形成されていることがわかる。ヨシ原は堤防と堤防のあいだの約三分の二ほどを占めており、新淀川の本流は川幅の約三分の一ほどであることが認められる。

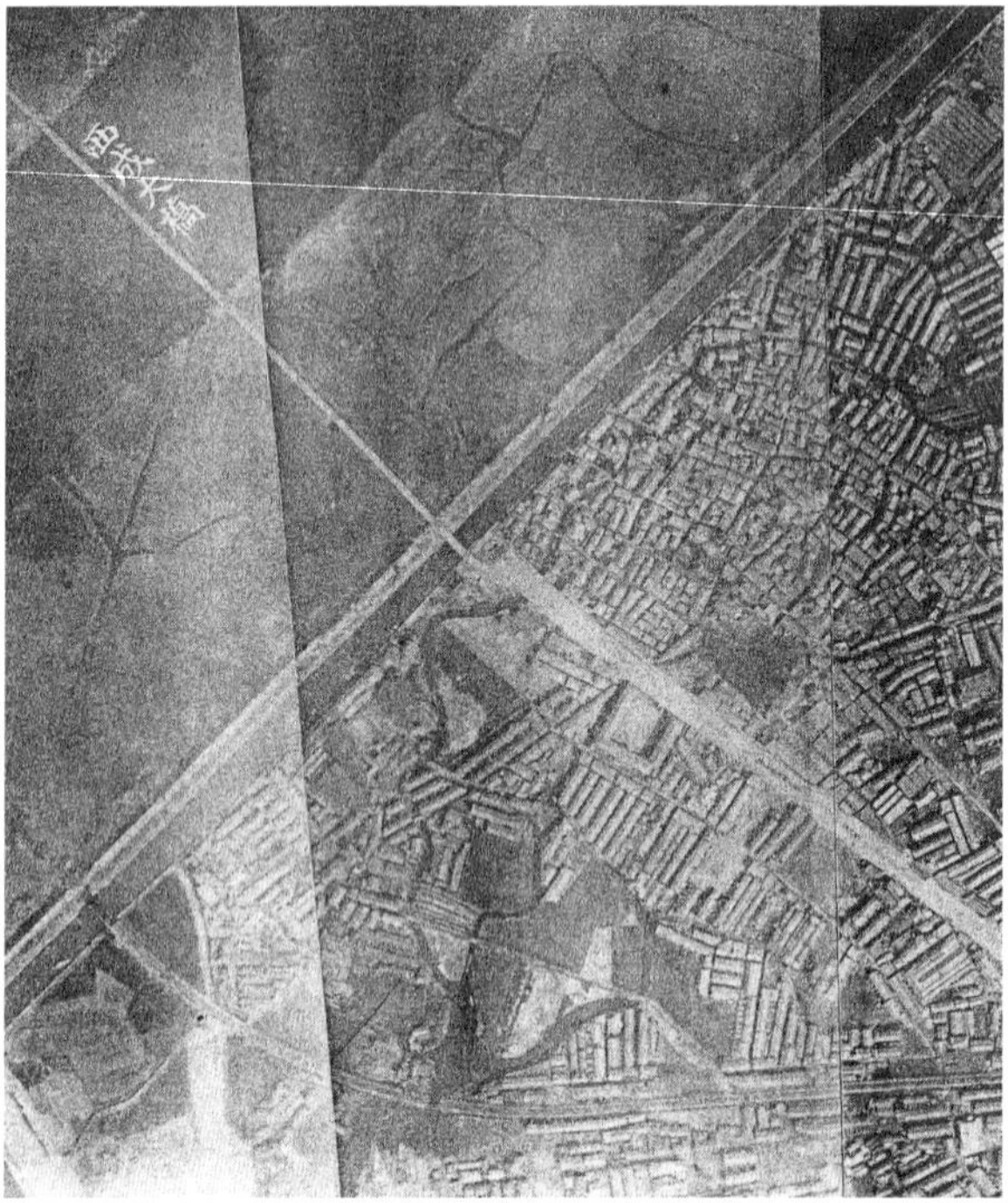

図6の1　上空から見た鷺洲町

　新たに形成されたヨシ原に注目したい。図6の1は、おなじ『鷺洲町史』に収録されている一九二四年三月撮影の航空写真「空中ヨリ撮影セル鷺洲町」である。これを見ると、ヨシ原（写真の左上）のなかに蛇行した細い水路状のものがいくつも存在しているのが確認できる。これはヨシ原の形成と並行して発生した新淀川の細流で、本流とつながる水路である。川漁師のTさんによれば、地元ではこの水路状の流れを「イリ」と呼んでいるという。

以上、『西成郡史』が指摘するように、新淀川は開削当初、魚族の繁殖には適さない環境であったわけであるが、その後、十数年という時間経過のなかで、堤防沿いにヨシ原が形成され、そしてヨシ原のなかには「イリ」と呼ばれる水路状のものが生まれるなど、人工的水界だった淀川河口域において新たな環境が形成されていたといえる。

川辺エコトーンと川漁師による利用

二つの質の異なる環境の移行帯(推移帯)をエコトーンという。水辺のエコトーンとしては、水域と陸域が接する砂浜・干潟・湖岸・内湖などがある。新淀川においては、開削工事後、堤防の内側に形成されたヨシ原や、ヨシ原のなかのイリが川辺のエコトーンに相当するものであった。人工的水界として開削された新淀川のなかに誕生した川辺のエコトーンとしてのヨシ原やイリは、さまざまな動植物が息づく空間となり、淀川河口域の漁師が生業活動を展開するうえで欠くことのできない漁撈空間となっていたのである。

そこでまず、川辺のエコトーンとしてのヨシ原やイリを、漁師がどのように利用していたのかについて明らかにしておきたい。かつての新淀川の河口域のようすを知るTさんによれば、「今は淀川(新淀川)は一つであるが、かつて淀川は三つになっていた」という。「淀川が三つになっていた」というのは、川の中央部分に本流が流れ、その両側がヨシ原になっていた状態を言い表している。現在ではそうしたヨシ原のほとんどは埋め立てられ、河川敷公園となったり、川幅の拡幅工事によって消滅している。したがって、「淀川が三つになっていた」ことをイメージできる場所は、ほとんど見当たらないのが現状である。

地図6の2は一九二五年三月の「最新実測大大阪明細地図」(部分)である。新淀川の堤防の内側のヨシ原に目を凝らしてみると、多数の水路状の細流を確認することができる。これは河口域の漁師がイリと呼んでいたものであ

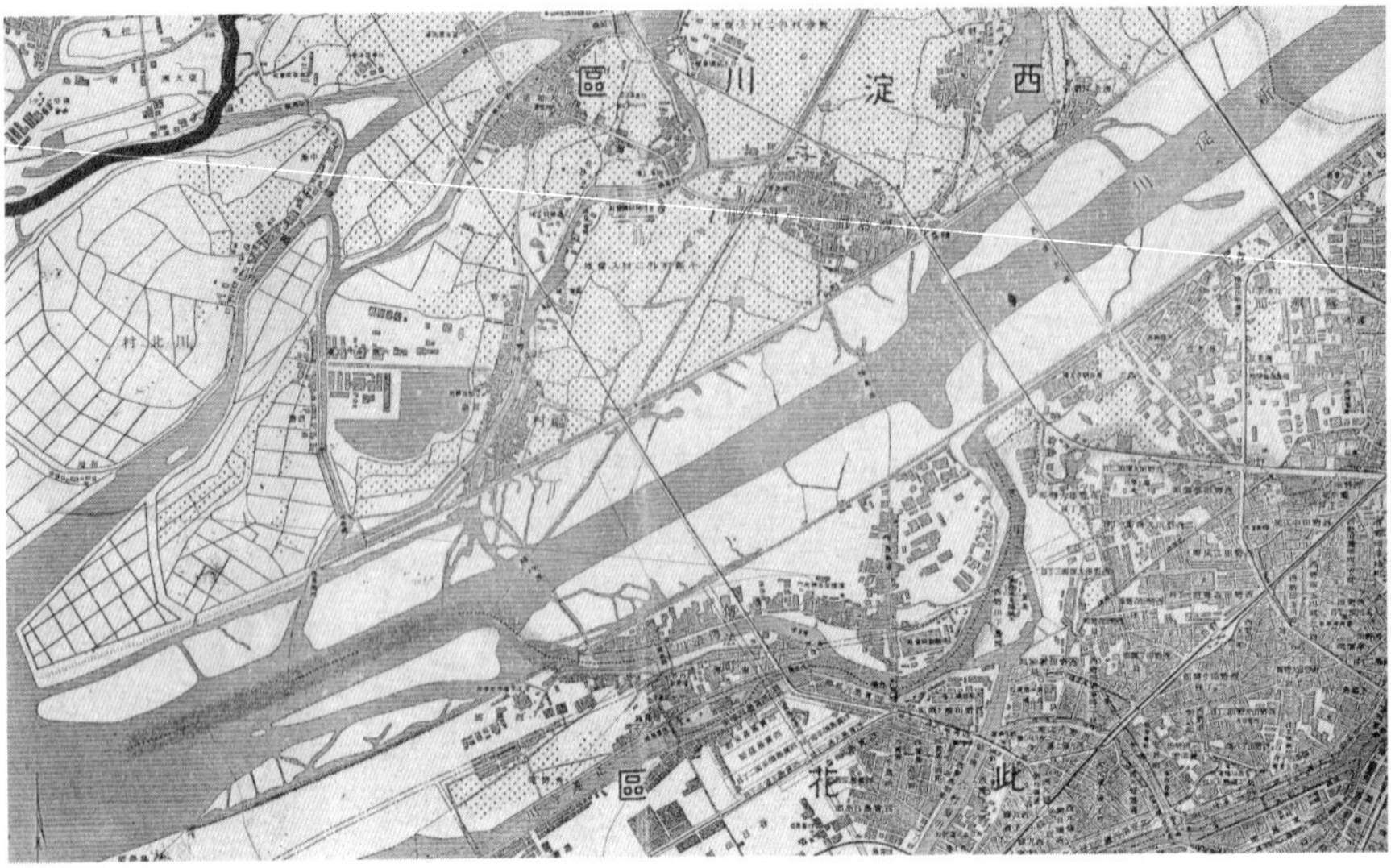

地図6の2　大正末年頃の新淀川

る。イリとは入り込んでいるといった意味からの命名で、地図6の2からは、一九二五年当時、新淀川の堤防沿いのヨシ原にイリがたくさんあったことがわかる。

イリの規模と形態およびその利用について見てみよう。イリのなかで大きなものは、幅一〇メートルぐらいのものがあった。また場所によっては、幅二〇メートルくらいのイリもあった。さらに福町の地先には幅三〇メートルにおよぶイリもあり、その規模や深さ、流れる方向などによって、それぞれ異なった用途で利用されていた。イリがどのように利用されていたのか、福町での事例にもとづき、具体的な利用形態を見ておきたい。Tさんによれば、イリは①漁船の係留場として、②ウナギやシジミなどの漁場として、③漁師小屋を設ける場所として利用されていた。

地図6の3は福町の近くのイリの拡大図である。その利用形態を見てみると、Aのイリはハマグリやシジミなどの貝類をとるときの小型漁船の係留場として利用されていた。これに対して、Bのイリは水路の幅が広く、かつ水深もあったため、福町の漁師が所有する打瀬《うたせ》船《ぶね》など大型漁船の係留地として使われていた。またCは堤防にそって流れるイリで、福町

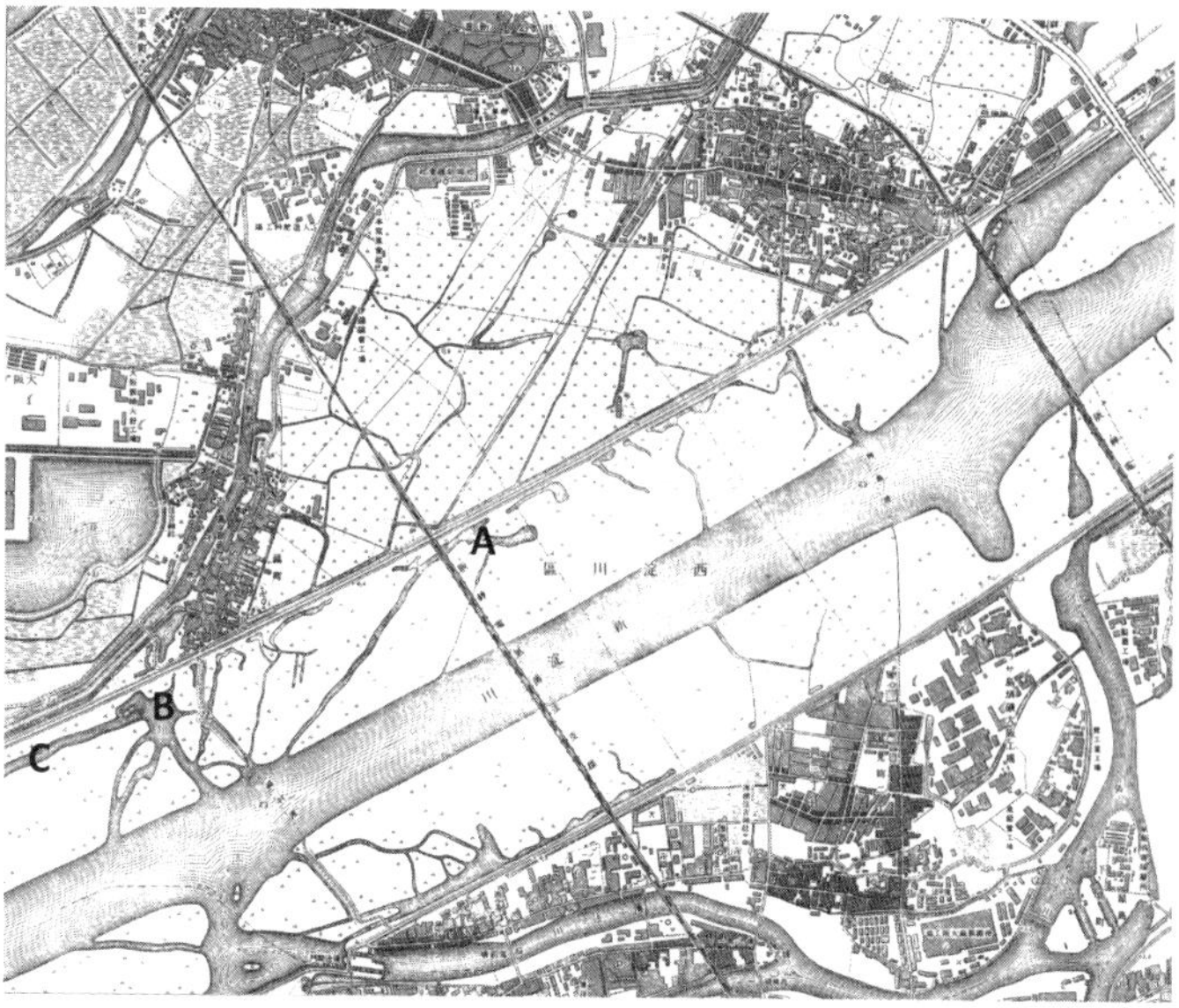

地図6の3　福町のイリ

の漁師が淀川河口域へと行き来するときの航路として利用されていた。このように、イリは周りをヨシに囲まれ、普段から波や風もなく、台風や強風のときにも影響を受けることが少なかったことから、漁船の係留地や航路として重要な役割を果たしていたのである。

イリは漁船の係留地として利用される以外にも、漁場としても重要な役割を果たしていた。たとえば、ウナギはイリや淀川河口域の水深の浅い場所に生息していた。漁師にとってイリはウナギ漁の漁場のひとつであった。ウナギ漁にはいくつかの漁法があったが、福町ではおもにシバと江州《ごうしゅう》モンドリがもちいられた。シバは樒の枝を束ねた簡単な作りの漁具で、イリのなかのウナギがいそうな場所に、紐をつけた状態で一つずつ沈められていた。江州モンドリは竹の柄が付いた大型のモンドリの左右に誘導装置として竹製の簀を張り渡すもので、Cのイリにたくさん仕掛けられていた(5)。

そのほかウナギ漁はウナギカキによる漁もおこなわれていた。ウナギカキは樫《かし》製の細い棒の先に鉄製の鈎を付けたもので、川底の砂のなかに潜り込んでいるウナギを掻き取る漁具である。小型の漁船で目的のイリや河口まで出かけ、船上からウナギカキで漁がおこなわれた。

なおCのイリには堤防に沿っていくつもの桟橋状のものが設けられ、そこに漁師小屋（写真6の1）が作られていた。漁師小屋は、ウナギ漁を専門とする漁師が漁具などの保管のために使っていた。

イリはウナギのほか、ボラやシジミなどの漁場でもあった。たとえば、イリには、淀川からボラが入り込んでくることがあった。イリに入ってきたボラは投網によって漁獲されていた。またイリのなかのヨシ原のキワにはたくさんのシジミが生息しており、イリはシジミ漁の重要な漁場となっていた。このように、新淀川のヨシ原のなかのイリは、周囲をヨシ原に囲まれて波や風の影響も少なく、河口域の漁師にとってウナギ・ボラ・シジミなどを対象とする漁撈活動の重要な漁場だったのである(6)。

写真6の1　淀川の漁師小屋（淀川区塚本、1992年6月）

以上、ここでは、新淀川という人工的水界のなかに生まれたヨシ原やイリを川辺のエコトーンとして位置づけたうえで、それらが淀川河口域の川漁師にとって漁撈活動の拠点として重要な役割を果たしていたことを見てきた。次節では、淀川河口域における具体的な漁撈活動を描き出したうえで、ウナギ漁に関する川漁師の自然認識について見ていくことにしたい。

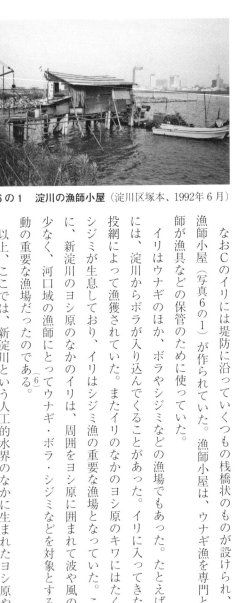

第二節　淀川河口域における漁撈活動

淀川河口域と長柄の禁漁区域

淀川河口域の漁師にとって、漁場としての淀川河口域はどのようなところだったのであろうか。ひとくちに淀川河口域といっても、河口に近い場所とそこから九キロ以上遡った可動堰に近い場所とでは、漁撈環境に大きな違いがあった。Tさんからの聞き取りによれば、淀川河口域は淡水と海水が入り混じり、タイ・カレイ・ハゼ・カニなどの魚介類が豊かな水域であり、チヌやスズキの回遊も見られるという。また河口域は稚魚が生まれ、一定の大きさに育つまで留まるところであり、一〇センチ前後の小さなカレイも見かけるという。しかし、ある程度の大きさに育った稚魚は、瀬戸内海へと移動していく。Tさんはそうした状況をさして、「淀川はちょうど（魚の）保育所や幼稚園のようなところだ」という。

淀川河口部には水深が浅く、潮が引くと川底が干上がって丘のようになるところがあった。またかつて河口は川底全体が砂地となっており、ハマグリやマテガイなどの貝類が繁殖していた。そのため、漁にでるとき、漁師はオカズを持っていく必要がなかったという。[7]漁の途中でイソシジミをとり、船上でカンテキで煮てオカズにしていた。またハマグリやエビなどもオカズにしていたとのことである。[8]また淀川ではアユもよくとれたという。大和田の漁師は長柄や十三方面にまで出漁し、アユをとっていたこともある。

第二次世界大戦後の一九五〇（昭和二五）年ころまでは、淀川の水は良好な状態を保っていたとされるが、その後、工場排水や家庭からの生活排水などによって淀川の水質汚濁が進み、淀川での漁業が窮地に追い込まれていった。一時期と比べると、現在、水質は回復傾向にあり、魚が回遊してくるようになったが、川底に溜まった泥は今なお残存しており、以前のような砂地には戻っていないのが現状である。

一方、淀川河口域の最上流部にあたる長柄には可動堰があり、その可動堰から十三の地先にかけての一帯は、もとは禁漁区域となっていた。淀川の上流で雨が降らず、川の水が少なくなると、長柄の可動堰は閉まったままの状態となり、上流からの淡水の流入が閉ざされるため、淀川河口域の塩分濃度が高くなってくる。そのため淀川河口域に棲息する川魚は、少しでも塩分濃度の低い可動堰の近くまで上っていくのである。しかし、それらの魚は可動堰で足止めされ、それより上流には上れないため、長柄から十三の地先にかけての水域にはたくさんの魚が集中し、いくらでも魚がとれる状態になっていたのである。

禁漁区域のうち、長柄橋の下流から十三にかけての水域が、大阪市漁業協同組合の漁業権域となったのは一九五四年のことである。これにより、可動堰に接する一部の水域を除き、禁漁区域の大半が漁業権域となり、魚をとることができるようになったのである。その当時、長柄橋から十三にかけての水域には、八人ほどの川漁師がいたが、これらの水域が大阪市漁業協同組合の漁業権域に設定されることになったため、十三の地先で漁をしていた川漁師は、そのまま大阪市漁業協同組合の組合員に加わることになり、このときに長柄支部が誕生したのである。

福町の貝とり漁とその変貌

ここでは近代以降の福町の漁業の概要をまとめる。大阪市西淀川区福町は、古くから「貝の福」と呼ばれ、貝とりで生計を立てる漁師が多い漁村として知られていた。一八八二（明治一五）年の「大阪府下漁撈一班」[9]によれば、大阪府西成郡福村は三五七戸で、そのうち専漁者が四八戸、兼漁者が五七戸とあり、漁船九七隻の内訳は雑魚網船《ざこあみぶね》二五隻、間稼網船《まかせぎあみぶね》一〇隻、桁網船《けたあみぶね》三〇隻、投網船《とあみぶね》一二隻、捕鰻船《ほまんせん》二〇隻からなっていた。これらの漁船のなかでおもに河口域での河川漁撈にもちいられたと考えられる雑魚網船・投網船・捕鰻船は漁船全体の六割弱を占めており、明治前期、福村には海面漁業と河川漁業に従事する人びとが混じり合った状態であったが、漁船数からみると、河川漁業の占める割合が海面漁業に比較して高かったことがわかる。

明治末頃の福村の戸数は約四〇〇戸である。このうち半数の約二〇〇戸が漁家《ぎょか》であり、残りのほとんどが魚介類の行商に従事していた。農家はわずか一〇戸程度であった。大阪市へ合併した一九二五（大正一四）年以降、漁家は減少をたどり、昭和初期に約八〇戸あった漁家が、第二次世界大戦の終戦時には約六〇戸となり、一九五八（昭和

写真6の2　福町の港（1991年9月）

三三）年には三五戸に減少している。[10] 福村の主たる漁業は、帆打瀬網（桁網）と採貝、およびモンドリ漁であったが、ハマグリ・サルボガイ・アサリ・マテガイ・バカガイ・イソシジミを対象とする採貝は、おもに淀川河口においてジョレンと呼ばれる漁具によっておこなわれた。シジミは福村から上流部にかけてのヨシ原やイリが漁場となっていた。福村においてハマグリやシジミなど貝とりがさかんであったのは、一九三〇～三一年ころまでであった。

Tさんによれば、福町では、貝とりの漁師は、最盛期には一日に二時間ほど働いたら、その収入で生活を成り立たすことができたという。福町の近くには淀川製鋼所の工場があり、そこで働く職工の人たちの賃金が高かったため、女性のあいだでは、結婚相手として淀川製鋼所の職工の人気が高かった。しかし、Tさんは、福町の漁師の稼ぎはそれに劣るものではなかったと振り返る。福町の漁師は、夏の時期、朝から貝とりに出かけ、昼ころには漁を終えて港（写真6の2）に戻り、日陰で椅子に座って休んでいた。冬は寒く、水揚げも少なかったので、あまり漁にでることはなかった。福町の漁師には蓄えといえるほどのものはなかったようであるが、夏に稼いだ収入で、冬場は働かなくても一年間暮らすことができたのである。

貝とりは簡単そうに見えるが、技術を要する漁であった。Tさんはイソシジミ（アケミガイと呼ぶ）の漁を例に、そのことを語る。アケミガイをとるにはアケミガテという道具を使う。アケミガイはほかの貝と違い、砂地の川底から三〇センチくらいの深いところに棲息している。それを掻き取るには、シジミをとるシジミガテとは違って金属製のツメの部分が長くなったものを使う。アケミガテのツメが川底の砂に食い込むと、カテの柄《え》に大きな負荷がかかってくるため、簡単に掻き取ることができない。それを掻き取るには力よりもコツが必要となる。そのコツというのは、掻きながらアケミガテを揺すり、カテに溜まった砂を吐かせ、軽くしながら掻くことにある。しかし、それが誰にでもできることではなかったようである。Tさんによれば、福町の漁師でそれができるのは自分だけだったという。

淀川河口域の堤防は草が生えた土手の堤防であった。一九三四（昭和九）年の室戸台風では淀川河口域は大きな被害を受けたが、そのころまでは、モンドリやウナギカキを使ってウナギ漁を専門とする漁師の姿がみられた。また福町には打瀬船が十数隻あり、底引き網を使って漁をする人もいた。エビやカレイなどを求めて海へ出漁した帆打瀬の漁船が夕方に港に戻ってくると、堤防には魚介類を仕入れるため多くの仲買人や行商人が待っていた。福町で水揚げされたアサリなどの貝は、福町の行商人が天秤棒で担って、大阪市内へ振り売りにいった。福町の港には、地元の行商人だけでなく、他所の行商人も来ていた。

第二次世界大戦後、しだいに淀川の水質汚濁が進み、また川底の土壌が砂から泥へと替わっていくなかで、ハマグリの水揚げが減少しはじめ、一九五五年頃を境にサルボガイやアサリを中心とした漁にかわっていった。さらに一九六〇年ころから淀川の水質汚染が拡大し、「魚が臭い」などといわれるようになり、魚が売れず、貝も売れない時期が続いた。漁師を止める人もあらわれた。しかし、Tさんの場合は、貝とり漁からウナギ漁へと漁獲対象と漁法を切り替えることによって、淀川河口域での河川漁撈を継続してきたのである。

現在、大阪市漁業協同組合福支部に属する漁師の漁船の係留場所は二カ所に分かれている。ひとつは福町の港であり、もうひとつは姫島の船溜まりである。福支部の漁師の大半は福町の港に漁船を係留しているが、自宅からの距離が近い一部の漁師は姫島の船溜まりに漁船を係留している。姫島の漁船はすべて小型の漁船であり、もっぱら淀川河口域での河川漁撈に用いられている。福町の港に係留している漁船は、小型の漁船も大型の漁船もある。大型の漁船は少し潮が満ちてくると、船の上部が阪神電鉄西大阪線の鉄橋に当たってしまうため、それより上流に進むことができない。淀川に出かけるときは、小型の漁船を利用する。

調査当時の一九九一年、福町にはウナギをとる漁師が八人、シジミをとる漁師も八人ほどいた。シジミは以前に比べると値段が少し高くなりつつあり、多いときには一日に二〜三万円くらいの水揚げになったという。しかし、昔と違い、現状ではシジミ漁やウナギ漁のみで生計を立てていくことは難しいとされる。

ウナギ漁の専門漁師

福町には海面漁業に従事する漁師や、Tさんのように貝とり漁を中心に営んできた漁師のほかに、ウナギ漁を専門とする漁師が一〇人ほどいた。ここではウナギ漁の専門漁師の存在に焦点を当てて、その実態を明らかにしておきたい。

ウナギ漁専門の漁師は、おもにウナギカキ・江州モンドリ・竹モンドリ・シバなどの漁具をもちいてウナギをとっていた。Tさんによれば、ウナギ漁専門の漁師は、夏場はおもにウナギカキを使った漁をおこなっていた。ウナギカキは、ウナギカマとも呼ばれる漁具で、カシの棒の先にウナギを引っかけるための鉄製の鉤が取り付けられている。一人乗りの小型漁船で出漁し、川底の土に潜っているウナギを見つけると、船の艫《へさき》に座った状態で、ウナギカキを使って船上からウナギを掻き取っていくのである。ウナギはどこにでもいるわけではない。土の状態を選んで潜り込んでいるという。おもにヨシ原のなかのイリや河口など、水深の浅いところでウナギカキがおこなわれていた。

ウナギカキで川の底を掻いていき、ウナギのいる場所に行き当たると、漁師はそこを中心にして集中的にウナギを掻いた。ウナギの居る場所を見つけると、まず漁師は船に積んでいた櫂《かい》を水中に投げ込む。その櫂が槍のように川底に突き刺さると、そこを目印としてその周辺をウナギカキで掻いてまわるのである。ウナギカキにウナギが引っかかると、まずウナギが抜けないように、いったん土に押し込み、それから引き揚げるようにしていた。掻き取ったウナギは船のイケスに入れたが、うまくイケスに入らず、逃げ出すこともあった。腕の良い漁師になると、逃げたウナギをもう一度ウナギカキで引っかけて掻き取った。ウナギ漁専門の川漁師は、小さな漁船を使って、半年間ほどウナギを掻いていたが、福町では打瀬船を所有している漁師よりもウナギ漁を専門とする漁師の方が収入が良く、金持ちの漁師が多かったといわれている。

ウナギ漁専門の漁師たちは、ウナギカキのほか、江州モンドリやシバを使ったウナギ漁もおこなっていた。江州モンドリは、柄付きのモンドリに竹の簀を組み合わせた定置漁具である。堤防にそって流れるイリには、数多くの江州モンドリが仕掛けられていた（一三三頁、地図6の3）。そのほか、シバ漁もおこなった。シバ漁は樒の枝を束ねたもので、シバ二〇個ほどを親綱に一続きに仕掛けるが、多いときにはシバひとつに一キログラムくらいのウナギがとれることもあった。また仕掛けたシバを一通り上げたあと、二巡目でもウナギがとれることがあったという。シバ漁の漁期は五月から九月末ころで、最盛期は七月から八月にかけてであった。五月から六月にかけてはシバ漁でエビがとれる。エビは七月から少なくなり、九月にかけてしだいにとれなくなる。それに替わって、ウナギがとれるようになる。

淀川河口域でのウナギ漁には、竹筒を使ったタンポという漁法もあった。シバ漁は一度に多数のウナギをとることができたが、タンポ漁では一本の竹筒にウナギが一匹か二匹しかとれず、手間がかかるわりには漁獲量が少ない漁法であった。そのため、ウナギ漁専門の漁師はタンポ漁はおこなっていなかった。

第三節　ウナギ漁と自然認識

シバとタンポ

ここでは、Tさんがおこなってきたウナギ漁を詳述し、あわせてウナギ漁の自然認識について明らかにする。Tさんによれば、淀川河口域のウナギは大きさは不揃いであるが、味はよいとされる。しかし、そのなかには、「イシクイ」と呼ばれるウナギがいる。イシクイは頭部が大きいのが特徴で、「頭に石がある」ともいわれているように、頭部が堅くて味も悪いとされ、漁師からは嫌がられる存在であった。養殖のウナギは天然のウナギと比べると、短期間で成長するため、体の大きさにくらべて頭が小さい。また沖にいたウナギはとったときに青い色をしているとされ、体が青くて腹が白いウナギは味も良いとされている。一方、その土地で育ち、そこに住み続けているウナギは、色が黒いとされ、青いウナギであっても生簀に入れておくと、しだいに体の色が黒くなるともいう。

さて、福町でおこなわれているウナギ漁であるが、現在続いているのはシバとタンポである。シバとタンポはともに大阪市漁業協同組合においては「雑漁」として位置づけられており、漁協の組合員であれば誰でもおこなうことができる漁法となっている。ただし、実際に漁をおこなうためには、漁具を仕掛ける場所が必要となることもあり、漁師のあいだでの了解なしに始めることは難しいのが実情である。

まずシバ（写真6の3）について述べる。調査時の一九九一年において、福町でシバをおこなっていたのはTさんひとりであった。シバは樒の枝を束ねたもので、それを水中に吊り下げておき、そこに潜り込んでいるウナギをタモ網ですくい取る素朴な漁法である。堤防に沿って三尋《ひろ》（約四・五メートル）間隔で立てた竹に張り渡した親綱に、約一〇尺（約三メートル）の間隔で枝綱をつけて、そこにシバを吊り下げている。かつてヨシ原が広がり、イリがあ

写真6の3　樒の枝を束ねたシバ（1991年9月）

ったころは、親綱に吊り下げるのではなく、イリの川底に紐をつけて直接沈めていた。その後、川底にヘドロ状のものが溜まるようになり、シバを川底に沈めるとヘドロに塗れてしまうため、親綱に吊り下げる形に変わった。現在は、親綱を使って川底から約一尺くらい浮かせてシバを吊り下げている。

シバの材料としては樒《しきみ》がもっとも良いとされ、榊《さかき》など樒以外の枝ではあまりウナギが潜り込んでこないとされる。シバに使う樒の枝は、かつては葬儀会社から不要となった樒を入手していたが、その後、樒の入手が難しくなってからは、知り合いの十三の川漁師Aさんから譲ってもらうようになった。

Tさんによれば、現在は以前と比べると、ウナギの水揚量が減少し、シバを引き上げることが少なくなり、長期間、川にシバを漬けたままの状態にしていることが多い。シバを川に浸けたままにしておくと、シバに牡蠣《かき》の殻が付いたり、ドタ（水垢）が付いたりして、実際に引き上げようとするとき、重くなっていることが多い。そのため、適当な時期にシバを引き上げて、付着物の掃除をおこなっているという。

シバではウナギのほか、カワエビもとれる。カワエビの最盛期は五月頃である。カワエビは頭部が堅く、炊くなどのような調理をしても売れず、商品価値はほとんどなかった。漁師の家でも一年に一度食べるくらいで、ほとんど食卓にあがることがなかった。カワエビは天麩羅にすると、少し食べることができた。なおカワエビの小さな白いものは、魚釣りの餌にしていた。

つぎにタンポ漁について述べる。タンポ漁は節《ふし》を抜いた竹筒を水中に沈めておき、竹筒のなかに入ったウナギを捕獲する漁法で、漁期は五月から一〇月ころまでとなっている。タンポの竹筒（写真6の4）は、長さ二尺二寸（約

写真６の４　港に保管中のタンポ（1991年９月）

六六センチ）に切り揃え、二～三本を束ねる。川岸に沿って竹の杭を打ち、それに張り渡した親綱に、二尋《ひろ》（約三メートル）の間隔で枝綱をつなぎ、その枝綱に竹筒を結んでいる。竹筒があまり太いとウナギが入らないとされ、直径五～六センチ程度のものがよいとされている。仕掛けるタンポの数は漁師によって異なるが、少ない漁師で五〇個、多い漁師だと一五〇個くらいを仕掛けている。

かつてのタンポ漁は、束ねた竹筒を親綱に吊り下げるのではなく、竹筒一本ずつを川底に沈めていた。したがって、竹筒を引き上げるときは、漁師が水中に潜り、竹筒の口を両手でふさいで引き揚げる形をとっていた(11)。竹筒の口のふさぎ方にはコツがあった。ウナギは尾の力が強いため、手のひらでタンポの口を塞いでいても、隙間から逃げてしまう。タンポのなかに指を二本入れ、蓋をするようにして閉める。第二次世界大戦後にも、こうした潜水によるタンポ漁が続けられていた。なお強い風が吹いたり、増水があったりすると、タンポが流されることもあったという。

タンポは大阪市漁業協同組合の福支部のなかでも姫島に拠点を置く五～六人の漁師がおこなっていた。姫島の漁師はおもに姫島の船溜周辺にタンポを浸けて、漁をおこなっていた。水が濁ったり、波があったりする翌日には、タンポにウナギがよく入ることがあったという。とったウナギは、仲買などに引き渡すまで竹製の籠「ドマル」に入れていた。

河口域の塩分濃度とウナギ漁

Tさんによれば、ウナギ漁は淀川河口域の塩分濃度・波・水の濁りなどによって左右されるという。まずウナギ漁と塩分濃度の関係について見てみよう。Tさんによれば、淀川河口域のウナギは、塩分濃度がより低い水域を求めて、川を上ったり下ったりすると考えられている。たとえば、福町の地先において塩分濃度が高くなってくると、ウナギは塩分濃度の低い上流の方向に向かって上っていくと考えられているのである。

淀川河口域の塩分濃度を左右するものとして、いくつかの要因があると考えられている。ひとつは風である。Tさんによれば、「淀川河口域では、東や北から風が吹くと、川の水が辛くなる」という。「川の水が辛くなる」というのは、水域の塩分濃度が高くなることを指している。とくに東からの風が吹くときは、河口から塩分濃度の高い海水が入ってきて、「水が辛くなる」と考えられている。

また淀川上流での降水量によっても、淀川河口域の塩分濃度は変わると認識されている。たとえば、琵琶湖や京都などで雨が降らない日が続くと、淀川の水位が低下し、長柄の可動堰は閉まったままとなる。そのため淀川河口域への淡水の供給が停止され、河口から入ってくる海水の比率が相対的に高まる。その結果、河口域の塩分濃度が上昇し、極端なときには、淀川河口域の水が赤い色を呈することもある。そうした状態のときには、淀川河口域のウナギは塩分濃度が低い十三の方面に上っていくと考えられている。ただし、福町で塩分濃度が高いからといって、まったくウナギが姿を消すというわけではない。雨の降らない日が続き、淀川河口域の塩分濃度がさらに高まってくると、逆にウナギが多く姿を現すこともあるという。またタンポ漁では、川の水が濁ったり、波があった日の翌日、竹筒にウナギがよく入っていることがあるという。

以上、淀川河口域の塩分濃度とウナギの動きに関して、川漁師Tさんの話をもとにしてウナギ漁にともなう自然認識を見てきた。ウナギの動きは基本的には淀川河口域の塩分濃度の高低に左右されると考えられている。そして、その塩分濃度については、風向や可動堰の開閉に左右されるとの自然認識が明らかとなった。この点については、前章でみた十三の地先で漁をおこなう川漁師Aさんの自然認識と基本的な部分で共通しているといえる。ただし、淀川河口域では潮の干満と塩分濃度に関する自然認識については、明確なものがないことが明らかとなった。この点は川漁師Aさんの自然認識と異なる点であり、淀川河口域でウナギをとる漁師の自然認識の特徴として指摘できるのではなかろうか。

また塩分濃度とウナギの行動については、淀川河口域の福町では、塩分濃度の高低に合わせてウナギが淀川河口域の水域を上り下りする、つまり水域内を水平移動するとされていた。ただし、極端に塩分濃度が高い場合には、ウナギの動きを予測することが難しくなるとも考えられていた。それに対して十三の漁師の自然認識では、ウナギは塩分濃度の高低により川の上層と下層のあいだで居場所を替えるという認識が形成されていた。淀川河口域と十三の地先の漁師では、おなじ汽水域であってもウナギの行動に対する自然認識に相違する点があることが明らかとなった。

ウナギ漁と風・波

最後に淀川河口域でのウナギ漁と波との関係をみておきたい。かつて淀川河口域にはヨシ原があり、イリのなかは船が出せない荒天時でも安全に漁ができるため、川漁師にとっては大切な漁場となっていた。しかし現在、淀川河口域の両岸はコンクリートの堤防が続き、ヨシ原やイリは姿を消し、川幅いっぱいに水が流れる状態となっている。一部、堤防のそばには護岸用の波消ブロックが設置されているところもあり、ごくわずかにヨシ原や干潟がみられる場所もある。

ヨシ原とイリが姿を消したなかで、淀川河口域でのウナギ漁においては、波の有無がその日の出漁の可否を判断するうえでの重要な要素となっている。たとえば、淀川河口域でウナギ漁をおこなう漁師は、淀川河口域の水面に立つ波を予測しながら、その日の出漁が可能かどうかを判断する。Tさんによれば、その日、天候によって波が高くなることが予測される場合は、出漁を取り止めることがあるという。

波の発生は、風と直接的な関係があると考えられている。たとえば、淀川河口域では南や西の方角から風が吹くと、水面に波が立ってくるとされる。小さな波の場合は出漁することができるが、波が大きくなってくると、ウナギ漁に使う漁船が小型であるため、たちまち漁に出ることができなくなるという。淀川河口域のウナギ漁の漁師は風向により、波の大小を予測しながら、出漁の可否を判断していたのである。

こうした風や波に関する認識は、淀川河口域のなかでも上流部の十三の地先を漁場とする川漁師のあいだでは意識されることがなかった。それは何故か。十三の地先では、多少の風が吹いても、出漁出来ないほどの波が水面に立ち現れることがなく、よほどの悪天候でないかぎり、漁にでかけることができたからである。そうしたことから、十三の地先でのシバヅケ漁の場合、漁期のあいだは毎日出漁して、翌日の潮の干満の状態に合わせて、吊り下げているシバの高さを調整することが日常であった。それに対して、Tさんが拠点とする河口部に近い漁場では、波が立つと、出漁が困難であったため、十三のように毎日シバの高さを調整するような漁法が成り立たなかったのではないかと考えられる。そのため、おなじシバヅケ漁であっても、川幅が約七〇〇メートルもあるような河口部に近い漁場と、河口から約七キロほど遡った川幅が約四六〇メートルほどの漁場とでは、シバヅケ漁のあり方やそれにまつわる自然認識に関して、異なる点が生じていたといえるのである。

まとめ

本章では、大阪市西淀川区福町で生まれ育ち、貝とりやウナギ漁で生計を立ててきた川漁師Tさんからの聞き取りと漁撈調査にもとづき、淀川河口域という汽水の人工的水界における川漁師の漁撈活動について詳述し、あわせて彼らの自然認識を分析した。まず第一節では、人工的水界である新淀川において、開削から十数年を経るなかで、堤防沿いにヨシ原が形成され、そのヨシ原のなかに「イリ」と呼ばれる新たな河川環境が形成されていたことを明らかにし、それらを水辺のエコトーンと位置づけた。そのうえでエコトーンが漁場として、漁船の係留場としての役割を果たしていたことを、川漁師による環境利用の具体事例として示した。

第二節では、第二次世界大戦前まで、ハマグリやシジミなどの貝とりがさかんであったが、第二次世界大戦後になって水質汚染が発生したり、川底の土壌が砂から泥に替わるなどの環境変化にともない、シバやタンポによるウナギ漁へと切り替えていった淀川河口域の漁師の河川漁撈のあり方を詳述し、第三節では、その淀川河口域の漁師の自然認識として、塩分濃度や波などがウナギ漁と密接にかかわることを示し、淀川河口部に近い汽水域におけるウナギ漁をめぐる川漁師の自然認識を明らかにした。

なお淀川河口域における塩分濃度と風や可動堰の開閉に関する自然認識について、第五章でみてきた十三の地先の川漁師の自然認識と比較し、両者の自然認識が共通することを指摘した。その一方、両者の相違点として、塩分濃度と潮の干満とを関係づける自然認識について、十三の川漁師にはみられるが、淀川河口域の川漁師には見受けられないことを明らかにした。また風と波に関する自然認識が、淀川河口域の川漁師にみられることについては、河口の川幅が七〇〇メートルほどと広い、淀川河口域特有のものであることを指摘した。(12)

注

（1）本章では、森下郁子編『河口の生態学　生物学的水質階級地図一九八二』（山海堂、一九八二年）の定義を参考としながら、河川が海に流入するところを「河口」とし、河口付近で淡水、海水が入り混じるところを「河口部」と呼ぶことにしたい。なお「淀川河口域」と「新淀川」はおなじ水域をあらわす語として使用する。人工の放水路として開削された水域を語る場合は「新淀川」、長柄の可動堰下流から大阪湾までの水域を一般的にあらわす場合は「淀川河口域」とする。

（2）石田惣「明治の大改修―水制工の設置、新淀川の開削」『みんなでつくる淀川大図鑑』大阪市立自然史博物館、二〇一〇年、一〇頁。

（3）都市用水確保のため、一九六四年に改良長柄可動堰が設置され、堰の高さが二〇センチ嵩上げされた。その後、一九八三（昭和五八）年に淀川大堰が設置され、現在に至っている。

（4）西成郡役所編『西成郡史』西成郡役所、一九一五年、四九二頁。

（5）Tさんによれば、江州モンドリは、もとは琵琶湖で使われていたとされる。同一の漁具名は確認できていないが、同一形態と類推される漁具は巨椋池の東一口や淀川流域の高槻市で使用されていた。巨椋池の東一口の漁具については、福田栄治「旧巨椋池漁村の生活習俗―久世郡久御山町東一口の場合―」（『資料館紀要』第一〇号、京都府立総合資料館、一九八一年）が詳しい。高槻市内で収集された漁具については、高槻市教育委員会『文化財シリーズ第五冊　高槻の民具』（高槻市教育委員会、一九八一年）に写真が掲載されている。

（6）福町のヨシ原では、ヨシを刈り取ってヨシ簾づくりをする人たちもいた。ヨシ原とイリは、船着場や漁場のほか、ヨシ刈り場としても利用されており、さまざまな人びとの生業活動の拠点となる場所として機能していたといえる。

（7）Tさんによれば、淀川河口のハマグリは質が良かったという。とれたハマグリは一升枡に入れて量ったが、ハマグリの表面がツルツルしていて、よく滑る。しかし、他の地域のハマグリは滑らないため、山のようにして盛り上げることができたという。

（8）吉良哲明『原色日本貝類図鑑』（保育社、一九七四年）によれば、イソシジミは、セタシジミ・マシジミ・ヤマトシジミなどが属する「しじみがい科」ではなく、「あしがい科」に属する貝類で、殻表が平滑で褐色の滑らかな光沢があり、殻頂からの二条の白色放射線が特徴で、北海道南部以南に分布する。

（9）「大阪府下漁撈一班」はその写しが大阪府公文書館に所蔵されている。原本の所在は不明。

（10）野村豊『漁村の研究―近世大阪の漁村―』三省堂、一九五八年、八二頁。

（11）一九八三（明治一六）年の第一回水産博覧会への出品のため作成された『摂津国漁法図解』（大阪府立中之島図書館蔵）に、タンポ漁のようすが「タンポ鰻漁」として絵入りで紹介されている。それによれば、タンポ鰻漁は福村・野田村の漁とされており、長さ二尺余り、周囲六寸の竹筒の節を抜いたものを堤防の杭のあいだなどに沈めて置き、その後、水中に身を沈めて竹筒の両口を塞いで引き上げるとある（大阪府漁業史編さん協議会編『大阪府漁業史』大阪府漁業史編さん協議会、一九九七年、二八七頁）。Tさんが語るタンポ漁との一致が確認できる。潜水をともなう竹筒によるウナギ漁として興深い事例である。

（12）野本寛一は「四万十川感潮域の漁撈」（『人と自然と　四万十川民俗誌』雄山閣出版、一九九九年）のなかで、四万十川河口でのチヌやウナギの漁撈に関して、河口の塩分濃度と関連する事例を報告し、河口での河川漁撈と塩分濃度とのかかわりについて、今後取り取り組むべき研究課題であることを提起している。

第三部　淀川における漁撈技術と川漁師の世界観

第七章　河川漁撈と遊水池漁撈

はじめに

木津川・宇治川・桂川の三川合流地点の近くには、宇治川の遊水池として巨椋池《おぐらいけ》があった。巨椋池の周辺には久御山町の東一口をはじめ内水面漁業に携わる人びとが集住する村があり、淀川河口域の漁村とならび淀川流域における内水面漁業の拠点となっていた。これまでの研究によれば、巨椋池の漁師は宇治川や淀川にも出漁し、淀川の川漁師との交流があった(1)。

一般に、漁業や漁撈活動は、地域の自然環境や歴史的経過、社会経済的な側面、さらには国家施策との関連など、さまざまな要素によって規定されると考えられる。本章では河川漁撈のあり方を自然環境とのかかわりを中心に検討することを目的としている。フィールドである淀川の環境は、長柄《ながら》に設けられた可動堰を境にして大きく淡水域と汽水域に分かれている。そして、その河川環境の違いにもとづき、それぞれの水域での河川漁撈のあり方、つまり漁獲対象とする魚、それらをとるための漁具・漁法、さらには川漁師が所属する漁業組合も異なっている。また巨椋池では、宇治川とつながる遊水池という環境のもと、内水面漁撈が展開されていたが、そこでの漁撈は漁獲対象や漁具・漁法などの点において、河川漁撈とは異なる様相を呈しており、淀川の河川漁撈を相対化していくうえで興味深い存在といえる。

本章では、巨椋池の漁撈との対比をとおして、淀川での河川漁撈を漁撈技術の視点から検討し、その特徴を浮かび上がらせていきたい。そこでまず、第一節では、第四章から第六章で詳述した淀川上流域から河口域にかけての漁具・漁法を中心に、漁撈技術のあり方を概観する。つづく第二節では、巨椋池の三つの環境区分にそって、漁具・漁法を中心にして巨椋池漁撈のあり方をみていく。あわせて巨椋池の環境変化による漁撈への影響についてもふれる。そして第三節では、淀川と巨椋池という環境の異なる二つの内水面漁撈に注目し、河川での漁撈と遊水池での漁撈の共通点と相違点を検討する。そのうえで、巨椋池の漁撈との比較において淀川の河川漁撈の技術的特徴について考察を加えることにしたい。

第一節　淀川における河川漁撈と漁具・漁法

長柄可動堰と漁撈環境

淀川ではどのような漁撈がおこなわれていたのか、淀川の漁撈環境をふまえ、漁具・漁法、漁撈知識、環境認識についてみていきたい。まず淀川における漁撈環境を概観するうえで、見逃すことができないのが長柄可動堰である。長柄可動堰は淀川河口から約一〇キロメートル遡った地点に設けられており、その上流と下流ではまったく異なる環境が生み出されている。

長柄可動堰は水利用を目的に造られたもので、感潮域を固定するため、可動堰の上流では淡水域が形成され、可動堰の下流では汽水域が生まれている。また可動堰では堰の開閉により水量調整がおこなわれるため、可動堰下流の汽水域は、周期的に変化する潮の干満のほか、堰から放流される淡水の水量によって汽水域の塩分濃度がつねに変化するなど、自然の要因と人工的な要因が絡み合った複雑な「人工的水界」となっている。

一方、淡水域となっている可動堰の上流域では、堰き止めによって流域の一部が堪水域となり、また淀川水系の上流部に造られたダムによって水量調整もおこなわれ、水位変動の少ない水域となっている。さらに可動堰は上流と下流のあいだでの魚の往来を妨げる存在となるなど、淀川の水域とそこに生息する魚のあり方を大きく規定しているのである。なお漁業組合に関しても、可動堰上流の淡水域が淀川漁業協同組合、可動堰下流の汽水域が大阪市漁業協同組合というように、可動堰を境にして二つの漁業協同組合に分かれていた。

つぎに可動堰を境にして形成された二つの異なる漁撈環境をふまえ、その上流と下流での漁撈活動のあり方をみていくことにしたい。

淀川淡水域での漁撈と漁具・漁法

まず淀川淡水域の漁撈について概観していくことにしたい。次頁の表7の1は、前章までに詳述してきた淀川の川漁師の漁撈活動にもとづき、漁法・漁具・漁獲対象を一覧表にしたものである。これは淀川でのすべての漁撈活動を網羅したものではないが、淀川淡水域の川漁師による漁撈活動の大枠は押えたものである。漁期・漁場・魚の習性などに注目しながら、淀川淡水域の漁具・漁法を見てみよう。一般に漁撈には共同でおこなう漁撈と、個人単位でおこなう漁撈とがあるが、淀川の河川漁撈は川漁師が個人単位でおこなう漁撈が大半を占めている。個人単位の漁撈と複数の川漁師が共同でおこなう漁撈とを区分しながら見ていくことにしたい。

淀川淡水域での個人単位の河川漁撈として、まず投網漁がある。投網漁は、コイやフナを対象とした漁撈である。投網漁をおこなうためには、瀬や淵《ふち》など淀川の河床形態に関する環境認識のほか、魚が動き回る場所や遊ぶ場所、餌を食べる場所や身を潜める場所、さらに群がる場所など、季節や時間帯による魚の動き・居場所など、魚の習性に関する漁撈知識が必要である。

表7の1　淀川流域の漁具・漁法

淀川淡水域の漁具・漁法

漁　法	漁　具	漁獲対象
投網漁	投網	コイ・フナ
刺し網漁	カスミ網	コイ・フナ
曳き網漁	曳き網	ハス
竹モンドリ漁	竹モンドリ	ウナギ・テナガエビ
網モンドリ漁	網モンドリ	コイ・フナ
瓶モンドリ漁	瓶モンドリ	モロコ
簀建て漁	袋網	コイ・フナ・ウナギ
カニカゴ漁	カニカゴ	モクズガニ
ウナギカマ漁	ウナギカマ	ウナギ
ヒッカケ漁	ヒッカケ	コイ

淀川汽水域の漁具・漁法

漁　法	漁　具	漁獲対象
シバヅケ漁	シバ	ウナギ
ツツ漁	ツツ(タンポ)	ウナギ
竹モンドリ漁	竹モンドリ	ウナギ・アナゴ
江州モンドリ漁	江州モンドリ	ウナギ
ウナギカギ漁	ウナギカギ	ウナギ

モンドリ漁は、コイ・フナ・モロコ・ウナギ・テナガエビを対象とした定置漁具による漁撈である。モンドリ漁では対象とする魚の通り道や居場所をあらかじめ想定し、そこに漁具を仕掛けていく。ただし、そうした場所に漁具を仕掛けようとすると、他の川漁師とのあいだでナワバリ争いが発生する。そのため、モンドリ漁をおこなう川漁師にとっては、いかに良好な漁場をより多く、誰よりも先に確保することができるかが、大切なこととなる。

モンドリ漁に使う漁具には、竹モンドリ・網モンドリ・瓶モンドリがある。竹モンドリは割り竹を簀《す》の子状に編み、それを紡錘形に組んだ漁具で、ウナギやテナガエビを対象とする。網モンドリは網を編んで作ったモンドリで、コイやフナを対象とする。産卵期に水中の藻に群がる魚や、増水時に下流から岸沿いに上ってくる魚など、一定の季節や特定の状況下に群がって動き回る魚の習性を利用した漁具である。瓶モンドリは、モロコを対象としたガラス瓶のモンドリで、淵から少し下流のところに餌を入れて仕掛けるのが一般的である。

簀建て漁は、増水時に下流から群がって上ってくるコイ・フナ・ウナギなどを対象とした大型の定置漁具による漁である。自宅近くの日常的に目が行き届きやすい川岸を漁場として定め、普段からヨシを刈り込んで杭を打ち込み、他の川漁師を近寄らせないようにすることで自分のナワバリとして確保しておく。そして川が増水し、魚の上りが予想されるときに、直ぐさま下流に向けて簀を張り渡し、大型の袋網を仕掛けていく。なお川に水が少ない時期には、他の川漁師との共同漁撈としてワンドに出掛けて、ワンドとワンドがつながっているところを利用して簀建て漁をおこなう。

刺し網（カスミ網）漁は、冬期、ヨコアナと呼ばれる土手の穴に潜んでいるコイやフナを追い出し、刺し網でとる漁である。ヨコアナは、他の川漁師にはその所在を知られないようにしている「秘密の漁場」であるため、ヨコアナでの刺し網漁は他の川漁師に見つからないよう、夜におこなわれた。あらかじめヨコアナにそってカスミ網を張り渡しておき、準備が整うと、穴のなかにいるコイやフナを網の方に追い立てる。川漁師にとってヨコアナは、確実に魚がとれる冬場の重要なポイントであった。なおこれとはべつに、産卵期、水中の藻に群がるヒガイ・ホンモロコ・カワギスを対象とした刺し網漁もおこなわれていた。

曳《ひ》き網（地曳き網）漁は、夏の夜に親子など複数の川漁師によって、ワンドの入口付近でおこなう。夜になって、餌を求めてワンドに寄ってくるコイ・フナ・ハスなどさまざまな魚が対象となる。淀川の水がきれいだったころには、アユもとれたという。

カニカゴ漁は、網製のカニカゴをもちいて、産卵のために川を下るモクズガニを対象とする漁である。漁期は通常一〇月末から一一月末までとなっている。モクズガニは気温が下がってくると、川を下るルートが川の中央部に寄ってくる習性があり、カニカゴを仕掛ける位置を少しずつずらし、モクズガニの移動ルートを探りながら漁をおこなう。

ウナギカマ漁は、冬におこなう川漁である。夏期が中心となる投網漁に代わって、それを補う目的でおこなわれていた。木製の柄の先に鈎状《かぎ》の金具が付いたウナギカマ（ウナギカギともいう）を使い、川底の砂のなかに潜り込んでいるウナギを船上から掻きとる。漁場はおもに神崎川で、第二次世界大戦前まではさかんだった。

ヒッカケは長柄可動堰の上流と下流の禁漁区で冬場におこなわれた。ヒッカケは禁漁区で唯一認められていた漁で、約五メートルの棹の先に山状になった針を複数付け、その棹で船上からコイの居そうな杭や石のあるところを探し、動きが鈍くなったコイを引っかけて釣り上げるという素朴な漁法である。

淀川汽水域での漁撈と漁具・漁法

つぎに長柄可動堰下流、淀川汽水域の漁撈について概観していくことにしたい。淀川汽水域では、潮の干満、風向、可動堰の開閉などの要因により、水域の塩分濃度がつねに変化を繰り返し、それによって魚の居場所や行動が左右されると考えられており、淀川淡水域とはまったく異なった河川漁撈が展開されていた。しかも汽水域のなかでも、淀川河口の近くと上流の可動堰の近くとでは、おなじ汽水域でもかなり異なる河川環境となっていた。以下、漁獲対象・漁期・漁場・魚の習性などに注目しながら、淀川汽水域における漁撈と漁具・漁法についてみていく。なお、ここでの漁撈は、すべて個人単位でおこなわれる漁である。

シバヅケ漁は、ウナギを対象とする漁法で、楉の枝を束ねたもの（シバ）を水中に吊り下げておき、そこに潜り込んできたウナギをタモ網で掬《すく》いとる。汽水域の塩分濃度の変化によって居場所を変えるウナギの習性にあわせた漁法であり、漁期は五月から一一月までの七カ月間であるが、最盛期は夏場である。淀川河口部から約九キロメートル遡った淀川区十三の地先では、可動堰が近くにあり、可動堰から放出される淡水の影響を受けやすいため、汽水域の塩分濃度の微妙な変化を想定しながら、前日に吊り下げるシバの高さを調整する。これに対して淀川河口部に近い西淀川区福町の地先では、つねに海水の影響を受けて、塩分濃度の高い状態が多いため、十三の地先のように吊り下げるシバの高さを毎日調整することはせず、固定した状態にしている。

ツツ漁は、節《ふし》を抜いたマダケの竹筒（タンポともいう）を川底に沈めておき、そこに潜り込んだウナギをタモ網で掬い取るという漁法である。ウナギは餌を食べるために夜になると動き回り、昼間は石が積まれた暗い場所に潜り込んでいる。ツツ漁は、そうしたウナギの習性を利用したもので、竹筒二〜三本を一縛りにし、それを親綱から一尋《ひろ》（約一・五メートル）の間隔で五〇本から六〇本ほど垂らした枝綱に吊り下げ、川の流れの方向に合わせて川底に沈めておく。次の日の早朝に出漁し、それを船上から一つずつ引き上げ、ウナギをタモ網で掬い取るのである。ツツ漁の漁期はシバヅケ漁と同様、五月から一一月までの七カ月間であるが、最盛期は九月である。ツツ漁はウナギが寄りつきやすい沈床の側に仕掛けることが多いが、季節によってウナギが居場所を変えるため、それに合わせてツツを仕掛ける場所を変えていく。なお一八八三（明治一六）年頃の淀川河口部のツツ漁については、『摂津国漁法図解』（大阪府立中之島図書館蔵）に記されている。それによれば、その当時はこの漁法をタンポと呼び、竹筒を一本ずつ水中に沈めておき、それを素潜りで引き上げるという素朴な漁法だった。

なお西淀川区の福町にはウナギ漁を専門とする川漁師がいた。彼らは江州モンドリとウナギカギを使って漁をおこなっていた。江州モンドリを使った漁は、福町の堤防沿いのヨシ原のなかの細流（イリ）を漁場とし、長い柄付きの竹製のモンドリと竹の簀を組み合わせたもので、簀を張って魚をモンドリに誘導する仕掛けになっていた。

ウナギカギ漁は、夏場を中心にした漁で、一人乗りの小舟で出漁し、川底の土に潜っているウナギを、カシの棒の先に鉄製の鈎が付いたウナギカギを使って船上から掻き取る漁である。おもにイリや河口などの水深の浅いところが漁場であった。なお淀川汽水域でも、淡水域と同様、竹モンドリ漁もおこなわれていた。

第二節　巨椋池における漁撈と漁具・漁法

巨椋池の自然と漁撈環境

巨椋池《おぐらいけ》での漁撈を検討するうえで、まず漁撈のあり方を左右する巨椋池の自然について押さえておかなければならない。具体的には、巨椋池の地形、巨椋池に生息する魚や水生植物、そして淀川の河川改修との関係などについて概要をみていきたい。

巨椋池は宇治川・木津川・桂川の三川が合流する地点の東方に位置し、宇治川の遊水池として洪水を調節する役割を果たしていた。東西約四キロメートル、南北約三キロメートル、周囲約一六キロメートル、水域面積約八〇〇ヘクタールの巨椋池は、三本の堤によって四つの水域に分かれていた。東から二の丸池・大池・中内池・大内池からなる巨椋池は、淡水魚や水鳥などの生息数が豊かであり、城下町の伏見に近接し、さらにその背後には大消費地の京都も控えていたことから、淡水産魚介の供給地として早くから内水面漁撈が発達していた。江戸時代の巨椋池漁師に与えられた漁業鑑札には、「たうあミ・すまき・ちんとう・志《し》た木・祢《ね》らひ」の五種類の漁業が記されており(4)、これらが江戸時代からの巨椋池の代表的な漁撈であったといえる。

巨椋池は、池の底に藻が茂り、水の流れがきれいだったという。岸辺にはイタイタモ・クルマモ・イタチモ・クロモ・ワカモ、岸からチュウドオリにはキヌモ、水の流れのある前川にはカミソリモが群生するなど、それぞれの水域に応じて藻が茂っていた。また岸辺のマコモワラの中にはムジナモが生えていた。池のなかでヨシやマコモが島状になっているところをヨシジマ・マコモジマといい、そこは春先から初夏にかけて魚の産卵場所となり、また増水時には魚が寄り付く場所となっていた。

遊水池であった巨椋池は、水害防止を目的として一八九六（明治二九）年から始まった淀川改良工事により、一九〇六（明治三九）年には宇治川から切り離され、独立した池となった。その結果、「イミズ（居水・停水）」と呼ばれる水の動きの少ない水域へと変わり、そうした環境変化にともなって、一九一二、四（大正二、三）年頃から巨椋池の水生植物に変化が生じた。ヒシやガメヅルといった浮き草が巨椋池の全面に広がり、一九一六、七（大正五、六）年頃には水中の藻が浮き草に押されて姿を消してしまったのである。そのため、冬場に身を寄せる藻が無くなり、魚が水底の泥に潜り込むようになった。水生植物の変化が、冬期の魚の生態に影響を与え、それが漁具・漁法をはじめ舟の構造にも変化をもたらした[5]。このように、宇治川からの巨椋池の切り離しは、巨椋池の自然と漁撈環境を大きく変貌させ、さらにはマラリアの発生が引き金となり、一九四一（昭和一六）年に巨椋池の干拓がおこなわれ、農地となったのである。

大池の環境区分と漁撈

巨椋池の漁師の主要な漁場は、巨椋池のなかで最大の面積をもつ大池であった。巨椋池の漁師は、漁場としての大池をヘリ・チュウドオリ・マンナカの三つの水域に区分し、それぞれの水域にあわせた漁撈を展開していた（図7の1）。チュウドオリからマンナカにかけての水域には、コイ・フナ・ワタコ・ウナギ・ナマズなどの淡水魚が豊富に生息し、大池における漁撈の中心的な水域となっていた。以下では、漁師によるヘリ・チュウドオリ・マンナカという環境区分にもとづき、大池の漁撈（表7の2）をみていくことにしたい[6]。なお淀川改良工事による大池の環境変化と漁撈の変容についても触れておく。

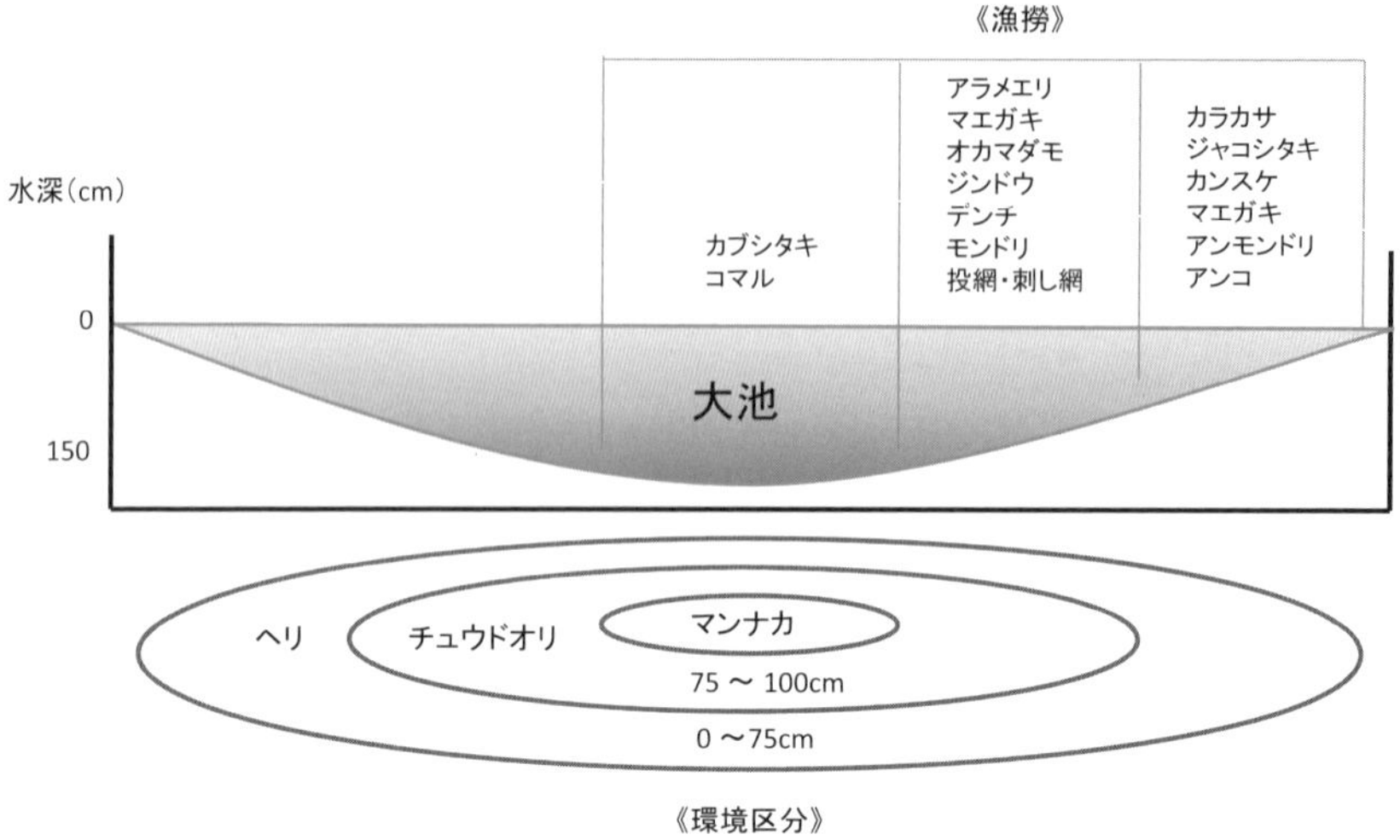

図７の１　大池の環境区分と漁撈

表７の２　巨椋池の漁具・漁法

漁　法	漁　具	漁獲対象
ヤス漁	カイトリヤス	ドブガイ・カラスガイ・ケツマルなど
カイカキ漁	カンスケ・マエガキ	イシガイ・ナガナガガイ
マエガキ漁	マエガキ	ドンコ・マメタ（小鮒）・モロコ・タビラ・小ナマズ・エビ
オカマダモ漁	オカマダモ	マブナ
掩い捕り漁	ヌカエビダモ・タニシダモ	ヌカエビ・タニシ
ジンドウ漁	ジンドウ	ナマズ・ウナギ・ドンコ・カワハチ
アンモンドリ漁	アンモンドリ・アンコ	マブナ・ナマズ・カワハチ
ドジョウモンドリ漁	ドジョウモンドリ	ドジョウ
ウナギモンドリ漁	ウナギモンドリ	ウナギ
ツケモンドリ漁	ツケモンドリ	ドンコ・カワハチ・テナガエビ
ツケバリ漁	ツケバリ	ウナギ・ナマズ・スッポン
ナガシバリ漁	ナガシバリ	ウナギ・ナマズ
デンチ漁	デンチ	マブナ・ナマズ・ウナギ
刺し網漁	コアミ	ハス・ワタコ・モロコ・ギギ・スガニ・チョウメツ・フナ・コイ
投網漁	投網	コイ・マブナ
浸木漁	カブシタキ・ジャコシタキ	コイ・マブナ・ワタコ・ナマズ・モロコ・マメタ・ハエ
エリ漁	カラカサ・アラメエリ	タナゴ・タビラ・ホンモロコ・アラエビ・ワタコ・コイ・フナ・ハス

＊福田栄治「旧巨椋池漁村の生活習俗—久世郡久御山町東一口の場合—」（『資料館紀要』10号）をもとに作成。

ヘリにおける漁撈

ヘリは池の周辺に近い水域で、平常水位の場合、水深が半尋（約七五センチ）以下のところをいう。ヘリにはヨシやマコモが密生し、魚の産卵期にはモンドリによる漁がおこなわれていた。またヘリにはジャコ類、小鮒、ウナギが生息し、それらを対象にカラカサ、ジャコとり用のシタキ、刺し網、ウナギのツケバリといった漁具・漁法が展開されていた。ヘリでおこなわれた大池特有の漁具・漁法として注目されるのは、カラカサやシタキである。カラカサは、水に流れがある場所を選んでおこなわれるもので、岸から池の中心に向かって目の細かい竹製の簀を五枚から一〇枚程度一直線に張り渡し、その先を傘の形にした小型のエリであった。年間をとおして設置し、産卵期を中心にタナゴ・タビラ・アラエビ・ヤナギモロコなどをとった。大池は水深が浅く、底が泥質であったため簀《す》が建てやすく、カラカサはシタキ漁とともに大池を代表する漁法となっていた(7)。

ヘリでおこなうシタキ漁は、土手シタキ・ジャコシタキとも呼ばれ、冬期にモロコ・ヤナギモロコ・アラエビ・ドンコ・マメタ・キツネモロコ・ハイジャコ・ノギハエを対象にした。岸の近くに八畳くらいの広さにシバ（クヌギ・ヒノキ・ヤナギなどの葉付きの枝を束ねたもの）を水中に沈めておき、厳冬期、シバを簀で囲んだあと、シバを取り払い、そこに潜り込んでいる魚を捕獲するという漁法である。

ヘリでの特色ある漁具・漁法として、カンスケ漁・マエガキ漁がおこなわれた。泥に潜った魚を対象とするカンスケ漁は明治時代からあったが、淀川改良工事によって大池が独立の池となり、水位低下のために植生が藻から浮き草に変わっていくなかで、それまで藻に身を隠していた魚が泥の中に潜るようになり、一九一六、七（大正五、六）年頃からカンスケに代わってマエガキがもちいられるようになった(8)。おもにドンコ・小鮒・モロコをはじめタビラ・小鯰・エビなどが対象とされた。

その他、モンドリを使った漁もさかんであった。アンモンドリ・アンコは、ヘリからチュウドオリにかけて、産卵期を中心に年間をとおしておこなわれた。アンコは一九一八年から九年頃に、淀川下流の漁村から伝わったとされる。(9) 従来のアンモンドリは口の左右にマエグシを立てて仕掛けるが、そのマエグシが網に固定される形になっていた。これに対して、アンコはアンモンドリの改良型ともいうべきもので、丸い竹の輪の口をマエグシ一本で支える形になっており、しかも口とマエグシが固定されていないため、水中で設置する高さを容易に調整することができたのであった。(10) おもにコイ・マブナ・ナマズ・カワハチなどが対象であった。なおウナギモンドリは大池や宇治川で、ドジョウモンドリは大池のヘリや水田でもちいられた。

チュウドオリを中心とした漁撈

チュウドオリは、ヘリと池の中央部にあたるマンナカとのあいだの水域で、水深は平常水位の場合、半尋（約七五センチ）からヤビキ（約一メートル）のところをいう。チュウドオリでは、産卵期を中心にフナを対象としたアラメエリがおこなわれていた。ワラ縄で編んだ三分の目の粗い簀を二〇〇枚ほど使ったV字形の大規模なエリで、盛時の大正時代には巨椋池全体で四〇カ所ほど設けられていた。また冬期には池が減水期となり、普段は水深の深いチュウドオリも浅くなるため、マブナを対象としたカブリと呼ばれるマエガキ漁がおこなわれた。泥のなかに潜っているマブナを、舟を左右に揺すって波の音で驚かせ、飛び出したマブナが近くの泥にもう一度潜ったところを柄の長いマエガキで掻きとる漁法である。

オカマダモ漁は漁具名に由来するもので、オカマダモとはオカマで使うタモ網という意味である。あまり水の流れがないチュウドオリからマンナカにかけての底の土をオカマダモで掻きとり、人工的に窪みをつくっておく。その窪みをオカマといい、冬期の風がある曇りの午後に、暖かさを求めてオカマに集まったマブナなどをオカマダモで掬いとる。オカマのそばには目印としてマンナカに向かって一直線にヨシが立ててあり、一人が三〇〇本から五〇〇本ほどのヨシの目印を立てていたという。なおオカマダモ漁は、大池が独立の池となり、水生植物に変化が現れはじめた一九一三、四（大正二、三）年ころからおこなわれるようになった漁法である。

ジンドウは長さ一九〇センチメートル前後の筒状の漁具で、単にツツとも呼ばれる。箱ジンドウ・竹ジンドウ・コモジンドウの三種類があり、一〇月から四月初旬までが漁期で、ナマズ・ウナギ・ドクロ・ギギなどをとった。ジンドウは冬に向かう時期や、春に向かう時期の寒暖の変化にあわせて魚が動くときが漁の最盛期であった。漁場はチュウドオリや前川など、水の流れが少ない場所が選ばれ、杭につなぐことはせず、一つずつジンドウを沈め、目印に竹が打ち込まれていた。

モンドリには網モンドリと竹モンドリがあった。網モンドリにはアンモンドリとアンコの二種があり、竹モンドリには単独で使うものとしてウナギモンドリ・ドジョウモンドリ・ツケモンドリがあった。

網漁には押し網・刺し網・オイタテ網・投網などがあった。押し網はデンチと呼ばれ、ヘリからチュウドオリにかけておこなわれていた。季節・場所によって使い方は異なるが、魚をねらって上から網を伏せてとる点が共通していた。刺し網のなかで固定した場所に仕掛けるものに、モロコ網・ジャコ網・ワタコ網があった。チュウドオリからヘリに寄った少し浅い場所に仕掛けるのがモロコ網・ジャコ網で、冬期、午後に仕掛けた網を一晩置いて、夜明け前に引き上げるというものであった。ワタコ網は、チュウドオリからマンナカにかけてが漁場で、ワタコ・ハエ・小鮒などをとった。仕掛ける季節や時間帯はモロコ網とおなじであった。

マンナカを中心とした漁撈

マンナカはオクとも呼ばれ、池の中央部の水域で、水深は平常水位で一尋（約一・五メートル）内外のところをいう。マンナカにはヨセバと呼ばれる禁漁区が設けられていた。ヨセバは大池水産会[11]が魚の育成のために設けていたもので、約二〇〇メートル四方の規模にシバを集め、その周囲を孟宗竹の杭で囲ってあった。

マンナカからチュウドオリにかけて盛んだった漁は、カブシタキとジャコシタキのコマルであった。カブシタキとコマルは、ともに冬期のシタキ漁であるが、規模と対象が異なっていた。カブシタキは、フナ・コイ・ワタコを対象とする大がかりな漁で、経済力のある漁師に限定された漁であった。魚の寄りつき場として直径三〇間（約五四メートル）ほどの円形のシタキバにシバを立て、厳冬期に網で囲ってシタキバの中心部（ヨセ）に魚を追い集めて、最後に投網・タモ網・カンスケなどで捕獲するという漁法である。盛時には三〇カ所ほどでおこなわれていた。これに対してコマルは、モロコ・ドンコ・小鮒・ハエ・アラエビなどが対象の比較的小規模のシタキ漁で、土手シタキと同様、八畳くらいの広さにシバを沈めたものであった。

第三節　河川と遊水池の漁撈比較

漁撈環境と自然要素

これまで第一節・第二節では、淀川の河川漁撈と巨椋池の漁撈について、漁具・漁法を中心にしながら漁撈のあり方をみてきた。ここでは河川と遊水池という自然環境の違いに着目しながら、淀川と巨椋池の漁撈技術のあり方を比較検討し、内水面漁撈としての共通点と相違点を明らかにしていくことにしたい。

まず河川と遊水池の漁撈技術のあり方を検討する前提として、その漁撈技術のあり方に大きな影響を与えていると考えられる自然の要素をみていく必要がある。ここでは生態学で指摘されている河川や湖沼の基本構造[12]にもとづき、つぎの三つの要素に注目する。すなわち、第一は河床・湖盆《こぼん》の形態である。つまり川底・湖底の形態である。第二は水である。第三は水生植物である。

第一の河床・湖盆は、生態学でいう水体の容器にあたる部分である。河川においては、河床形態が大きな要素となる。具体的には、蛇行など流路のあり方、河床にできる瀬や淵、また土手に空いた穴や低水敷のワンドやイリなどが、動植物の生息や漁撈のあり方を左右する要素となる。一方、湖沼・池沼は河川と比べると面的な広がりをもつ水域であり、湖盆の地形や湖内の生態区分を参照していえば、湖棚《こだな》や湖底の地形、岸からの距離や水深などが動物の生息や植物の生育を規定し、それが漁撈のあり方を左右する要素となっているのである。

つぎに第二の水に関しては、水流や水位のほか、汽水域においては塩分濃度がかかわってくる。水流に関しては、河川では上流から下流に向かって水の流れがあり、河川が蛇行するところでは、水流の強弱が発生する。岸に対して水流が強く当たるところと、その対岸の水流が穏やかなところとがある。淀川の川漁師は、前者を「水の当たり」、後者を「水裏」と呼び、魚の居場所や動きを左右する要素としてとらえている。これに対して、巨椋池のような遊水池では河川とつながる流路を除くと、水の流れは通常はきわめて緩やかであるが、魚はその穏やかな水の流れを遡って動く習性があり、その魚の動きを利用してカラカサなどの大型定置漁具が設置されるのである。

また水位に関しては、河川では上流域で大雨が降ると、下流域で水位が上昇し、増水となる。また遊水池においても河川と同様、降雨による水位上昇が発生する。河川では増水時には、魚が下流から岸に沿って上ってくる習性があり、それらの魚を対象として臨時に大型の定置漁具が設けられる。川漁師にとって、水位の上昇は魚の動きを左右する重要な要素と認識されている。巨椋池では一九〇七（明治四〇）年に淀川改修工事により宇治川とのつながりが断たれて独立の池となり、恒常的な水位低下によって漁撈のあり方や舟の形態が変化していった。水位低下は巨椋池の漁師にとって、それまでの漁撈のあり方や舟の形態に変更を迫る大きな環境変化だったのである。[15]

また淡水と海水が入り交じる淀川汽水域では、つねに塩分濃度が変化し、漁具・漁法や漁撈のあり方を大きく左右する要素となっていた。汽水域でのシバヅケ漁やツツ漁は、塩分濃度の変化にあわせて居場所を変えるウナギの習性に対応した漁法であり、潮の干満、風向、可動堰の開閉など、塩分濃度を左右する要因の変化を読み取る漁撈知識が川漁師のなかに形成されていたのである。

つぎに水生植物に関しては、とくに藻の繁茂状況が漁撈のあり方に大きな影響を与えていた。大池では岸に近い場所にイタイタモ・クルマモ・イタチモ・クロモ・ワカモが茂り、水の流れがある前川にはカミソリモ、岸からチユウドオリにかけてはキヌモというように、それぞれの環境に適合した藻が茂っていた(16)。漁師の漁撈知識によれば、イタイタモやクルマモにはタビラ・タナゴ、イタチモにはタナゴが寄り付き、またキヌモにはたいていの魚が寄り付き、クロモにはヘラブナが住むというように、藻が茂る場所は、魚が寄り付く場所として、また産卵の場所として漁撈のうえで重要な場所となっていたのである。なお藻以外に、大池では岸の周辺部にヨシやマコモが群落をつくっていた。そうした場所はヨシワラ・マコモワラと呼ばれ、産卵期や増水時に魚が寄り付く場所と認識されていた(17)。

こうした藻をめぐる魚の習性については、淀川でもおなじような関係性がみられ、淀川の川漁師は産卵期になると魚が藻の茂る場所に寄り付く習性を利用し、網モンドリを仕掛けてコイやフナをとったり、藻のなかにカスミ網を仕掛けてヒガイ・ホンモロコ・カワギスをとっていた。

川と池に共通した漁撈

ここでは、巨椋池での漁撈を比較対象としながら、淀川での河川漁撈をみていくことにしたい。まず河川と池に共通した漁撈、および河川と池それぞれの環境にもとづく固有の漁撈について検討し、そのうえで河川漁撈の特徴について考えてみたい。

表7の3は、これまでみてきた淀川と巨椋池の漁撈のなかから、主要な漁撈を取り上げて比較したものである。ま

表7の3　淀川と巨椋池の漁撈比較

	漁　撈	淀　川	巨椋池
川と池共通の漁撈	モンドリ漁	漁期は産卵期を中心に3月から6月頃。	漁期は産卵期を中心に3月から6月頃。
	ツツ漁	タンポという。漁場は汽水域。漁期は春から秋で、夏期が最盛期。	ジンドウという。漁期は晩秋と春先が中心。
	刺し網漁	冬期、カスミ網でヨコアナのコイ・フナをとる。産卵期、藻に群がるホンモロコ・ヒガイなどをとる。	冬期、コアミでワタコ・モロコ・ジャコ・コイなどをとる。
	投網漁	おもに漁期は夏の夜間。	おもに漁期は春から夏の夜間。
川の漁撈	簀建て漁	淡水域で増水時に仕掛ける。	—
	シバヅケ漁	漁場は汽水域。塩分濃度の変化に合わせて高さを調整。	—
	曳き網漁	夏の夜、ワンドの入口付近でコイ・フナ・ハスなどを複数の漁師が共同で実施。	—
	カニカゴ漁	産卵期、川を降下するモクズガニを対象とする。	—
池の漁撈	デンチ漁	—	漁期は年間。対象は動きの鈍い魚や、泥に潜った魚。
	オカマダモ漁	—	冬期。人工的につくった窪みに魚を集めてとる。
	マエガキ漁	—	冬期。対象は泥に潜った魚。
	浸木漁	—	漁期は冬期。シバでつくった寄り巣に魚を集める。
	エリ漁	—	漁期は3月から6月の産卵期を中心に、10月頃まで。

ず川と池に共通してみられる漁撈としては、モンドリ漁・ツツ漁・刺し網漁・投網漁がある。ひとつ目の漁撈はモンドリ漁である。淀川では、竹・網・瓶《びん》を素材とするモンドリがあり、竹モンドリはウナギ・テナガエビ、網モンドリはおもに産卵期のコイ・フナ、瓶モンドリはモロコというように、対象とする魚に合わせて三種類のモンドリが使い分けられていた。巨椋池では、竹・網を素材とするモンドリが使われ、単独で仕掛けるものと、エリ漁や浸木漁の漁具の一部としてもちいられる場合があった。単独で使うモンドリは、淀川の場合と同様、ウナギには竹製のモンドリ、産卵期のコイやフナには網製のモンドリというように、それぞれ対象とする魚ごとに専用のモンドリが使われていた。なお網モンドリの改良型であるアンコは、一九一八〜一九（大正七〜八）年頃、淀川下流の漁村から巨椋池の漁師に伝わったとされ[18]、漁撈技術の伝播を物語るうえで興味深い漁具といえる。

二つ目の漁撈はツツ漁である。ツツ漁は、ウナギを対象とする漁具で、ウナギの住み処となるように節《ふし》を抜いた竹筒を沈めておき、そこに潜り込んだウナギをとる漁法である。淀川汽水域ではタンポと呼び、漁期は春から秋であるが、最盛期は夏である。巨椋池ではツツはジンドウと呼ばれ、淀川汽水域のタンポが約二尺二寸（約六六センチ）であるのに対して、巨椋池では五〜六尺と長く、しかも漁期はウナギが動き回る晩秋と春先が中心であった。淀川汽水域のタンポと巨椋池のジンドウは、ウナギの住み処となるものを設置して誘い込むという点で、共通した漁撈であった。しかし、漁期や漁具の大きさなどには相違する点があった。

三つ目は刺し網漁である。淀川淡水域では、冬期、カスミ網を使ってヨコアナと呼ばれる土手の穴に潜んでいるコイやフナを追い出してとる漁がおこなわれていた。ヨコアナは、確実に魚がとれる冬場の重要なポイントとなる場所であった。これとはべつに、産卵期、水中の藻に群がるヒガイ・ホンモロコ・カワギスを対象としたカスミ網漁もおこなわれていた。一方、巨椋池では、刺し網をコアミと総称し、対象とする魚や網目の大小によって、ワタコ網・モロコ網・ジャコ網・コイ網などがあった。巨椋池の刺し網漁は冬期を中心におこなわれ、漁撈のなかでも大きな位置をしめていた。なお産卵期の刺し網漁として、群れるワタコを対象としたワタコマキ漁があった。

四つ目は投網漁《とあみ》である。投網漁はおもには餌を食べるために動き回るコイやフナなどを対象とし、漁師自らが魚に近づいていき網を打つ漁法である。投網漁には魚の居場所・動きに関する知識と観察力が必要とされた。投網漁は淀川淡水域の川漁師にとって、主要な位置を占める漁撈であり、巨椋池においても、投網漁は江戸時代からおこなわれていた漁法である。なお大池の浸木漁（カブシタキ）においても、シタキに集まった魚をとる最初の段階で投網が使われていた。

池の漁撈

巨椋池にあり、淀川にない漁具・漁法として、デンチ漁・オカマダモ漁・マエガキ漁・浸木漁・エリ漁がある。デンチ漁は船の上から魚をねらって円錐形の網を被せてとる漁法で、季節や場所によってマブナ・ナマズ・コイ・ウナギなど、さまざまな魚を対象とし多様な使い方がされた。

オカマダモ漁は、冬期、池の底の土に人工的に窪み（オカマ）をつけておき、暖かさを求めてオカマに集まったマブナなどを掬いとる漁法であった。オカマダモ漁は、淀川の改修工事により大池が独立の池となり、水生植物に変化が現れはじめた一九一三、四（大正二、三）年頃からおこなわれるようになった漁法である。マエガキ漁は巨椋池の水位低下が始まって以降、一九一六、七（大正五、六）年頃から、それまでのカンスケ漁に換わって登場した漁法で、冬期に岸近くの水深の浅い泥のなかに潜り込み、動きの鈍くなったドンコ・小鮒・モロコ・タビラ・小鯰・エビなどを対象とし、鋤簾形の漁具で掻き取る漁法であった。こうしたデンチ漁・オカマダモ漁・マエガキ漁は、波が静かで水位が低く、しかも透明度のある池固有の漁撈であった。

浸木漁は、水中の柴に身を寄せて冬を越す魚の習性を利用した厳冬期の漁で、カブシタキとジャコシタキがあった。カブシタキは池の中央部に近いところに柴を立て、直径約三〇間（約五四メートル）の円形のシタキバをつくり、冬期、シタキバに寄りついたコイ・フナ・ワタコなどを網で囲ってとる漁法である。カブシタキに対して八畳敷くらいの方形の小規模なものがジャコシタキで、設置場所によって池の土手に接した場所でおこなう土手シタキと、池の中央でおこなうコマルがあった。おもにモロコ・ドンコ・小鮒・ハエ・アラエビなどを対象としていた。

エリ漁は三月から一〇月頃を漁期とする大規模な定置漁具漁で、ジャコを対象としたカラカサと、フナを対象としたアラメエリがあった。カラカサはヘリに設置され、アラメエリはチュウドオリに設置されていた。最盛期は魚の産卵期である三月から六月初旬頃までである。浸木漁とエリ漁は、ともに水の流れが穏やかな環境の下でおこなわれる池固有の漁撈であった。

川の漁撈

つぎに淀川にあり、巨椋池にない漁具・漁法をみていくことにしたい。淀川の漁撈としては、簀《す》建て漁・シバヅケ漁・曳き網漁・カニカゴ漁がある。簀建て漁は、降雨後の増水時に岸に沿って下流から上ってくるウナギを含むさまざまな魚を対象とした大規模な定置漁具による漁撈である。岸とヨシ島のあいだに簀を建て、袋状の網に魚を誘導する臨時の漁である。河川の増水時には、水位の上昇と、上流からの流量の増加という現象が同時に発生し、それに誘発されて下流から一斉に魚群の遡上が始まる。これに対して、遊水池での増水時の現象は、基本的には水位上昇であり、河川でみられるような一方向からの流量の増加という現象は発生しない。簀建て漁は、降雨による増水時の漁法であり、川固有の環境にもとづく漁法といえる。

二つ目はシバヅケ漁である。この漁法は淀川では可動堰から下流の汽水域でおこなわれるもので、水中に楢などの枝の束を吊り下げておき、塩分濃度によって居場所を変えるウナギが潜り込んでいるところをゆっくりと引き上げて、タモ網で掬いとる漁法である。漁期は五月から一一月までの七カ月間で、夏期が最盛期となる。シバヅケ漁は、海水と淡水が入り交じる汽水域特有の漁撈である。なお巨椋池の浸木漁は、魚が寄り集まる装置を仕掛ける点ではシバヅケ漁と類似したところもあるが、それは冬期限定の漁法であり、両者は漁獲対象・漁期・魚の習性など、いずれの点でも一致するものではなく、別種の漁撈に属するものといえる。

三つ目は曳き網漁である。曳き網漁は淀川淡水域のワンドの入口付近で夏の夜、餌を求めてワンドに集まってくるコイ・フナ・ハスなどさまざまな魚を対象とする漁である。個人漁ではなく、船二艘を使って親子など漁師二人でおこなわれた。曳き網漁は、障害物の少ない川底を長い距離曳き回す漁であり、巨椋池のように定置漁具が密度濃く設置されているところではおこなうことがむずかしい漁法であった。

四つ目はカニカゴ漁である。カニカゴ漁は、晩秋から初冬にかけて産卵のために川を下るモクズガニを対象としたもので、漁期は一〇月末から一一月末までである。河川にはアユ・サケ・マス・ウナギ・モクズガニなど、産卵や成長のために季節的に海と川のあいだを遡上・降下する魚類等があり、河川はそうした魚類等の通り道となっている。淀川のモクズガニ漁は、産卵のため季節移動するカニの通り道となっている川ならではの漁撈といえるものである。

以上、淀川と巨椋池の主要な漁撈を取り上げながら、内水面漁撈として共通した側面と相違する側面をみてきた。表7の3のなかで、淀川の河川漁撈は、「川と池共通の漁撈」と「川の漁撈」をあわせたものになる。「川と池共通の漁撈」は、いわば「内水面に共通した漁撈」といってもよいものであり、他方、「川の漁撈」は、淀川の河川漁撈に個有のものといえる。

「川の漁撈」について、もう少し具体的にみてみると、たとえば、簀建て漁は、降雨による増水時に魚が下流から群がって遡上するという魚の生態にもとづく漁撈である。シバヅケ漁は、汽水域での塩分濃度の変化によってウナギが枝に寄りつく習性を利用した漁撈である。曳き網漁は網を曳き回すことが可能な障害物の少ないところが前提となる漁撈である。カニカゴ漁は、産卵期に上流から一気に降下してくるモクズガニの生態にもとづく漁撈である。(19)

このように、「川の漁撈」は、①河床のあり方、②川の増水、③汽水域の塩分濃度の変化など、河床とそこを流れる水の状態といった河川の自然要素と、④魚類等の生態・習性といった要素とが、組み合わされたところに成立しているといえる。

まとめ

本章では、淀川水系で最大規模の遊水池であった巨椋池、とくに大池の漁撈との比較をとおして、淀川の河川漁撈の特徴を検討してきた。第一節では、長柄可動堰を境にして分かれる淀川の淡水域と汽水域の漁撈について、そこでの漁獲対象、漁具・漁法のあり方を詳述した。第二節では、河川漁撈との対比をおこなうため、巨椋池のなかの大池を取り上げ、ヘリ・チュウドオリ・マンナカという三つの水域での漁撈について、そこでの漁獲対象や漁具・漁法のあり方を詳述した。また宇治川から切り離され、独立の池へと変貌したことにより、巨椋池の水深が浅くなり、その結果、動植物、舟、漁撈のあり方が変容していったようすについても明らかにした。

第三節では、河川と遊水池という環境の違いにもとづく淀川と巨椋池の漁撈技術のあり方を比較検討し、内水面漁撈としての共通点と相違点を明らかにした。漁撈技術のあり方に影響を与える自然の要素として、①河床・湖盆の形態、②水、③水生植物の三つの要素を設定し、川と池共通の漁撈、池の漁撈、川の漁撈について検討した。その結果、淀川の河川漁撈を構成する漁具・漁法として、簀建て漁・シバヅケ漁・曳き網漁・カニカゴ漁を取り上げ、それらの漁撈を規定している要素として、河床のあり方、川の増水、汽水の塩分濃度の変化など、「河床とそこを流れる水の状態」と、漁獲対象である「魚類等の生態・習性」が絡んでいることを指摘した。

注

（1）福田栄治「旧巨椋池漁村の生活習俗―久世郡久御山町東一口の場合―」（『資料館紀要』第一〇号、京都府立総合資料館、一九八一年）や『久御山町史』などに記載がみられる。

（2）漁撈技術の検討にあたって、その概念を明確にしておく必要がある。ここでは、漁撈技術とは、漁師が環境のあり方やそこに生息する魚類等の生態の観察をとおして得た経験的知識にもとづき、対象とする魚を効率よく捕獲するために見い出した方法と規定しておきたい。

（3）長柄可動堰は、一九一四（大正三）年に設けられた長柄起伏堰を前身とする。長柄起伏堰は増水時の堰の開放操作が手動であり、堰の全開に五時間を要するものであったため、一九三五（昭和一〇）年、長柄橋の架け替えに際して、その付帯工事として橋脚を利用する形で長柄可動堰が造られた。現在は一九八三年に大阪府と兵庫県への上水道と工業用水道の供給を目的として造られた淀川大堰が、その役割を引き継いでいる。

（4）この漁業鑑札に記されている「たうあミ」は投網、「すまき」はエリ（カラカサ・ダマ）、「ちんとう」はジンドウ（ツツ）、「志た木」は浸木（カブシタキ・ジャコシタキ）、「祢らひ」はデンチに相当する（中務佐市「漁撈と販売」『久御山町史　第一巻』七五九頁を参照）。なおダマは、アラメエリをさす。

（5）福田栄治前掲論文（1）。

（6）前掲（1）の記載内容にもとづいている。なお福田の調査は一九七〇年代後半に実施されたもので、明治三〇年代中期生まれの複数の古老からの聞き取りがおこなわれている。

（7）中務佐市「巨椋池の漁業」久御山町史編さん委員会『久御山町史　第二巻』京都府久御山町、一九八九年、四九〇頁。

（8）前掲書（5）三〇頁。

（9）京都府立総合資料館編『京都府の民具　第Ⅲ集　漁業』京都府立総合資料館、一九七九年、七七頁。

(10) 前掲書(5)四一頁。
(11) 大池水産会は、一九二二(大正一一)年に大池水産組合から改称された組織である。巨椋池では近世に大池漁師仲間が存在していた。近代に入って、一八八〇(明治一三)年に大池漁業組合が設立された。それが一九〇二(明治三五)年に大池水産組合となり、その後、大池水産会に改称された(『久御山町史　第二巻』三九三頁)。
(12) 生態学者の沖野外輝夫によれば、河川や湖沼は水体とその容器の部分から構成される。河川の場合は、水体とは川を流れる水(「河川水」)である。容器とは水が流れている流路(「河床」)である。河床には水路以外の河原の部分、「河川敷」も含まれる(沖野外輝夫『新・生態学への招待　河川の生態学』共立出版、二〇〇二年、六頁)。湖や池の場合、水体の容器とは水が溜まった窪地である。これは「湖盆」と呼ばれている。湖盆の形態やその生態区分については、沖野『新・生態学への招待　湖沼の生態学』(共立出版、二〇〇二年)に詳しい。本書では、生態学の概念をふまえ、河川水・河床・湖盆という語をもちいる。
(13) 越後荒川の河川漁撈を調査した赤羽正春は、越後荒川と三面川のサケ漁の違いにふれ、「川の流量・流量面積・勾配などを含めた川の規模」が関わっていることを指摘している(赤羽正春『越後荒川をめぐる民俗誌―鮭・水神・丸木舟―』アペックス、一九九一年、五頁)。
(14) 沖野外輝夫は、河川と湖沼のちがいとして「水の動きからすれば連続的であり、水の動きの速いものが河川、遅いものが湖沼」としている(前掲書(12)沖野『新・生態学への招待　湖沼の生態学』一頁)。河川と池沼の相違点もこれに準じるものと考えて差し支えないであろう。
(15) 自然地理学者の植村善博によれば、大池では江戸時代、長期的なスパンでの水位上昇があった。一七一一(宝永八)年から一八八九(明治二二)年までの一七八年のあいだに八〇センチメートルから一メートルの水位上昇が認められ、その水位上昇の要因として淀川の河床上昇による排水不良が指摘されている(「巨椋池の水辺環境と水位の変化」『京都の治水と昭和大水害』文理閣、二〇一一年、一一二～一一四頁)。
(16) これらの藻の名称は、東一口の漁師のあいだでの方名であり、和名の同定はできていない。
(17) 前掲論文(5)、九～一〇頁。

(18) 前掲書(9)、七七頁。

(19) これらの漁撈のほか、淀川のカスミ網漁についても触れておきたい。淀川では冬期、ヨコアナでカスミ網漁がおこなわれた。これはコイやフナが冬期、土手の穴に身を潜める生態を利用した漁撈で、ヨコアナという河床の自然要素とコイ・フナの生態・習性とが結びついたところに成立する漁撈であり、川固有の漁撈といえる。淀川のカスミ網漁は、巨椋池にも別種のカスミ網漁があるため、分類上、「川と池共通の漁撈」のなかの「刺し網漁」に含めた。

第八章　漁場利用をめぐる慣習と漁場観

はじめに

第四章から第六章において、淀川の淡水域や汽水域での漁撈活動を詳述してきたが、そのなかで竹モンドリやシバヅケなどの小型定置漁具による漁撈や、簀建てといった大規模な定置漁具による漁撈において、川漁師が個人単位で漁場を占有する慣習がみられた。また個人占有による漁場とはべつに、他の川漁師にその所在を知られないように、こっそりと漁をする「秘密の漁場」ともいうべきものの存在も明らかとなった。「秘密の漁場」は、川漁師が一家の生活を維持するうえで欠くことのできない漁場であったが、これまでその事例の報告は少なく、研究テーマとして扱われることもなかった(1)。

民俗学は早くから「占有」という慣習に関心を示してきた(2)。占有は所有とは異なり、何らかの目的のために他者の利用や侵入を排除し、ある空間や財物を独占して利用し続ける状態を指す(3)。漁場の占有に関していえば、占有する主体によって、村や集団による「共同占有」と、漁師一人ひとりによる「個人占有」に分かれる。しかし、共同占有であれ、個人占有であれ、漁場の占有は、漁師のあいだで慣習として社会的に承認された行為であったといえる。一方、本章で詳しく検討しようとする「秘密の漁場」は、その所在を他人に対して秘密にすることによって成立するものであり、それは漁師間の社会的承認にもとづく占有漁場とは、別種のものといえる。つまり、村・集団・

個人による占有漁場が「オモテに現れた漁場」だとすれば、秘密の漁場は「ウラに隠れた漁場」ともいうべきものであり、「占有漁場」と「秘密の漁場」とでは、漁場を成り立たせている原理ともいうべきものが異なっていたのである。

本章では淀川での漁撈調査によって得られたデータにもとづき、川漁師による漁場の個人占有と「秘密の漁場」に焦点を当て、研究の蓄積が豊富な海の漁撈を参照しつつ、川漁師の漁場に対する考え方について検討を加えていくことにしたい。

第一節　漁場の占有と秘匿に関する研究史

これまで漁場の占有や秘匿に関する研究は、海の漁撈に関するものが多くを占め、河川での漁撈に関するものはわずかであった。ここでは河川漁撈における漁場の利用形態の検討をはじめるまえに、まず漁場の占有と秘匿に関する先行研究を振り返っておきたい。

漁場の個人占有に関しては、早川孝太郎が『羽後飛島図誌《うごとびしまずし》』（一九二五年）のなかで、タコアナ漁を取り上げたのが早い例といえる。これは冬季にミズダコが住処とする岩の窪み（タコアナ）の占有慣行に注目したものである。それぞれのタコアナには名称が付けられており、そのタコアナの占有権が代々引き継がれ、また婚出にともないタコアナの権利が親から娘へと譲られるなど、飛島におけるタコアナの占有慣行が早川孝太郎の報告によって広く知られるようになった。

その後、タコアナの占有慣行に関しては、柳田国男『北小浦民俗誌《きたこうらみんぞくし》』（一九四八年）、潮見《うしおみ》俊隆『漁村の構造―漁業権の法社会学的研究―』（一九五四年）、金子忠「粟島の蛸穴」（一九六〇年）、桜田勝徳「山に求めた海の地名のこと」

（一九六八年）、刀禰勇太郎《とねゆうたろう》「日本海三島嶼《とうしょ》（飛島・粟島・佐渡）に於ける蛸穴（蛸石）の慣行と紛争について」（一九九三年）などの研究がおこなわれ、佐渡島や粟島でもその存在が知られるようになり、また飛島の占有慣行の変遷についても明らかになった。

民俗学において、漁場をめぐる慣習が全国的な調査の対象となったのは、いわゆる「海村調査」においてであった。海村調査は一九三七年ごから全国約三〇の村を対象に始められた。海村調査では一〇〇項目からなる「海村生活調査項目」がもちいられたが、そのなかに「漁場」や「占有標識」といった項目が設けられており、漁場の占有慣行に関するデータが収集された。(4)

海村調査の成果は『海村調査報告（第一回）』（一九三八年）と『海村生活の研究』（一九四九年）にまとめられた。海村調査の中間報告書ともいうべき『海村調査報告（第一回）』には、倉田一郎の「佐渡に於ける占有の民俗資料」が収録されている。このなかで倉田は、調査を担当した佐渡の内海府村における事例にもとづき、家印や牛の耳印などの占有標識のほか、占有地域の境界、寄り物の占有、海中のアワビなどの棲息場所の占有など、漁村における占有の慣習を取り上げており、アマの村のアワビ漁に関しては、漁場の先占権を認め合う慣習が存在することに注目した。(5) これは漁場の第一発見者に占有権を認めようとする慣習が存在することを指摘したものであり、漁場占有の原理を考えるうえで重要な指摘であった。

海村調査の最終報告書にあたる『海村生活の研究』には、最上孝敬《もがみたかとし》の「漁場使用の制限」が収録されている。これは海村調査で集まったデータを整理し、各地の漁場利用の慣習を中心に報告したもので、乱獲防止と漁の公平性を保つための漁の口明けや、漁師間での過度な競争を避けるための漁場占有の慣習について調査の成果がまとめられている。

このなかで最上は、千葉県富崎村・静岡県南崎村・徳島県阿部村などアマの村において、オボエ・アナ・トダナなどの名前で呼ばれる漁場の占有に関する慣習を紹介し、その背景に漁場の第一発見者に占有を認め、他人はこれを侵さないという原理が存在することを指摘し、この原理を「原始的な占有の仕組」という言葉で表現した。[6]最上の報告は、倉田が注目した佐渡島の内海府村《うちかいふむら》での漁場占有の慣習が、広く各地のアマの村において存在することを示唆するものであった。

第二次世界大戦後の研究のなかで注目されるのは、瀬川清子と桜田勝徳である。瀬川清子は第二次世界大戦前、海村調査の一員として活躍し、第二次世界大戦後も各地の漁村の民俗調査をおこない、女性の労働・生活・婚姻などに関して数多くの著作を残している。瀬川の代表作のひとつ『海女』（一九七〇年）では、戦前・戦後の調査で得られたデータをもちいながら、千葉県・静岡県・三重県・福井県など各地のアマの村の暮らしを取り上げ、そのなかでアワビ漁における漁場の個人占有の事例を明らかにした。[7]

桜田勝徳は漁業と漁村に関する民俗学分野での草分け的存在である。桜田は第二次世界大戦後に著した「山に求めた海の地名のこと」のなかで、飛島・粟島・佐渡島でのタコアナ漁を取り上げ、粟島で個人占有のタコアナが存在せず、村人が自由に利用できるタコアナと、個々の漁師による秘密のタコアナとに二分されていることに注目し、その背景として周辺の磯に豊富にタコアナが存在することを指摘した。[8]

以上は、アワビやミズダコを対象とした個人単位での海の漁撈に関するものであった。こうした海での漁撈に対して、河川における秘密の漁場については、荒川水系での河川漁撈を調査してきた小林茂らが興味深い内容を報告している。小林らによれば、荒川では、川漁師は川のなかに魚のよくとれる「ツボ」をいくつも確保しており、水揚げの少ない冬季には、そうしたツボをまわって魚をとり、生計を立てていたという。そうしたツボのなかには、「米櫃」と呼ばれる「とっておきのツボ」があり、特別の支出が必要になったとき、一家の危機を乗り越えるため、「米櫃」に出掛けて漁をおこなっていたという。[9]

小林らの報告により、川のなかに「ツボ」と呼ばれる「秘密の漁場」があり、そのなかでも「とっておきのツボ」が「米櫃」と呼ばれ、川漁師の生計を支えるうえで、大切な漁場とされていたことが明らかとなった。これにより、海にも川にも秘匿によって成り立つ漁場の存在が浮かび上がってきたのである。(10)

第二節　川漁師による漁場の占有と秘匿

漁場の利用形態と占有・秘匿

ここでは淀川での河川漁撈における漁場の利用形態について検討していきたい。これまでの調査によって明らかになった淀川における漁場利用は、個人占有によるものと、秘匿によるものとに大別することができる。

まず個人占有による漁場利用は、占有方法によって二つに分かれる。ひとつは漁場に杭を立て、その個人占有を主張しようとするものである。こうした方法による個人占有をAとする。もうひとつは、漁場に対して日常的な維持管理をおこない、かつ他の川漁師を近寄らせないようにすることで、そこが自分のナワバリであることを主張しようとするものである。こうした方法による個人占有をBとする。

これらA・Bの個人占有に対して、もうひとつは漁場の所在を他の川漁師に秘密にすることによって、そこでの独占的な漁場利用を確保しようとするものである。こうした秘密の漁場は、AやBのように川漁師のあいだでの社会的承認によって担保されるというものではなく、その所在の秘匿によって成立しているものである。ここではこれをCとする。

つぎにA・Bの漁場の個人占有およびCの漁場の秘匿に関して、その具体的な漁場利用のあり方を、第四章と第五章で詳述したMさん・Aさんの事例にもとづきながら、あらためてみていくことにしたい。

まずAの個人占有についてである。これはモンドリ漁やシバヅケ漁など、おもに小型の定置漁具をもちいる漁撈においてみられるものである。たとえば、川漁師のMさんによれば、淀川中流での竹モンドリによるウナギ漁では、ウナギの居そうな場所を見つけると、他の川漁師よりもいち早く駆けつけて、まず漁具を仕掛けるという。とりわけ、新しく護岸工事がおこなわれたような場所は、ウナギにとって格好の住み処となる。Mさんはそうした場所を見つけると、まずその場所に行って杭を打ち、ロープを流し、エサは入れずにモンドリだけを仕掛けていた。淀川の川漁師のあいだでは、そのようにすることが漁場を占有した標になると考えられていたのである。

可動堰の下流においても、漁場をめぐって同様の慣習がみられた。川漁師のAさんによれば、可動堰より下流の汽水域では、シバや竹モンドリによってウナギ漁がおこなわれていたが、そこでもシバや竹モンドリを仕掛けるために打ち込まれた杭が、漁場の占有標識として機能していたという。一九六〇年頃、Aさんは漁師仲間の誘いにより、可動堰下流の大阪市淀川区十三の地先に漁場を移転することになった。しかし、十三の地先は以前からそこで漁をする川漁師の漁場であり、シバや竹モンドリを仕掛けるために他の川漁師によって打ち込まれた杭が点在しており、それらが個々の川漁師のナワバリのようになっていたのである。後から移転してきたAさんは、他の川漁師が杭を立てている場所を避け、それ以外のところで自分の漁場を開拓しなければならなかった。

このように、淀川の川漁師のあいだでは、竹モンドリやシバなど小型の定置漁具を仕掛けるために立てられた杭が漁場の占有標識の役割を果たし、それぞれの場所が相互不可侵のナワバリのようになっていたのである。

つぎにBの占有形態についてである。これはMさんが、淀川が増水した時におこなっていた大規模な定置漁具を仕掛ける漁場においてみられたものである。この漁は増水時におこなわれるもので、川岸とヨシ島とのあいだに簀を建て、下流から上ってくるウナギなどの魚群を袋網に誘導して捕獲するというものである。その漁場では川の増水時に、いつでも簀が設置できるように普段からヨシを刈り込み、簀を建てるための杭が打ち込まれていた。上流で雨が降り、増水が見込まれるときに、タイミングを見計らって簀《す》を建て、大型の袋網を仕掛けるのである。Mさんは、こうした増水時に魚がたくさんとれる場所を「ウチのゲブッ」(11)だといい、一年を通じて漁場の維持管理をおこなうとともに、自分の漁場に他の川漁師を近寄らせないようにしていたのである。

以上みてきたように、AとBの漁場は川漁師のあいだで社会的に承認された個人占有の漁場として位置づけられていた。それに対して、Cはその所在を秘密にすることで、自分だけの漁場として独占的に利用するもので、Mさんの漁撈活動において登場する。具体的にはセシタやヨコアナといった場所がそれに該当する。

セシタとヨコアナは、いずれも川底や土手が窪んだ地形になっているところをさす。これらは魚が住み処として集まる場所であり、漁のポイントとなる場所であるが、水面からの観察だけではその所在を見つけることは容易ではなく、漁撈経験を積み重ねるなかで、見つけ出すことができるものであった。Mさんは淀川の川底の地形や土手の土質を熟知し、どこにセシタやヨコアナがあるかを掌握し、そこに集まる魚の生態・習性をふまえて、漁をおこなっていたのである。

セシタとは川底が「瀬」になっている少し下流のところをいう。これは一般には「淵」と呼ばれているところにあたる。セシタは段がついたように川底が急激に落ち込んでおり、冬場になると、そこにコイなどが集まり、絶好の漁のポイントとなる。Mさんによれば、セシタおよびその周辺は投網漁のポイントとなる場所で、普段はセシタから二間ほど下流あたりで投網を打つ。また冬場はセシタの底の部分にコイが集まる習性があり、集まったコイを目がけて投網を打つという。そのほかセシタでは、ビンモンドリを使ってモロコをとることもあった。またセシタはモクズガニが集まる場所でもあり、モクズガニ漁にとっても絶好のポイントであった。

ヨコアナは、川岸の土手をえぐったようにあいた穴のことで、冬場における河川漁撈のポイントとなる場所であった。Mさんによれば、冬場になるとヨコアナにはコイやフナが集まる習性があり、岸にそってカスミ網を張り渡し、ヨコアナに潜む魚を追い立てて捕った。ヨコアナは漁の少ない冬場の重要なポイントであったため、その所在を他の川漁師に知られないよう、細心の注意を払っていたといい、親子のあいだでさえも秘密にされていた。ヨコアナでのカスミ網漁で人手が必要なときは、まず事前にカスミ網を張り渡して準備をしておく。そのあと、まったく漁を知らない素人に追い込み作業だけを手伝ってもらったという。

このように、セシタやヨコアナといった漁場では、その所在を秘密にすることによって、独占的な漁場利用がおこなわれていたのである。

三つの漁場利用形態とその原理

ここでは、漁法別に漁場の個人占有や秘密の漁場を成り立たせている原理ともいうべきものについて検討したい。まずAとBの漁場利用に関して、その占有を支えている原理とは、どのようなものであろうか。Aの利用形態について見てみよう。Aは具体的にはモンドリ漁やシバヅケ漁にあたっての漁場の占有である。広い河川のなかでは「点」として存在しているものである。モンドリ漁やシバヅケ漁の場合、漁具を仕掛けるために杭を打ち込んでいくが、その杭が水面から頭を出す形となり、それが漁場の占有標識の役割を果たしていたのである。

Aの場合には、他の川漁師の誰よりもさきにその漁場にいき、杭を立て、漁具を仕掛けることが重要なこととされていた。そして、いったんそこに杭が立てられると、他の川漁師はその場所での漁をひかえ、その川漁師の漁場利用の権利を侵さないということが暗黙の約束事となっていたのである。こうした慣習の背景にあるのは、最初にその漁場を発見し、占拠した者に対して、その漁場の占有を認めるという考え方である。そこには第一発見者に「先占権」を認め、他の人はその人の利用を侵害しないという不文律が働いていたといえる。こうした不文律は、海の漁撈においても認められる。倉田一郎はアワビ漁において、漁場の先占権を認める慣習がみられることを報告して

表8の1　漁法別の漁場利用形態とその原理

	漁　法	漁場利用	原　理
A	モンドリ漁・シバヅケ漁	個人占有	漁場に対する先占権の相互認定
B	簀建て漁	個人占有	漁場への労力投下と侵入の牽制・排除
C	カスミ網漁・投網漁など	秘匿	漁場の所在を秘匿

おり[12]、最上孝敬はこの慣習を「原始的な占有の仕組[13]」と呼んだ。

つぎにBの漁場利用について見てみよう。これは簀建て漁における漁場の占有である。河川のなかで比較的広い面積を使って展開されるもので、Aが「点」として存在するのに対して、Bは「面」として展開されるものである。Bの利用形態は、漁場の維持管理のためにヨシを刈り込むなど日常的なかかわりを持ち続けるとともに、その領域に近づこうとする他の川漁師を見かけたときには、その侵入を牽制することによって、その漁場の占有を維持しようとするものである。このように、BはAとともに個人占有のひとつの形態ではあるが、その占有を成り立たせる方法に違いがあった。すなわち、Bの場合は漁場の維持管理のために日常的に労力を投下するとともに、他の川漁師の侵入を積極的に牽制・排除することで占有が成立していたのである。

一方、セシタやヨコアナといったCの利用形態では、漁場の所在が他の川漁師に対して秘密にされていた。これは本人だけが密かに漁獲を得ることができる利用形態である。A・Bの個人占有が他の川漁師とのあいだでの社会的な承認にもとづき、一定の約束事となっていたのに対して、Cの利用形態では他の川漁師に対してその所在が秘密にされており、その結果として、その川漁師だけが独占的に利用できたのである。そのため、その漁場の確保を維持していくためには、漁に出かけるとき、他の川漁師に見つからないよう、つねに注意を払わなければならなかったのである（表8の1）。

ところで、セシタやヨコアナは、秘密の場所とされていたため、現実には他の川漁師によって盗まれたり、逆に盗んだりということがあった。他の川漁師から盗んだセシタやヨコアナに漁に出かけ、相手の川漁師とかち合う場合もあり、そうしたときには、相手との話し合いにより、次回からその場所を二人の共同の漁場にする約束を交わしたという。

このように、Cの漁場利用形態は、川漁師一人ひとりがその所在を秘密にすることによって、独占的な利用をおこなうものであるが、いったん秘密の場所が盗まれてしまうと、つぎからは二人のあいだでの「秘密の漁場」へと移行することになるのである。

以上、検討してきたように、淀川の河川漁撈では、個人占有による漁場と秘密の漁場の二種類があり、それぞれの漁場利用には異なる原理が働いていた。またおなじ個人占有であっても、AとBではそれを成り立たせている原理に違いがあることが明らかとなった。つぎに河川における漁場の占有と秘匿をめぐる慣習をより広い舞台のうえで考察するために、海における漁場の利用形態と突き合わせながら、比較検討していきたい。

第三節　海の漁撈にみる漁場の占有と秘匿

潜水漁撈と漁場の先占権

アワビやタコなど海中の魚介類を対象とする漁撈のなかに、河川の漁場利用と類似したものがみられる。ここでは、海の漁撈における漁場の占有と秘匿の慣習について検討することにしたい。

各地の漁村を訪ね歩き、女性の視点から日本列島の人びとの生活や労働のあり方をとらえようとした瀬川清子の調査報告のなかに、アマの村での漁場の占有をめぐる慣習が取り上げられている。ここでは、アマの裸潜水漁撈における漁場の占有の慣習についてみていくことにしたい。

瀬川の報告によれば、伊豆の南崎には、「デンシロ婆さんのバ」と呼ばれる人名をつけたバ（漁場）がある。この漁場はアワビがよくとれるところで、デンシロ婆さんが見つけた漁場という意味である。そうした人名がついた漁場には、それぞれ占有者があり、他のアマはそこでアワビをとることが禁じられていた。他人が占有する漁場では、相互に遠慮してとらないという約束になっていた。これは漁場の第一発見者に対して、その漁場の占有権を認めようとする考え方にもとづくものであった。

こうした漁場の占有慣行は、伊豆の南崎に限らず各地のアマの村でもみられた。たとえば、房州ではそうした漁場をオベとか、たんにバと呼んでいた。またおなじ房州でも長尾村では、これをトッチョまたはトッソと呼び、自分が発見した良好なアワビの漁場には他人を入り込ませなかったという。そしてアマを引退するときには自分の娘にその漁場を譲ることが習わしとなっていた。

このような漁場をめぐる慣習は、志摩地方のアマにもみられた。志摩では村全体の漁場をイソバといい、個人が占有する漁場をジョンバと呼んで区別していた。他人のジョンバでの漁は禁じられており、自分のジョンバで他人がアワビなどをとっているのを見つけた場合は、即刻、立ち退きを求めた。またジョンバは漁師を引退するときには、親しい者に譲り渡されることが習わしとなっていた[14]。

以上は、瀬川清子の報告によるものであるが、同様の慣習は佐渡島でも報告されている。佐渡島の海村を調査した倉田一郎によれば、内海府村虫崎では、アワビの漁場をめぐり互いに先占権を認める慣習があり、その権利は父親から子どもに譲られることになっていたという[15]。

このように、潜水漁撈をおこなうアマの社会においては、漁場の第一発見者に対してその漁場の先占権を認める慣習があり、それが漁師のあいだで不文律として機能していたのである。

タコアナ漁における漁場の占有と秘匿

アマの潜水漁撈だけではなく、磯でのタコアナ漁においても漁場をめぐって興味深い慣習が見られた。ここでは飛島と粟島での事例を取り上げて検討していく。

大正時代末に山形県の飛島を調査した早川孝太郎は、その旅行記『羽後飛島図誌』のなかで、タコアナ漁について報告している。タコアナは冬期、深海にいたミズダコが、陸に近い海底の岩の窪みに移動して一時的に住み着くもので、漁師はタコアナに潜むミズダコをヤスなどで突いて捕獲する。早川の報告によれば、飛島周辺の磯には無数といってよいほどのタコアナがあり、とくに優良なタコアナにはそれぞれ所有権があり、それを決まった家が代々受け継いでいた。また娘が村内の家に嫁ぐときには、持参金のようにしてタコアナの所有権を持たせる慣習があった。優良なタコアナだと、三つか四つでもあれば生活は困らないほどであり、飛島の漁師にとって、タコアナは大切な財産となっていた。こうしたタコアナは、村内のすべての漁師の家が持っていたわけではない。百個ほどのタコアナを持っている家もあれば、まったくタコアナを持っていない家もあったという[16]。

第二次世界大戦後の飛島のタコアナ漁については、桜田勝徳が調査をおこなっている。桜田の報告によれば、一九四六年当時の飛島の漁家は一七四戸で、そのうちタコアナを所有している漁家は四二戸であった。早川孝太郎が調査した大正時代末ころと比較して大きな違いは、漁具が進歩したことであった。それまでは肉眼での観察によって漁がおこなわれていたが、桜田の調査時には水中をのぞくガラス箱が考案されていた。ガラス箱の出現によって、それまで肉眼では見つけることができなかったタコアナが数多く発見されるようになった。新たに発見されたタコアナは、それを見つけた漁師に所有権が認められていた。またタコアナの権利を他の漁師に移譲しようとする場合は、村の寄合で承認を受けなければならないなど、タコアナをめぐる戦後の新たな動向が明らかになった[17]。

一方、新潟県村上市の北西の沖合に浮かぶ粟島のタコアナ漁については、金子忠の報告がある。金子の報告によると、粟島のタコアナは三種類に分かれる。すなわち、村穴・仲間穴・ゼェンバコの三つである。たとえば粟島の内浦では、村穴は村人であれば誰でもタコを捕ることができた。ただし、村穴はミズダコがあまり捕れない、漁場としては価値が低いタコアナであった。仲間穴は村のなかで一部の家だけが存在を知っているタコアナで、その仲間だけが独占的に利用する漁場であった。粟島の内浦では仲間穴は五軒の家だけに受け継がれていた。もうひとつはゼェンバコ（銭箱）である。ゼェンバコはひとりの漁師が、他の漁師にその所在を秘密にしているタコアナである。つまり、個人単位で秘密のうちに利用している漁場である。ゼェンバコに出漁するときは、他の漁師にその所在を知られないよう、細心の注意が払われていた。なお仲間穴のなかで、ミズダコがよく捕れるタコアナをゼェンバコと呼ぶこともあったようである。(18)

こうした粟島におけるタコアナの利用形態は、大きく二つに分けることができる。すなわち、ひとつは自由に利用できる村穴であり、もうひとつは所在を知る関係者だけが利用する仲間穴・ゼェンバコである。この粟島の事例と飛島の事例とを比較すると、両者にはタコアナの占有に関して大きな相違点が認められる。すなわち、飛島では粟島の村穴のようなタコアナは無く、すべて個人が占有するタコアナであり、それが漁師仲間のあいだで相互に認められていた。それに対して、粟島のタコアナには、飛島のような個人が占有するタコアナは見られず、誰でも自由に漁ができる村穴以外は、すべて秘匿の仲間穴とゼェンバコであったのである。

この点に関連して桜田勝徳は、「山に求めた海の地名のこと」のなかの「タコ穴とその名」において、漁場利用のあり方が異なる飛島と粟島におけるタコアナの占有をめぐる慣習について考察している。このなかで桜田は「粟島のタコ穴は飛島のそれと比べると非常に豊富であって」、「新しくいくらでもタコ穴を発見することのできる状態」であった。そのため、粟島では「他人に対して自己の占有権を公然と主張し得る」ような個人占有が発達しなかったと分析している。(19)桜田は、自然環境のあり方（タコアナの豊富さ）が、タコアナ漁における漁場利用の違いを生み出したと見ていたのである。

第四節　漁場利用の類型と漁場の秘匿

漁場利用の三つの類型

ここでは、これまで見てきた淀川での河川漁撈と、アワビやミズダコを採取する海での漁撈に絞りながら、漁場利用のあり方を比較検討していくことにしたい。まずここまで見てきた事例にそって言えば、漁場利用の形態は、①自由採取、②占有、③秘匿の三つに分類することができる（表8の2）。つぎにそれぞれの漁場利用について見ていくことにする。

まず①の自由採取は、村人であれば誰でも自由に漁撈をすることができるものであり、逆に個人による占有は認められていない。これは粟島のタコアナ漁における村穴が該当する。粟島では、あまり漁獲が見込まれず、漁場としての価値が低いタコアナが村穴とされ、村人であれば誰でもそこで漁をすることが許されていた。こうしたタイプの漁場利用がおこなわれていたのは、採取を中心にした漁撈のなかでは、かなり少数に属する事例かもしれない。

②の占有は、具体的には漁場の個人占有である。たとえば、淀川での河川漁撈ではモンドリ漁やシバヅケ漁での漁場がこれにあたる。これらの漁撈においては、漁具を仕掛けるために立てた杭が、占有標識となっていたのである。したがって、その漁場を占有しようとする場合には、まず漁具を仕掛けるための杭を立てることが何よりも大切なこととされていた。また他の川漁師の誰かが杭を立て、漁具を仕掛けている場所は、その川漁師の占有漁場であるため、他の川漁師はそこでの漁をおこなわないことが暗黙の了解事項となっていた。

海の漁撈においては、占有標識をもちいない漁場の占有という事例も見られた。たとえば、アマの村のアワビ漁

表8の2　漁場利用の類型と事例

	利用形態	事例					
		淀川	伊豆南崎	房州長尾	志摩	飛島	粟島
①	自由採取						村穴
②	占有	モンドリ シバヅケ 簀建て	アナ オボエ	トッチョ トッソ	ジョンバ	タコアナ	
③	秘匿	セシタ ヨコアナ					仲間穴 ゼェンバコ

では、その漁場の第一発見者に対して優先的に占有を認めようとする慣習があった。アワビ漁では、占有標示となるものはもちいられないものの、漁場に対して個別に第一発見者の名前が付けられており、それが漁師のあいだで共通の認識となっており、その漁場に最初にかかわったり、最初に発見した漁師に優先的な漁場占有が認められていた。こうした個人占有を認める慣習の背景には、互いに「先占権」を認め合うという共通した考え方があったといえる。なお飛島のタコアナも、このタイプに分類される。

またおなじ個人占有であっても、まったく異なる占有方法をとるものがあった。それは河川にあって比較的規模の大きな定置漁具を仕掛ける簀建て漁の場合に見られた。淀川での簀建て漁では、普段からヨシ原を刈り込むなどして日常的にかかわるとともに、他の川漁師をその場所に近寄らせないようにすることで、漁場の個人占有を積極的に守ろうとする強い意志が働いていた。

つぎの③の秘匿は、漁場の所在を他の漁師に秘密にして利用するものである。こうした「秘密の漁場」は、淀川の漁撈では、セシタやヨコアナがこれに該当する。また海の漁撈では、粟島の仲間穴やゼェンバコが、このタイプに分類される。

このように、漁師の漁場へのかかわり方を指標にして、漁場利用のあり方を比較して見てみると、それぞれの類型に独自の漁場利用の原理が存在することが浮かび上がってくる。こうした三つの類型のなかで、③の秘匿については、河川漁撈でも海の漁撈でも、その存在について、従来から事例として紹介されることはあったが、これを漁場論として本格的に議論されることがなかったといえる。そこでつぎに、河川漁撈を中心にして、③の「秘密の漁場」の位置づけについて検討を加えていきたい。

秘密の漁場

ここまでの検討によって明らかになったように、「秘密の漁場」とは、その所在を秘匿にすることで川漁師個人が独占的に利用するものであり、川漁師のあいだでの社会的承認のもとにおこなわれる個人占有とはまったく異なる原理にもとづく漁場利用であったといえる。

こうした「秘密の漁場」については、淀川だけではなく、他の河川においても存在することが報告されている。たとえば荒川下流域での事例として小林茂らの報告が注目される。それによると、荒川下流域の川漁師は河川のなかに魚のよくとれる「ツボ」をいくつも持っており、漁の少ない冬季、そうしたツボをまわって漁をおこなっていた。ツボはその川漁師だけが知っている「秘密の漁場」であり、そのツボのなかには、家計が困った時にだけ出漁する「とって置きのツボ」があり、川漁師からは「米櫃《こめびつ》」と呼ばれていた。

小林らによれば、「生産性の低い内水面漁業では、家計の困窮は言うまでもなく、特別の支出が生じた折には『米櫃を開けてくる』といって出漁した」。米櫃は「何時、如何なるときでも、そこへ行きさえすれば、相当な漁獲がみられ、一家の危急を一時凌ぐことができたという」[(20)]。生産性が低く、生業として不安定さを抱える河川漁撈では、こうした「ツボ」や「米櫃」などの「秘密の漁場」を持つことによって、生計の維持がはかられていたのである。つまり、「秘密の漁場」は、河川漁撈が内包する生業の不安定さを補完する役割を担うものであったといえる。

以上をふまえて、漁場総体のなかで「秘密の漁場」を位置づけてみると、川漁師は河川のなかに占有漁場と「秘密の漁場」という二種類の漁場を持ち、必要に応じて二つの漁場を使い分けながら河川漁撈をおこなっていたといえる。二つの漁場のうち、個人占有の漁場は、漁業権区域のなかでナワバリとして展開されるものであり、いわば「オモテに現れた漁場」である。そこにはお互いの占有権を尊重し、認め合うというルールが形成されており、「オオヤケ」の世界に属する漁場であった。もうひとつの「秘密の漁場」は、「オオヤケ」の世界のなかにあって、「ウラに隠れた漁場」ともいうべきものであり、「ワタクシ」的な利用形態の漁場であったといえる。(21)

まとめ

本章では、淀川での漁撈調査によって得られたデータや、研究の蓄積が豊富な海の漁撈に関する事例などを参照しながら、河川漁撈における漁場利用のあり方について検討してきた。そのなかで、漁場の占有をめぐる慣習について明らかにするとともに、従来あまり注目されなかった「秘密の漁場」についても漁場利用のひとつの形態と位置づけて考察をおこなってきた。

まず従来の漁場占有に関する研究史を振り返り、日本海側のタコアナ漁や各地のアワビの潜水漁において第一発見者に先占権を認める慣習があることや、荒川の川漁師のなかに「秘密の漁場」をもつ事例があることを概観した。そのうえで淀川の河川漁撈での漁場占有の事例と海の漁撈での漁場占有の事例を分析し、漁場の利用形態として個人占有と「秘密の漁場」の二類型について詳述した。また個人占有にも二種類の形態があり、それぞれ異なる原理が働いていることを明らかにした。

つぎに「秘密の漁場」については、そこが確実に魚がとれる漁場であり、漁の少ない冬季や非常時のために普段は漁をしない漁場として位置づけられていたことを明らかにした。日常の漁場とはべつに、こうした特別に確保した漁場は、一家の生計維持のために欠くことのできないものであり、河川漁撈を生業とする川漁師にとっては、生業の不安定さを補完する役割を果たすものであった。

以上の点を整理すると、淀川や荒川の川漁師は、日常の漁撈で対象とする漁場と、非常時に対象とする漁場とを合わせ持ち、それらを組み合わせながら漁をすることで年間の生計維持をはかっていた。そのなかで「秘密の漁場」を活用した漁場利用は、河川漁撈の不安定さを補うための「二段構えの漁場利用」とも呼べるものであり、そこには川の恵みを頼りに河川漁撈によって生きてきた川漁師たちの「漁場観」ともいうべきものが映し出されていたといえる。

注

（1）たとえば、秋道智彌は『なわばりの文化史―海・山・川の資源と民俗社会―』（一九九九年）のなかで、各地の漁場利用の慣習を豊富な事例とともに紹介し、ナワバリの文化について論じている。しかし、ここでいう「秘密の漁場」に関しては、踏み込んだ考察はおこなわれていない。

（2）民俗学において占有への関心は第二次世界大戦前からあった。代表的な研究成果として、倉田一郎の遺稿「占有標の発達」（『経済と民間伝承』東海書房、一九五一年）をあげることができる。そのなかで倉田一郎は、占有を「地域占有」と「財物占有」に区分したうえで、さまざまな占有標識と占有慣行の事例を取り上げ、占有標識のあり方とその背後にある占有の思想や原理を追究している。

（3）菅豊は占有を、共有地や個人所有地であっても「その空間上の土地利用や産物利用が所有者以外にも社会的に容認され利用されている場合に、所有関係を超越して物を事実上支配・利用する状態」（「占有標」『日本民俗大辞典　上巻』吉川弘文館、一九九九年、九六五頁）と規定している。

（4）柳田国男編『海村生活の研究』日本民俗学会、一九四九年、四四〇頁。

（5）倉田一郎「佐渡に於ける占有の民俗資料」柳田国男編『海村調査報告（第一回）』民間伝承の会、一九三八年、五八頁。のち『山村海村民俗の研究』名著出版、一九八四年所収。

(6) 最上孝敬「漁場使用の制限」前掲書(4)、二〇頁。
(7) 瀬川清子『海女』未來社、一九七〇年、二八一頁。
(8) 桜田勝徳「山に求めた海の地名のこと」『漁撈の伝統』岩崎美術社、一九六八年、四五頁。
(9) 小林茂・山下英世「Ⅱ伝統漁法(補)」『戸田市文化財調査報告XII 戸田市の伝統漁法(補) 付・戸田の漁撈関係語彙集』戸田市教育委員会、一九七六年、一一頁・一八～一九頁。
(10) 荒川の川漁師の「ツボ」や「米櫃」については、小林茂『内水面漁撈の民具学』(言叢社、二〇〇七年)のなかでも触れられている。
(11) ゲブツとは、牧村史陽編『大阪ことば事典』(一九八四年)に「げびつの訛。また、げべつ。」(二三二頁)とある。ゲビツは「米櫃」(二三二頁)とある。
(12) 前掲書(5)五八頁。
(13) 前掲書(6)二〇頁。
(14) 前掲書(7)一六二頁、二八一頁。
(15) 前掲書(5)五八頁。
(16) 早川孝太郎『羽後飛島図誌』郷土研究社、一九二五年。のち『早川孝太郎全集 第九巻 島の民俗』未來社、一九七六年所収、四一八～四一九頁。
(17) 前掲書(8)三九頁。
(18) 金子忠「粟島の蛸穴」『民間伝承』第二四巻第七号、六人社、一九六〇年、三四～三七頁。
(19) 前掲書(8)四四～四五頁。
(20) 前掲書(9)一一頁。
(21) ここで「オオヤケ」と「ワタクシ」という言葉を持ち出して「秘密の漁場」の位置づけを試みようとしたのは、コモンズ論での「公」・「共」・「私」の概念では、掬い上げられないものがあるからである。ワタクシについて、倉田一郎が「家の経済」という場での説明として「家長以外の族員が家長の管理の埒外《らちがい》に保有し家には属せざる私財とも謂うべきもの」（前掲（2）『経済と民間伝承』三七頁）と規定している。つまり、「ワタクシ」は「オオヤケ」の世界のなかの埒外の私財を指している。秘密の漁場は、漁業権区域（オオヤケ）内にあって「私財」的に利用されている漁場であり、「ワタクシ」的な存在と見ることができる。

第九章　川漁師からみた淀川と自然観

はじめに

生業活動は社会経済的な活動としてとらえることができるが、別の切り口からすると、自然に対する人間の側からの働きかけとしてとらえることもできる。従来の民俗学における生業研究は、「技術」の側面に重きを置く傾向があった。しかし、生業活動における自然と人間のかかわりは、技術の側面だけでとらえきれるものではない。たとえば、人間からの自然への働きかけの結果、人間の側に形成される「自然に対する観念」、あるいは人間による「自然への意味づけ」といったものも研究対象となる。これは生業活動をとおして形成された「自然観[1]」の問題といってよい。

民俗学の立場から自然と人間の関係を見ていくうえで、哲学者・内山節の自然のとらえ方は、たいへん興味深いものがある。内山節は「人間によって認識された自然の世界には二つの面がある」と指摘する。ひとつの面は「人間の外に存在している客観的な体系としての自然」であり、もうひとつの面は「人間の主体とのかかわりのなかでみえてくる自然[2]」である。この二つの自然は、前者が自然科学が分析の対象とする自然であるとすれば、後者はおもに人文科学や社会科学が考察の対象とする自然であるといえよう。さきに述べた「自然に対する観念」、人間による「自然への意味づけ」、「自然観」といったものは、内山が示した後者の自然に属するものである。

本章では、環境民俗学の視点から淀川の川漁師の目を通して見えてくる自然について考察していくことにしたい。その場合、まず漁撈活動の主体としての川漁師にとっての自然とは具体的には何を指しているのか、という点を明確にしておかなければならないであろう。ここでは、川漁師にとっての自然とは、ひとつには漁撈活動の場である河川であり、もうひとつは漁撈活動の対象である魚介類と規定しておきたい。そのうえで、具体的な漁撈活動をとおして、そこにあらわれた川漁師の河川や魚介類に関する自然観について考察していきたい。なお、こうしたテーマについては、従来の河川漁撈研究においては、ほとんど手がつけられていなかったといえる。

以下、このテーマを検討するにあたって、第四章・第五章で詳述してきた淀川淡水域・汽水域での河川漁撈の事例を紐解きながら、川漁師が河川や魚介類のどのような点に対して関心をいだいて漁撈活動を展開していたのか、川漁師の側に立ちながら考察していくことにしたい。そのための第一歩として、まずは次節の冒頭において河川漁撈がどのような感覚のもとでおこなわれていたのか、川漁師の漁撈に対する考え方、ことばを換えていえば「漁撈観」とでもいうべきものについて明らかにしておきたい。

第一節　魚の居場所と動き

川漁師の漁撈観

まず河川漁撈のイメージをつかむことからはじめたい。ここでは第四章で詳述した川漁師Mさんの事例を手がかりにして見てみよう。Mさんは淀川でのアミウチ（投網漁）を中心にしながら淀川淡水域での河川漁撈の経験が豊富な川漁師であった。

淀川でのアミウチには、船に乗って船上から網を打つ「船打ち」と、岸に立って網を打つ「陸打ち」とがあった。

Mさんがおこなっていたのは船打ちであった。Mさんはアミウチに出掛けるとき、いったん船で淀川の上流まで上っていき、そこから川の流れにそって下流へと下りながら、網を打っていった。アミウチは魚のいそうなポイントを選んで網を打っていくが、そのとき、かならずしも上流から順番に網を打っていくわけではない。アミウチには、ひとつの戦略があったのである。

アミウチでは、前回の漁で魚がとれなかったポイントは後回しとした。すなわち、前回、魚がとれたポイントを先に回っていくのが原則であった。Mさんのことばを借りていうと、「それ（河川漁撈）でメシを食っている者は、それ（魚）をとらないとメシが食えない。とれなければ、とれるところまでいって魚をとる。夜通しでも魚をとりにいく。『ここでアブレたら、アコにいったらおるなぁ』と、つぎつぎに頭に入ってくる」という。このように、アミウチに際して、川漁師は川筋のなかに点在するいくつもの漁のポイントのなかから、確実に多くの魚がとれそうなところを最優先に回り、網を打っていくのである。

このように、川漁師は漁撈活動の場としての河川に対して、効率よく魚をとるために、川筋のなかにいくつものポイントとなる場所、つまり確実に魚のとれる場所を把握し、しかもそれぞれのポイントの過去の漁獲実績をふまえながら、網を打っていくのである。そして、とれなければとれるところまでいって、魚をとるのである。こうした点に、河川漁撈によって生計を立ててきた川漁師の漁撈に対する姿勢や考え方、つまり「漁撈観」というべきものが表れているといえるのである。

つぎに川漁師にとっての自然のひとつとして、漁撈の対象である魚に焦点を当て、川漁師がどのような視点から魚を見ていたのかについて検討してみよう。それは川漁師が「川と魚の関係性」をどのようにとらえているのか、つまり川漁師の目から見た、魚をめぐる「自然と自然の関係性」について検討していくことにしたい。

魚の居場所と動き

Mさんのアミウチのあり方を見ていると、川漁師の関心のひとつが「魚の居場所」に向けられていたことが浮かび上がってくる。そこで、川漁師が認識している魚の居場所というのは、どのようなところなのであろうか。ふたたびMさんの話にもどってみよう。

Mさんによれば、淀川の川筋において、魚の居場所として目安になるところは、セシタとヨコアナであった。セシタとは、「瀬」の少し下流のところをさし、そこは川底が段状に深く落ち込んだ状態になっている。いわゆる「淵」にあたるところである。普段はセシタに魚はいないとされる。そのため、アミウチに際しては、セシタから下流に二間ほど下ったところを目安にして網を打っていく。ただし、冬になると、セシタにコイが黒くなるほど群がっていることがある。そんなときには、セシタでアミウチをおこなう。

一方、冬季の河川漁撈では、ヨコアナが重要な漁のポイントとなる。ヨコアナというのは、川岸の土手の一部が内側に穴の空いた状態になっているところである。ヨコアナは、どこにでもあるわけではない。土手が粘土質になっていて、それが急激に水面に落ち込んでいるようなところにある。川漁師の考えでは、ヨコアナは、コイやフナが土手の土をつっついて空けた穴だとされ、冬季になると、コイやフナがヨコアナに集まってくるとされる。川漁師はヨコアナに集まった魚を、カスミ網によって一気に捕獲するのである。

このように、川漁師は漁撈活動のなかでセシタやヨコアナといった「魚の居場所」を見い出し、そこを重要なポイントとしていた。これは川漁師からみた「川と魚の関係性」あるいは「自然と自然の関係性」としてとらえることができるものである。

魚に対して向けられていた川漁師の視点として、もうひとつ浮かび上がってくるのが、「魚の動き」である。川漁師の「魚の動き」に対する関心は、どのようなものであったのか、水中で動き回る魚を、アミウチによってとる場合について見てみよう。たとえば、Mさんは、魚の動きを見る場合に大切になってくるのは「水の流れ」だという。すなわち、「普段、水の流れがゆっくりしているところでも、水は互いに動いている」。「水と水が当たっているところのシモにはかならず魚が続いている」とされる。このように、川漁師は水の流れを観察することによって「魚の動き」を予測し、アミウチをおこなっているのである。

アミウチには、あらかじめ餌を川のなかに撒いておき、おびき寄せた魚をねらって網を打つエウチという方法がある。Mさんによると、川のなかには「魚が上ってくる道」があるとされる。また上ってきたあと、「魚が遊ぶ場所」があると認識されていた。そうした場所のなかから、網を打っても引っかからないようなところをあらかじめ選んでおき、そこに餌を撒いて魚をおびき寄せるのである。魚は種類がおなじでも、大きさによって餌を食べにくる時刻が異なるとされる。具体的には、小さなフナは夕方に、大きなフナやコイは夜遅くに餌を食べるとされる。エウチはそうした魚の行動習性をふまえておこなわれるのである。

もうひとつ魚の動きにあわせたアミウチの事例を見ておこう。それは石垣でできた川岸のもっとも深いところに潜んでいるコイをとろうとする場合である。そんなときは、石垣の地上部分を大きな石で強くたたくという。そうすると、振動に驚いて石垣に潜んでいたコイが飛び出してくる。それをめがけて投網を打つのである。石垣から驚いて出てくるとき、コイは必ず泡を吹く習性があるとされる。これを川漁師は「コイのフキ」と呼ぶ。「コイのフキ」を確認して、その少し先の方をめがけて投網を打つのである。こうした方法も、魚の動きをふまえたアミウチの方法のひとつといえる。

以上の点からもわかるように、アミウチは、水中を移動する魚を対象とする漁法であるため、川漁師の魚に対する目は、つねに「魚の居場所」とともに「魚の動き」にも向けられていたのである。それは川漁師から見た「川と魚の関係性」あるいは「自然と自然の関係性」を反映したものであった。

第二節　汽水域の塩分濃度と魚の動き

魚の動きの把握は、汽水域でのウナギ漁においても漁の成否を左右する重要なものと認識されており、魚の動きを規定する汽水域の塩分濃度に対して、つねに高い関心が払われていた。ここでは第五章で詳述したAさんの漁撈活動を事例として、汽水域でのウナギ漁における塩分濃度の変化と魚の動きについて見てみよう。

Aさんは大阪市淀川区十三の地先の汽水域で、シバやツツなどの小型定置漁具を使い分けながらウナギ漁をおこなっていた。シバは櫁の枝を束ねたもので、それを水中に浸けておくと、シバにウナギが潜り込んでくる習性がある。そうしたウナギの習性を利用して、潜り込んだウナギをタモアミで掬い取るのがシバヅケ漁である。もう一方のツツ漁は、マダケの節を抜いて、二〜三本を一束にして親綱につないだもので、それを川底に沈めておくと、ウナギが住み処と思って竹筒のなかに入ってくる。そのツツをゆっくりと引き上げ、なかに入っているウナギをタモアミのなかに落として取る漁である。

Aさんによれば、汽水域でのウナギ漁を左右するのは、塩分濃度であると認識されていた。具体的には、汽水域の塩分濃度が高くなると、ウナギは苦しくなって、塩分濃度の低い水面の方へと移動してくるという。逆に塩分濃度が低いときには、ウナギは川底の方へと移動すると考えられている。したがって、汽水域の塩分濃度が高いときには、水中に吊り下げたシバにウナギが寄りつきやすく、塩分濃度が低いときには、川底に沈めたツツにウナギが入りやすいとされる。

汽水域の塩分濃度を左右するものは何か。Aさんによれば、十三付近の汽水域において、塩分濃度は三つの要素の組み合わせによって変わってくると考えられている。三つの要素とは、風向、潮の干満、可動堰の開閉である。風向と潮の干満は自然の要素である。風向に関しては、十三近辺で東風あるいは北風が吹くと、汽水域の塩分濃度が高くなるとされる。これに対して、西風のときには塩分濃度が低くなるとされる。これは水面の風の向きに対して逆方向の水の流れが発生することに起因する自然現象である。淀川河口域は南西に向かって流れており、そのため東風や北風のときに海から塩水が入り込みやすくなるのである。

もうひとつ、塩分濃度を左右する自然の要素として潮の干満がある。満潮のときは、河口から海水が入ってくるため汽水域の塩分濃度が高くなる。逆に干潮のときは、海水の流入が無くなるため、汽水域の塩分濃度は低くなる。三つめの要素は可動堰の開閉である。これは人工的な要素である。可動堰が開いているときは、上流から淡水が流れ込んでくるため、可動堰下流の汽水域の塩分濃度は低くなる。一方、堰が閉じられているときは、淡水の供給が無くなるため、逆に汽水域の塩分濃度が高くなるのである。

十三の地先の汽水域でのウナギ漁においては、このような塩分濃度の変化とそれに対応したウナギの習性をふまえながら、風向や潮の干満を把握し、また可動堰の開閉を考慮しつつ、翌日の漁場の塩分濃度を予測し、その塩分濃度をふまえて、水中のシバの高さをウナギが潜り込みやすい位置に調整していくのである。またシバヅケ漁でウナギがとれないときには、ツツ漁に切り替えるなど、効率よく確実にウナギをとるために、その日の汽水域での塩分濃度によって、漁具・漁法を使い分けてウナギ漁がおこなわれていたのである。

このように、汽水域でのウナギ漁では、自然的要因や人工的要因の観察をとおして日々の塩分濃度の変化を察知し、塩分濃度の変化にともない居場所を変えるウナギの動きを予測しながら漁がおこなわれていた。そのため、川漁師の関心は、塩分濃度を左右するとされる風向、潮の干満、可動堰の開閉などに向けられていたのである。

以上、これまで見てきたことをまとめると、川漁師は漁獲対象としての魚について、それがどこにいるのか、どのような動きをするのか、つまり「魚の居場所」と「魚の動き」という視点でとらえていたことがわかる。さらに

「魚の居場所」と「魚の動き」は、セシタやヨコアナといった河川の地形のほか、水の流れ、また風向や潮の干満、さらに可動堰の開閉など、さまざまな自然的要素や人工的要素とのかかわりにおいてとらえられていたことが明らかとなった。

第三節　漁場の秘匿と占有

自然を相手に漁撈活動を展開する川漁師にとって、もうひとつの大きな関心事は河川漁撈をおこなう「場所」つまり「漁場」であった。どの場所で漁撈活動をおこなうかによって漁獲が大きく異なってくるからである。そのため、川漁師にとって、いかにして良い漁場を確保するかということが重要な関心事となってくるのである。第八章では漁場をめぐる占有慣行とその背景にある原理について検討してきたが、ここでは漁場という空間において展開される「川漁師と川漁師の関係性」、つまり漁場を媒介とした「人間と人間の関係性」という視点から見ていくことにしたい。

川漁師は漁場とする河川のなかに、いくつものポイントとなる場所をもっていた。Mさんの漁撈活動を事例として見ていくと、彼は淀川の川筋のなかに、セシタとかヨコアナと呼ぶ漁のポイントとなる場所を把握していたのである。そうした場所は、川漁師にとって大切な漁場であったため、他の川漁師はいうまでもなく、親子のあいだでさえも秘密にしていたという。たとえば、Mさんによれば、彼の父親が漁をおこなっていたころ、息子であっても彼に対して、どこにセシタやヨコアナがあるのか、しゃべらなかった。つまり、セシタとかヨコアナといった確実に魚がとれる場所は、競合する他の川漁師に対してだけでなく、たとえ親子のあいだであっても秘密とされ、自己の漁撈の安定がはかられてきたのであった。

なおヨコアナに関しては、他の川漁師のヨコアナを見つけ出し、本人に知られないようにして、こっそりと漁をおこなうということもおこなわれていた。これは漁場を盗むという行為である。たとえば、他の川漁師のヨコアナの所在を知ろうとするときは、その川漁師が夜に漁にでかけたときを見計らい、使っている漁具の種類を盗み見ているとわかるとされる。カスミ網を張り、魚を追っているのであれば、そこにはヨコアナがあるということになるのである。

そのようにして見つけたヨコアナへ漁に出かけると、偶然にも相手の川漁師とかち合うこともあった。そうしたときは、その場所を共同の漁場とする約束を取り交わし、つぎからはふたりの川漁師が合同で漁をおこなうことになっていた。このように秘密の漁場は、つねに他の川漁師から盗まれる可能性を秘めていた。したがって、普段から川漁師は、そうした漁場を他の川漁師に見つからないように細心の注意を払っていたのである。

一方、漁場をめぐっては、所在を秘密にするのではなく、そこに竿や杭をたてることによって、その漁場に占有者が存在することを標示するというやり方があった。竿や杭による漁場の占有標示については、Mさん・Aさんふたりの川漁師から共通して聞くことができた。この方法は漁師間の社会的承認にもとづくものであり、とくにモンドリやシバなどの定置漁具をもちいた漁撈の場合におこなわれていた。

たとえば、Mさんによれば、護岸工事などで新しく石が積まれたようなところは、ウナギにとって格好の住み処となる。そうした場所を見つけたときは、他の川漁師よりもさきにその場所にいって竿を立て、ロープを流し、餌も入れずにモンドリだけを仕掛け、まず漁場の確保をおこなった。他の川漁師よりもさきにモンドリを仕掛けることが、漁場を占有するためには重要な意味をもつと考えられていたのである。

これと関連した話はAさんからも聞くことができた。彼は一九六〇年頃、淀川の水質汚濁によって淀川中流での漁が不振となり、可動堰下流の汽水域に移ってきた。そのころを振り返り、彼はつぎのようにいう。十三では「みんな杭を立ててシバを仕掛けていた。それがナワバリみたいになっていた。他の漁師が杭を立てているところでは、おなじ仲間内なのでそこで漁をすることはしなかった」という。このように、定置漁具をもちいた河川漁撈においては、漁具を固定するために打ち込まれた竿や杭が、漁場の占有を標示するものとして、川漁師のあいだで相互に認められており、その背景には、漁場の先占権を互いに認め合い、侵害しないという考え方があったのである。

以上をまとめると、漁場という空間における「人間と人間の関係性」には二つの側面があった。ひとつは定置漁具による漁撈において、占有慣行のもとで、他の川漁師の先占権を認め合おうとする関係性である。もうひとつは、顕在化しない「秘密の漁場」での漁撈において、他の川漁師が秘密にしている漁場を見つけ出して盗むという関係性である(3)。漁場をめぐる「人間と人間の関係性」には、オモテでは占有慣行を遵守しながら、ウラでは他の川漁師の漁場を盗むという、オモテとウラの相反する関係性が形づくられていたといえる。

第四節　河川に対する自然観

川漁師は漁撈を通じて価値を見い出した自然に対して、ある種の意味づけをおこなっていた。この自然に対する意味づけが「自然観」である。川漁師が価値を見いだした自然とは、これまで見てきたように、ひとつは漁撈活動の舞台である河川(漁場)であり、もうひとつは漁撈の対象である魚介類である。ここでは、川漁師の河川(漁場)に対する自然観について見ていくことにしたい。

淀川では、モンドリやシバといった小型の定置漁具を使った河川漁撈のほかに、大がかりな定置漁具による河川漁撈もおこなわれていた。それは増水時に下流から上ってくるウナギなどの魚をとるためのもので、Mさんの家ではその河川漁撈をおこなうことを「上りをかける」と呼んでいた。これは川岸とヨシ島とのあいだに簀を建て、岸沿いに上ってくるウナギなどの群れを大型の袋網へと誘い込む仕掛けである。Mさんの家では、自宅近くの淀川左岸に「上りをかける」ための漁場を確保しており、ここから上流・下流の何百メートルかの範囲には、他の川漁師を近寄らせないよう日常的に警戒していたのである。

普段はその漁場では魚はとらないが、いったん淀川が増水すると、下流からウナギなどの魚が群がって岸沿いに上ってくるため、かなりの漁獲があった。かつて一回の増水時の水揚げで、親子そろって漁船を新調したこともあったという。Mさんの家ではこうした「上りをかける」漁場のことを「ウチのゲブツ」と呼んでいた。ゲブツというのは、ゲビツの訛りで、大阪や堺などで「米櫃《こめびつ》」を意味することばである。(4) つまり「ウチのゲブツ」というのは、言い換えると、それは「私の家の米櫃」という意味である。米櫃は「精米した米を入れておくひつ」を指すが、「生活費を供給する者」または「稼ぎ手」という意味合いも含まれている。(5) 突発的ではあるが、大量に漁獲のある大切な漁場を「米櫃」とするとらえ方には、河川漁撈を生業としてきた川漁師ならではの河川に対する意味づけ、つまり自然観が表現されていると見ることができる。

ところで、魚のよくとれる漁場を「米櫃」とするとらえ方は、淀川以外の河川においても確認されている。たとえば、第八章でも述べたように、関東平野を流れる荒川の中流域にあたる埼玉県戸田市の川漁師にも、おなじような事例があると報告されている。荒川の川漁師は、漁場となる川筋の一角に「とって置きのツボ」を持っていて、普段はそこで漁をしないが、特別の支出が生じたときに出漁した。川漁師はその「とって置きのツボ」を「米櫃」とよび、その漁場にでかけることを、「米櫃を開けてくる」と言っていたのである。「何時、如何なるときでも、そこへ行きさえすれば、相当な漁獲がみられ、一家の危急を救うということが、しばしばだった」(6) という。

淀川の川漁師が語っていたゲブツと呼ぶ場所は、増水時に簀《す》建《だ》てをおこなう漁場であったが、荒川の川漁師が米櫃と呼ぶ場所は、刺し網で魚をとる秘密の漁場であった。前者は川岸のナワバリとして確保された場所であり、後者は他の漁師にはわからない秘密の場所である。このように両者は、漁場の性格は異なるものの、河川のなかの「とって置きの場所」である点で共通しており、それを米櫃と呼ぶことは、河川（漁場）に対する川漁師に共通した自然観を表すものといえる。なお小林茂は、荒川の長瀞の対岸の下田野耕地で、農業と河川漁撈によって生計を営んできた人が、「荒川は財布だ」と語っていたとの報告をしている。(7) 川を財布に例えるとらえ方には、漁場を米櫃とするとらえ方と共通したものが潜んでいるといってよいであろう。

河川漁撈において、こうした事例は今のところ淀川と荒川で確認されているだけであるが、それは海で漁撈をおこなう人びとにおいても確認することができる。たとえば、類似の事例としては、舳倉島《へぐらじま》、粟島、熊野市二木島《にぎしま》の三例がある。能登半島沖の舳倉島では潜水漁撈に従事する海女のあいだで、一軒の家ごとに二〜三カ所の秘密の漁場を持っていた。それは親から受け継いだものや、自分で発見したものであったが、そうした秘密の漁場が「米櫃」と呼ばれていた。「その場所に行けば必ず米飯が食べられるという意味から出た言葉」(8) とされる。

新潟県村上市の沖合にある粟島では、冬季に南下してくるミズダコを対象としたタコアナ漁がおこなわれた。タコアナ漁は岩場の穴に隠れたミズダコをヤスを使ってとる漁で、粟島の内浦では村穴・仲間穴・ゼェンバコ（銭箱）の三種類のタコアナがあった。ゼェンバコは村や仲間で共有するタコアナではなく、その所在場所を秘密にした個人が独占的に利用するタコアナであった。(9)

そのほか、熊野市二木島でも同様の事例が報告されている。野本寛一によれば、「漁師は誰でも他人に知られたくない好漁場を持って」おり、二木島では「そうした個人が秘密とする漁場のことを『台所場所』『米蔵』と呼ぶ。そこで獲った魚で生活費を得るという意味(10)」だという。

このように、海の漁撈においても、「米櫃」・「銭箱」・「台所場所」・「米蔵」と呼ばれる場所があり、それらは漁獲の良好な漁場をさすものであった。河川漁撈において見られる、とって置きの漁場を「米櫃」とするとらえ方は、海の漁撈においても類似したものがあり、これらは漁撈に従事する人たちに共通して見られる、大切な漁場を指し示すことばであり、そこには漁撈を「生きる術」としてきた人たちの漁場に対する自然観が表現されていたといえる。

第五節　魚に対する自然観

ここでは、川漁師が漁撈を通してかかわる自然のうち、漁獲対象である魚に対する自然観について探ってみよう。Mさんが父親からアミウチについて習いはじめたころのことである。彼はどこに網を打ったらよいのかわからなかった。そこで父親によく「魚はどんなところにいるのか」と尋ねたことがあった。しかし父親の返事は、ただ「ジャコのことはジャコに聞け」というだけで、それ以上のことは教えてくれなかった。ここでいう「ジャコ」とは魚一般をさすことばと考えてよいであろう。つまりMさんが父親から言われたのは、「魚のことは魚に聞け」ということであった。その当時、Mさんはそのことばの意味を理解することができなかった、と振り返る。何も教えてくれない父親に対して、Mさんは反感すら覚えることがあったという。

しかし、Mさんは大きくなってから、そのことばの意味がわかるようになった。父親が言っていたことが、そのとおりだと思えるようになったという。Mさんは「ジャコのことはジャコに聞け」ということばの意味を、つぎのように理解している。すなわち、アミウチはつねに動きまわる魚を対象とする。今日そこに魚がいたとしても、明日同じところにいるとはかぎらない。したがって、アミウチでは、魚の行動の習性を熟知しておくことが必要である。しかし、それは知識として教えられてもわかるようなものではない。「小さい魚はどこにいるのか。大きな魚はどこにいるのか。それもやっぱり魚に聞かなければわからない。それもひとつの経験である」という。つまり、魚の行動に関する知識は、実際の漁撈をとおして経験的に身に備わってくるというわけである。「ジャコのことはジャコに聞け」とは、経験をとおして知るということの大切さを説いたことばだと、Mさんは理解しているのである。

この「ジャコのことはジャコに聞け」ということばには、自然と向き合って生きてきた川漁師の魚に対する接し方が表現されている。すなわち、川漁師の魚に対する接し方とは、魚を単なる捕獲対象としてとらえるのではなく、魚を意思をもったひとつの生き物と見なし、川漁師が川を泳ぐ魚になったつもりで、魚の行動をとらえていかなければならないとする考え方である。つまりそれは、魚と川漁師を対立的にとらえるのではなく、並立した位置関係にあるものとしたうえで、川漁師（人）の視線を自然の側に合わせてとらえようとする考え方である。そうした自然観が「ジャコのことはジャコに聞け」ということばによって、象徴的に表されていたのである。

さてこれまで、淀川の川漁師の事例にもとづき、漁獲対象としての魚をめぐる自然観を見てきたが、そうした川漁師の自然観は、淀川の川漁師に限ったものではなかった。淀川以外の河川においても見い出すことができる。

たとえば、「ジャコに聞け」ということばであるが、これとほぼおなじ意味のことばを長良川の釣り漁師が語っている。長良川上流の郡上市で「川の渡世人」を自称する古田萬吉さんは、おもにアマゴとアユを釣り、冬場にはコイやシラハエを釣る川漁師であった。アユは川のなかの石に生えるコケを餌とする。彼によれば、アユは一日のなかでも、もっともコケがおいしい時刻に餌を食べるという。それが一般に「食み刻《はどき》」とよばれるものである。その「食み刻」を知るコツは「その地の川漁師に聞いてもええが、一番ええんはな、アユに聞くことやな(11)」と語る。長良川の釣り漁師が語る「アユにきく」と、淀川の川漁師がいう「魚に聞く」とはおなじ自然観を反映したものといえる。

さらに同じような内容は、長良川下流の川漁師も語っている。長良川下流で川漁をおこなってきた川漁師の大橋修さんは、「魚が答えを全部教えてくれている。だから魚の気持ちになって考えろ(12)」と語る。ここで語られている内容も、これまで見てきた「魚に聞け」と同様のことを意味していると考えてよいであろう。

また利根川で屋形船を仮の住まいとしながら一年中、河川漁撈をおこなってきた川漁師も同様の話をしている。ウナギのシノギヅリ漁の漁場は、「洲の上がいいとか、洲下がいいとか、キレッポのきわがいいとか、そういうことは、つまり『魚にきけ』ということなんだ。人にきいて、なるほどと思っても、魚がつれるわけじゃない。この前も長なわ（はえなわ）のやり方を霞ヶ浦の漁師からきいてきた人が」あったが、「それを利根川でやってもダメだよ。利根川のことは、利根川の魚にきかなくちゃあ、わかんないよ」[13]と語る。利根川の川漁師にも、淀川や長良川の川漁師と共通した魚に対する認識があったことがわかる。このように見てくると、漁獲対象である魚に対する川漁師の自然観には、地域を越えて共通したものがあったと考えることができる。それは自然と人間を対立的にとらえるのではなく、相手の自然を並立した関係あるいは対等な関係のなかでとらえようとする自然観であった。

まとめ

本章では、河川や魚介類に関する「自然と人間の関係性」、漁場を媒介とした「人間と人間の関係性」という二つの視点から淀川の川漁師の漁撈活動を分析し、川漁師の自然に対するとらえ方や接し方を見てきた。まず川漁師にとっての「自然と人間の関係性」に関して、漁撈の対象としての魚という要素には、魚の居場所と動きに関連するさまざまな要素が結びついていることをみた。具体的には、河川の地形や水の流れ、風向や潮の干満といった要素とつながっていることが明らかとなった。もう一方の河川・漁場という要素には、漁撈のうえで互いに競い合う他の川漁師の存在が結びついていた。つまり、魚と漁場（河川）というふたつの要素を核としつつ、川漁師は前者の要素をとおして自然と結びつき（「自然と人間の関係性」）、後者の要素をとおして漁師仲間との社会的関係（環境を媒介とした「人間と人間の関係性」）を築いていたという構図が浮かび上がってくるのである。

そのなかで、「自然と人間の関係性」にかかわっては、二つの点を指摘した。ひとつは、漁場に関して、必要なときに確実に魚が得られる漁場を「米櫃」と呼ぶことについて検討を加え、そうしたとらえ方には、河川漁撈によって生きてきた川漁師ならではの独特の自然観が表されていること、しかもその自然観は川漁師に止まらず、一部の海の漁師にも共通して見られることを指摘した。もうひとつは、魚と人間の関係性に関して、「魚のことは魚に聞け」という川漁師のことばに注目し、そこに自然と人間を対立的にとらえるのではなく、並立した対等な関係のなかでとらえようとする自然観が潜んでいることを指摘した。

また漁場を媒介とした「人間と人間の関係性」にかかわっては、二つの関係性が存在することを指摘した。ひとつはモンドリなどの定置漁具による漁撈において、漁場の占有をめぐって、他の川漁師の先占権を認め、川漁師の仲間のなかで互いの漁撈活動を侵害しないという関係性である。もうひとつは、秘密の漁場での漁撈をめぐって、他の川漁師が秘密にしている漁場を見つけ出して盗むという関係性である。ここには、オモテでは互いに占有慣行を尊重しながら、ウラでは他の川漁師の秘密の漁場を盗むという相反する二つの関係性が、表裏一体となった状態で存在していることを指摘した。

注

（1）千葉徳爾は「日本人の自然観」（『土木工学大系　四　自然環境論（Ⅲ）人文社会と開発保全』彰国社、一九八〇年）において、「自然観を自然に対する人びとの見方、考え方」と規定し、「同一の自然に対しても、人によって見方、考え方は異なるであろう」が、従来の多くの議論ではこの問題を素通りしていると指摘している（四〇頁）。本章では、千葉徳爾による自然観の概念を踏襲し、主体を明確にしたうえで、フィールドワークから浮かび上がってくる現代の川漁師の自然観について論じていく。なお安室知は『自然観の民俗学—生活世界の分類と命名—』（慶友社、二〇一六年）において、「自然観とは、いわば自然との付き合い方の技法、または人による自然の解釈の仕方でありその描き方である」(X頁)と規定している。

(2) 内山節『自然と人間の哲学』岩波書店、一九八八年、九頁。

(3) 漁師による漁場を盗むという行為について、高桑守史は「海の世界」(鳥越皓之編『民俗学を学ぶ人のために』世界思想社、一九八九年)のなかで、海女の世界を例にしながら、「漁民が経験を通して獲得してきた好漁場や好漁礁は、他の漁民には秘密にされる」が、漁場をめぐって「ときには、騙しや嘘　あるいは盗みなど、農民社会における倫理からすれば大きく逸脱すると考えられる行為として表出することもある」(一三二頁)とし、その背景に漁民気質として高い競争意識があることを指摘している。淀川での秘密の漁場をめぐる川漁師の駆け引きの根底にも、海の漁師と共通した競争意識があることをうかがわせる指摘である。

(4) 牧村史陽編『大阪ことば事典』(講談社学術文庫、一九八四年)の「ゲビツ」の項による。

(5) 『日本国語大辞典』(縮刷版第一版、小学館)の「こめびつ」の項による。

(6) 小林茂・山下英世『戸田市文化財調査報告XII　戸田市の伝統漁法(補)付・戸田の漁撈関係語彙集』戸田市教育委員会、一九七六年、一一頁。

(7) 小林茂『内水面漁撈の民具学』言叢社、二〇〇七年、七頁。

(8) 小林忠雄「生業・交易」『海士町・舳倉島―奥能登外浦民俗資料緊急調査報告書―』石川県立郷土資料館、一九七五年、二八頁。

(9) 金子忠「粟島の蛸穴」『民間伝承』第二四巻第七号、六人社、一九六〇年、三四頁。

(10) 野本寛一「有明海生活誌―倉本幸翁の半生から―」『民俗文化』三、近畿大学民俗学研究所、一九九一年、二〇四頁。

(11) 天野礼子『萬サと長良川―「最後の川」に生きた男―』筑摩書房、一九九〇年、六九頁。

(12) 大橋亮一・大橋修・磯貝政司『長良川漁師口伝』人間社、二〇一〇年、三七一頁。

(13) 芦原修二『川魚図志〈増補改訂新版〉』崙書房、一九九七年、三五五頁。

結語

本書では、まずこれまでの生業研究の課題や河川漁撈研究の到達点を確認した。そのうえで「人の生」としての河川漁撈を研究課題として設定した。そして、これまでほとんど明らかになっていなかった淀川の河川漁撈を対象に、大正から昭和の時代を生きてきた川漁師への聞き取りや漁撈活動の観察調査など、淀川でのフィールドワークにもとづき川漁師のライフヒストリーを描き出すとともに、淀川上流の淡水域から河口の汽水域までの河川漁撈の姿を明らかにした。そうした淀川における河川漁撈の民俗誌的記述をふまえ、宇治川の遊水池であった巨椋池《おぐらいけ》の漁撈との比較により、淀川の河川漁撈のあり方を相対化するとともに、環境民俗学の視点から川漁師の漁撈観・漁場観・自然観など、これまでの漁具・漁法中心の漁撈研究では研究対象とされることがなかった川漁師の世界観について考察を加えてきた。

各章の要点

まず各章で論じてきた要点を、あらためてまとめておきたい。

第一章「河川漁撈研究の課題」では、最上孝敬・安室知・湯川洋司・野本寛一の代表的な生業論を振り返り、民俗学における生業研究の枠組み・理念・視座・課題を確認した。そこでは生業研究が個別的で細分化したものから、複合的・総合的・全体的な方向性をめざすものへと移ってきたことを指摘した。そのうえで近年の生業議論においては、生業活動の生産性や経済性あるいは生計維持など生業の実態的研究から、人にとっての生業の意味や意義の追究に関心が向かっていることを確認し、これからの生業研究を深化させるためには「人の生」として生業のあり方を追究することが、生業研究の原点に据えられるべきであるとした。

また漁撈研究に関しては、戦前から近年までの民俗学における河川漁撈の研究史を振り返り、最新の研究動向もふまえながら、本研究の研究課題の設定に向けた整理をおこなった。そのなかで、従来の河川漁撈の研究においては、漁具・漁法といった「漁撈技術」を中心にした漁撈活動の実態的研究に力が注がれてきたこと、そして近年は、小林茂の研究や江の川漁撈文化研究会などの研究において示されているように、漁撈活動の主体である川漁師からみた川・魚・自然に対する世界観、川漁師の「心の内面」や「生活の総体」など、新たな研究領域の模索が始まっていることを指摘し、それらが現時点における河川漁撈研究の到達点であることを示した。

以上を踏まえたうえで、本研究では、従来の技術論・生計維持システム論の視点から脱し、「人の生」としての河川漁撈を研究課題として設定した。

第二章「環境民俗学の視点と研究方法」では、野本寛一・篠原徹・鳥越皓之・菅豊の研究を取り上げ、それぞれの研究者の自然または環境に対するとらえ方を確認した。野本寛一は自然あるいは環境を「民俗の生成基盤」ととらえ、それが民俗のあり方を規定するとの認識に立っていた。野本寛一は実体として自然や環境を民俗の規定要因としてとらえる立場であった。篠原徹は認識主体としての人間に焦点を定め、技術を介した「自然と人間のかかわり」をとらえた。篠原徹がみていた自然は、実体としての自然ではなく、人間のなかに形成されるイメージとしての自然、認識としての自然であった。鳥越皓之は、生活環境主義にもとづき、実践に重きを置く立場から自然あるいは環境をとらえた。自然と人間をつなぐ役割を果たすものとして「生活のなかの所有権」や「暮らしのルール」

を想定し、人びとの生活の立場から自然との関係性をみようとした。菅豊のとらえ方は、川の資源や環境をめぐるコモンズをとおして「自然と人間の関係性」をとらえようとした。また最近の環境民俗学の方向性は、人間と自然のあいだに「習俗」を位置づけ、「知識」「資源」「言葉」の三つの側面から人間と自然のつきあい方をとらえようとしていることを示した。

まとめとして、環境民俗学は自然環境を切り口とする民俗学的研究であり、その中軸に据えられている視点は「自然と人間のかかわり」であるが、何を媒介として「自然と人間のかかわり」をとらえるのかが、研究者によって相違していることを指摘した。

以上、環境民俗学の視点を踏まえたうえで、河川漁撈研究のための分析枠組みとして「漁撈をめぐる三つの関係性」を設定した。これは、漁撈の主体である漁師を中心に据えながら、漁撈の対象である魚介類、漁撈の場である漁場、漁場を同じくする他の川漁師といった三つの要素を設定し、それぞれの関係性を①漁師と魚介類の関係性、②漁師と漁場の関係性、③漁師と他の漁師の関係性として位置づけ、そのうえで三つの問題設定と、その問題を追究していくための具体的な研究方法を示した。

第三章「淀川の環境と河川漁業の歴史的展開」では、まず本研究のフィールドである淀川の位置づけと、淀川の治水・水利・水運・漁業・水害などに関する人文系分野の主要な研究の確認をおこない、内水面漁業を含めた淀川に関する研究史を概観した。そのうえで、淀川の環境に関して、川漁師からみて河川漁撈に大きな影響を与えていたものとして、①明治時代に開削された人工の河川・新淀川、②長柄に設けられた可動堰、③第二次世界大戦後の水質汚濁の問題を取り上げた。新淀川と可動堰に関しては、分岐点に設けられた可動堰が感潮域を固定し、かつ堰の開閉が新淀川の環境（塩分濃度）に大きな影響を与えていることを指摘した。

また近世淀川の漁村と漁業に関しては、巨椋池と淀川河口域の漁村を中心に取り上げ、漁村の分布や漁法、漁業組合や漁業権の範囲などを明らかにした。とくに淀川河口域の漁村や漁師に関しては、近世大阪の漁業史の最新の研究成果をふまえ、特権的な漁業権を主張する漁村、西成郡漁師方五ヶ村組合所属の漁村、後発の四ツ手持網仲間の漁師が、淀川水域のなかで競合や棲み分けにより漁業を展開してきたようすを概観した。

近代淀川の漁村と漁業に関しては、漁業統計などをもちいながら、淀川河口域・大阪市内・大阪東部・淀川両岸の川漁師の村と漁業について明らかにし、淀川両岸の漁師の分布については、明治二一年の統計資料にもとづき、その分布の傾向を川魚の需要との関係で考察した。なお、河川漁業のあり方を制度的に規定する漁業組合の歴史的展開については、淡水域と汽水域にわけて概観した。そのなかで第二次世界大戦前の淀川淡水域の漁業組合に関しては、当時の新聞記事を手がかりにしながら、組合組織は成立したものの、外部の反対の動きによって漁業権の設定には至らなかった状況を明らかにした。

第四章「淀川淡水域における川漁師の河川漁撈」では、三川合流地点から長柄の可動堰までの淀川淡水域で、アミウチ・モンドリ漁・簀建て漁・モクズガニ漁などの河川漁撈をおこなってきたMさんのライフヒストリーを明らかにした。合わせて、漁撈活動における「自然と人間の関係性」、漁場を媒介とする「人間と人間の関係性」に注目しながら、Mさんの漁撈活動を詳述してきた。そのなかで、セシタやヨコアナと呼ばれる秘密の漁場の存在を指摘し、そこでの漁のあり方を詳述した。ヨコアナに関しては、他の川漁師による漁場を盗むという行為にも触れ、これまであまり報告されることのなかった秘密の漁場について、漁場をめぐる「人間と人間の関係性」という視点から、その利用と確執の具体像を明らかにした。

またモンドリ漁や簀建て漁など定置漁具をもちいた漁撈活動についても詳述し、漁場の占有をめぐる慣習を明らかにした。モンドリ漁では、川漁師のあいだで互いに先占権を認め合う慣習があることを指摘した。また簀建て漁では、漁場の日常的な維持管理によって排他的な漁場占有がおこなわれていたことを明らかにし、漁場を「ゲブツ」

と呼ぶ独特の漁場観があることを指摘した。

投網漁に関しては、魚の居場所と動きに関する川漁師の民俗知識を詳述した。通常のアミウチのほか、事前に餌を撒いておこなうエウチについて、網を打つ場所や網の打ち方など「自然と人間の関係性」に着目しながら漁撈活動の詳細を明らかにし、川漁師の漁撈観ともいうべきものを浮き彫りにした。またモクズガニ漁については、モクズガニが川を下る時期や下るルートのほかモクズガニの行動など、モクズガニ漁の民俗知識を明らかにした。

第五章「淀川淡水域と汽水域における川漁師の河川漁撈」では、一九六〇年ころ、淀川の水質汚濁の悪化により、淀川淡水域から可動堰下流の汽水域への漁場の移転を余儀なくされた川漁師の漁撈戦略を取り上げた。可動堰下流の汽水域は潮の干満や風向によって塩分濃度が変化するとともに、可動堰の開閉からも影響を受ける水域であり、「自然の力」と「人の力」が入り交じる水域であった。そうした環境のなかで、川漁師はどのようにして生きてきたのか、「自然と人間の関係性」、漁場をめぐる「人間と人間の関係性」という二つの視点に注目しながら、新たな環境下での漁撈活動のあり方を分析した。

そのなかで二つの点が明らかとなった。ひとつは、他の川漁師との競合や摩擦を無くするため、ツツ漁という新たな漁具・漁法を導入し、おなじ漁場のなかでの「住み分け」をおこなってきた点である。これは漁場における「人間と人間の関係性」の再構築といえるものである。もうひとつは、漁場の移転を契機に、淡水域でのモンドリ漁を汽水域に適したシバヅケ漁へと漁具・漁法の切り替えをおこなった点である。これは新たな漁撈環境のもとでの「自然と人間の関係性」の再構築といえるものである。こうした分析をとおして、川漁師は移転先の新たな漁撈環境のなかで、「人間と人間の関係性」および「自然と人間の関係性」を立て直しながら生きてきたことを示した。これは環境変化にともなう河川漁撈の対応のあり方、あるいは川漁師の「生き方」ともいうべきものであり、漁具・漁法中心の従来の漁撈研究では、語られることがなかった事柄について指摘した。

第六章「淀川河口域における河川漁撈と川漁師」では、新淀川右岸の大阪市西淀川区福町で生まれ育ち、貝とりやウナギ漁で生計を立ててきた川漁師からの聞き取りと漁撈調査にもとづき、淀川河口域という汽水の人工的水界における川漁師の漁撈活動について詳述し、あわせて彼らの自然認識を分析した。まず開削から十数年を経た新淀川で、堤防沿いにヨシ原が生まれ、そのヨシ原のなかに「イリ」と呼ばれる細い水路が形成されるなど「水辺のエコトーン」というべき環境が、漁場として、漁船の係留場として大きな役割を果たしていたことを、川漁師による環境利用の具体事例として示した。

第二次世界大戦後、水質汚染の発生や、川底の土壌が砂から泥に変わるなどの環境変化にともない、ハマグリやシジミなどの貝とりからシバやタンポによるウナギ漁へと切り替えていった淀川河口域での漁師の河川漁撈のあり方を詳述した。また汽水域の漁撈において、塩分濃度や波などがウナギ漁と密接にかかわることを示し、淀川河口域におけるウナギ漁をめぐる川漁師の自然認識を明らかにした。

なお淀川河口域における塩分濃度と風や可動堰の開閉に関する自然認識について、第五章でみてきた十三の地先の川漁師の自然認識と比較し、両者の自然認識に共通する点があることを指摘した。その一方、両者の相違点として、潮の干満と塩分濃度とを関係づける自然認識について、十三の川漁師には見られるが、淀川河口の川漁師には見受けられないことを明らかにした。また風と波に関する自然認識は、淀川河口域の川漁師に特有のものであることを指摘した。

第七章「河川漁撈と遊水池漁撈」では、淀川水系で最大規模の遊水池であった巨椋池、とくに大池の漁撈との比較をとおして、淀川の河川漁撈の特徴を検討した。長柄可動堰を境とする淀川淡水域と汽水域の漁撈について、第四章から第六章で取り上げた事例にもとづき、それぞれの水域での漁獲対象や漁具・漁法のあり方を詳述した。そのうえで河川漁撈との対比のため、巨椋池のなかの大池を取り上げ、ヘリ・チュウドオリ・マンナカという三つの領域での漁撈について、そこでの漁獲対象や漁具・漁法のあり方を詳述した。また宇治川からの切り離しにより独立の池となった巨椋池は、水深が浅くなり、動植物、舟、漁撈のあり方が変容していったことを明らかにした。

河川と遊水池という環境の異なる二つの水域における漁撈技術のあり方を比較し、内水面漁撈としての共通点と相違点を明らかにした。漁撈技術のあり方に影響を与える自然の要素として、①河床・湖盆の形態、②水、③水生植物の三つの要素から「川と池共通の漁撈」・「川の漁撈」・「池の漁撈」について検討した。「川の漁撈」である簀建て漁・柴漬け漁・曳き網漁・カニカゴ漁に関して、河床やそこを流れる水の様相と、対象となる魚の時間や季節による居場所や動きなどの生態が、漁撈のあり方を規定していることを指摘した。

第八章「漁場利用をめぐる慣習と漁場観」では、淀川での漁撈調査によって得られたデータや、研究の蓄積が豊富な海の漁撈における事例などを参照しながら、川漁師による漁場の利用形態について検討した。そのなかで、川漁師による漁場の占有をめぐる慣習について明らかにし、これまであまり注目されなかった「秘密の漁場」の存在について、川漁師による漁場利用の形態のひとつと位置づけて考察をおこなった。

まず漁場占有に関する研究史を振り返り、タコアナ漁やアワビの潜水漁において第一発見者に先占権を認める慣習や、荒川の川漁師のなかに秘密の漁場をもつ事例があることを確認した。そのうえで淀川の河川漁撈での漁場占有の事例と海の漁撈での漁場占有の事例とを分析し、漁場利用の形態として個人占有と「秘密の漁場」の二類型について詳述した。また個人占有にも二種類の形態があり、それぞれ異なる原理が働いていることを明らかにした。また「秘密の漁場」に関しては、確実に魚が捕れる漁場で、非常時のために特別に確保した漁場であり、家計の困窮を乗り越え、暮らしの安定化をはかるため、河川漁撈を生業とする川漁師にとっては欠くことのできないものであったことを指摘した。そのうえで、淀川や荒川の川漁師は、日常の漁撈で対象とする漁場と、非常時に対象とする漁場とを確保しており、それらを組み合わせることで年間の生計維持をはかっていたことを明らかにした。以上をふまえ、そうした日常時と非常時の漁場の組み合わせによる漁場利用のあり方は、河川漁撈の不安定さを補うための「二段構えの漁場利用」とも呼べるものであり、そこには川の恵みを拠り所としながら河川漁撈によって生きてきた川漁師の「漁場観」が映し出されていることを指摘した。

第九章「川漁師からみた淀川と自然観」では、河川や魚に関する「自然と人間の関係性」、漁場を媒介とした「人間と人間の関係性」という二つの視点から淀川の川漁師の漁撈活動を分析し、川漁師の自然に対するとらえ方や接し方（自然観）をみてきた。「自然と人間の関係性」に関しては、漁撈の対象としての魚という要素には、魚の居場所と動きに関連するさまざまな要素が結びついており、具体的には、河川の地形や水の流れ、風向や潮の干満といった要素とつながっていることを明らかにした。もう一方の漁場を媒介とした「人間と人間の関係性」に関しては、漁撈のうえで互いに競い合う他の川漁師の存在を指摘した。つまり、魚と漁場（河川）というふたつの要素を核としつつ、川漁師は前者の要素をとおして自然と結びつき（「自然と人間の関係性」）、後者の要素をとおして漁師仲間との関係（環境を媒介とした「人間と人間の関係性」）を築いていたことを明らかにした。

そのなかで、「自然と人間の関係性」にかかわっては、二つの自然観を明らかにした。ひとつは、漁場に関して、必要なときに確実に魚が得られる漁場を「米櫃」と呼ぶことについて検討を加え、そうしたとらえ方には、河川漁撈を生業としてきた川漁師ならではの独特の自然観が表されていること、しかもその自然観は川漁師に止まらず、一部の海の漁師にも共通してみられることを指摘した。もうひとつは、魚と人の関係性に関して、「魚のことは魚に聞け」という川漁師のことばに注目し、そこには自然と人間を対立的にとらえるのではなく、並立した対等な関係のなかでとらえようとする川漁師の自然観が潜んでいることを指摘した。

また漁場を媒介とした「人間と人間の関係性」にかかわって、二つの関係性が存在することを指摘した。ひとつはモンドリなどの定置漁具による漁撈において、漁場の占有をめぐって、他の川漁師の先占権を認め、川漁師の仲間のなかで互いの漁撈活動を侵害しないという関係性である。もうひとつは、秘密の漁場での漁撈をめぐって、他の川漁師が秘密にしている漁場を見つけ出して盗むという関係性である。こうした漁場をめぐるオモテとウラの相反する二つのあり方が、表裏一体となったものとして存在していることを指摘し、川漁師の漁場をめぐる観念には、従来のナワバリ論や占有論ではカバーできない世界があることを明らかにした。

三つの問題設定と検討結果

以上が各章において論じた内容の要約である。つぎに第二章で示した三つの問題設定と照らし合わせ、何をどこまで解明することができたのか、その要点を整理して示しておきたい。問題設定はつぎの三点であった。

一、川漁師は魚・川・環境をどのようにとらえていたのか。これは自然観や環境観の問題である。

二、川漁師は他の川漁師たちとどのように渡り合って漁撈をおこなっていたのか。これは漁撈観の問題である。そこには漁場、ナワバリの問題も含まれる。

三、環境変化のなかで川漁師はどのようにして漁撈活動を続けてきたのか。これは生き方の問題である。

まず「一」の問題については、川漁師の魚・川・環境に対するとらえ方や接し方がどこまで解明されたのかを示す必要がある。この点に関しては、第四章・第八章・第九章で具体例の提示と考察をおこない、①川漁師は魚に対して、単なる捕獲対象とみるのではなく、ひとつの意思を持った生き物とみなし、並立した対等な位置関係にあるものとして接する自然観を持っていたこと、②川漁師は川のなかに非常時に出漁する特別な漁のポイントとなる穴場を持っており、そこを自分の家の「ゲブツ（米櫃）」と呼び、「生活の糧」を得るための大切な空間ととらえる環境観をもっていたことを示した。

つぎに「二」の問題については、淀川を共通の漁撈空間とする川漁師の占有や秘匿による漁場利用のあり方がどこまで解明されたのかを示す必要がある。この点に関しては、第四章・第五章・第八章で具体例の提示と考察をおこない、①川漁師はモンドリなどの小型定置漁具の設置をめぐって、たがいに先占権を認め合う慣習のもとでルールに則って漁をおこなう一方で、②川漁師は自分だけの「秘密の漁場」を隠し持ちつつ、他の川漁師の秘密の漁場を盗むといった、オモテ・ウラの二面性をもった漁場利用に川漁師の漁撈観があらわれていることを示した。

つぎに「三」の問題については、一九六〇年頃、淀川の水質汚濁という環境変化のなかで、淡水域から汽水域への漁場移転を余儀なくされた川漁師の漁撈戦略を示す必要がある。この点に関しては、第五章において、汽水域という新たな環境のもとでのシバヅケ漁への挑戦、タンポ漁の導入による他の川漁師との住み分けなど、環境変化のなかでどのようにして生業としての河川漁撈を維持してきたのか、川漁師の漁撈戦略や生き方を示した。

以上のように、本研究において設定した三つの問題に関しては、各章での具体的な事例の提示とその考察によって、従来の河川漁撈研究ではほとんど議論されることのなかった内容を少し掘り下げることができた。

本研究の意義と今後の研究課題

最後にまとめとして、本研究がどのような意義をもつのか、その位置づけについて述べておきたい。まず第一点目として、本研究はこれまでの河川漁撈研究においてほとんど手つかずといってよい状況にあった淀川流域の淡水域から汽水域までの河川漁撈の実態を、フィールドワークにもとづき環境民俗学の視点から明らかにした。しかもその内容は、大正生まれの川漁師からの聞き取りにより戦前・戦後の河川漁撈のようすを明らかにしており、今となってはすでに調査することができない内容を含んでいるといえる。

第二点目として、本研究は淀川水系内にあった遊水池・巨椋池の漁撈との比較検討をとおして、内水面漁撈のなかでの淀川の漁撈技術の相対的な位置づけを明らかにした。これまで民俗学の立場から内水面漁撈を総体的に論じたものとしては、竹内利美「河川と湖沼の漁法と伝承」（一九八三年）が知られている。そこでは海の漁撈との比較によって内水面漁撈が論じられていたが、本書では第七章において内水面漁撈のなかで、池の漁撈との比較において川の漁撈を論じた。こうした内水面漁撈内での比較検討は本研究が初めての試みといえる。

第三点目として、本研究では環境民俗学の視点から河川漁撈をとらえ直すことによって、川漁師からみた川や魚に対する認識や観念、漁場のナワバリ、漁撈戦略や生き方など、淀川を生活の舞台としてきた川漁師の自然観・世界観を論じた。先行研究では出口晶子が『川辺の環境民俗学―鮭遡上河川・越後荒川の人と自然―』（一九九六年）において、川とかかわって生計をたててきた「川人」のなかに「自然を守る」という自然観があることを指摘し、それを環境保全の考え方と摺り合わせながら、その現代的意義を論じている。本研究では、環境民俗学の視点に立ち、川から生活の糧を得てきた川漁師の生業活動を検討することで、その背後にある自然観・漁場観・漁撈戦略・生き方など、川漁師の広い意味での世界観の一端を浮かび上がらせることができた。

こうした研究成果の一方で、今後に残された研究課題も少なくない。その点にも触れておく必要があろう。

本研究の第一章において、「人の生」としての河川漁撈を研究課題として設定した。「人の生」については、人類学者の田辺繁治が『「生」の人類学』（二〇一〇年）のなかで述べていることを手がかりとしてきた。田辺繁治は、「生」とは一般的に「生物学的な生命であり、日常の生活であり、また一人一人の特色をもった人生などを意味する」としたうえで、「それらのすべてを含む、生きているという事実の総体」を「生」と定めた（一頁）。本研究では、そうした田辺繁治の「生」の規定を踏まえながら、生命・生活・人生といった「人の生」が映し出されたものとして川漁師の世界観を位置づけ、河川漁撈の研究を進めてきた。

第一章で取り上げた生業論のなかで、小島孝夫の「人が生き続けようとする意思の基盤」としての生業論や、石垣悟の「アイデンティティとしての生業」論は、民俗学におけるこれまでの生業研究のあり方に再考を迫る重要な問いを投げかけるものであった。しかし、その問いかけが民俗学の内部において十分に受け止められてきたとは言いがたいのも事実である。こうした民俗学における生業研究の現状を振り返ったとき、小島や石垣から発せられた内発的な問いかけと、田辺による「生」というテーマ設定は、相互に擦り合わせが可能な内容を含んでいると考えられる。なぜなら、「人の生」を成り立たせている基盤は、「生きる術」としての生業であり、また別の言い方をすれば、生業は「人の生」の根幹を支える営みといえるからである。

本研究では、淀川を舞台に生きてきた川漁師の自然観・漁場観・漁撈戦略・生き方などの解明をとおして、彼らの世界観ともいうべきものに迫ろうとしてきた。世界観が生命・生活・人生といった「人の生」の把握と表裏の関係にあり、その世界観の追究が「人の生」としての生業の研究に近づく第一歩であると考えたからであった。しかしながら、本研究において、その研究課題を大きく前進させることができたとはいいがたい。本研究での検討を踏まえて言えることは、「人の生」という切り口は、生業の技術的側面、経済的側面、社会的側面、信仰的側面など、個別的な生業研究の全体を統合していくための概念として位置づけていった方が、より効果的ではないかと考えられる。「人の生」は、生業研究の統合化をはかる概念として、引き続き追究していかなければならないテーマといえる。

なお、本書の第七章では、淀川の河川漁撈と巨椋池の遊水池漁撈との比較検討をとおして、河川漁撈技術の相対的な特徴を明らかにしようとした。しかし、淀川を遡れば、その先には琵琶湖があり、琵琶湖と淀川は一体的な水系を成している。その点では、湖沼の漁撈との比較にも及ぶべきであったが、本書では手つかずのままとなっている。琵琶湖・淀川水系全体を見通した内水面漁撈の研究については、今後の研究課題としたい。

初出一覧（本書の出版にあたって、各章ともに大幅な加筆修正をおこなった。）

序（書き下ろし）

第一部

第一章　河川漁撈研究の課題（原題「河川漁撈研究の課題―研究史と研究課題―」『大阪歴史博物館研究紀要』第一二号、大阪歴史博物館、二〇一四年）

第二章　環境民俗学の視点と研究方法（原題「環境民俗学の視点と河川漁撈研究」『大阪歴史博物館研究紀要』第一三号、大阪歴史博物館、二〇一五年）

第二部

第三章　淀川の環境と河川漁業の歴史的展開（書き下ろし）

第四章　淀川淡水域における川漁師の河川漁撈（原題「淀川中流における川漁師の漁撈活動」原泰根編『民俗のこころを探る』初芝文庫、一九九四年）

第五章　淀川淡水域と汽水域における川漁師の河川漁撈（原題「淀川における川漁師の漁撈活動」『近畿民俗』第一七七号、近畿民俗学会、二〇〇九年）

第六章　淀川河口域における河川漁撈と川漁師（原題「淀川河口における漁師の漁撈活動と自然認識」『大阪市立博物館研究紀要』第三〇冊、大阪市立博物館、一九九八年）

第三部

第七章　河川漁撈と遊水池漁撈（原題「河川漁撈と池沼漁撈―淀川と巨椋池の内水面漁撈の比較―」『大阪歴史博物館研究紀要』第一一号、大阪歴史博物館、二〇一三年）

第八章　漁場利用をめぐる慣習と漁場観（原題「河川漁撈における川漁師の漁場をめぐる慣習と資源利用―漁場の個人占有と秘匿をめぐって―」『大阪歴史博物館研究紀要』第九号、大阪歴史博物館、二〇一一年）

第九章　川漁師からみた淀川と自然観（原題「淀川における川漁師の自然観」『大阪歴史博物館研究紀要』第一四号、大阪歴史博物館、二〇一六年）

結語（書き下ろし）

付編(1) 参考文献・引用文献

赤羽正春『越後荒川をめぐる民俗誌―鮭・水神・丸木舟―』アペックス、一九九一年
――――『鮭・鱒Ⅰ・Ⅱ』法政大学出版局、二〇〇六年
秋道智彌『なわばりの文化史―海・山・川の資源と民俗社会―』小学館、一九九九年
――――編著『日本のコモンズ思想』岩波書店、二〇一四年
芦原修二『川魚図志〈増補改訂新版〉』崙書房、一九九七年
アチックミューゼアム編「笭調査要目」『民具マンスリー』六巻五・六号、日本常民文化研究所、一九七四年
天野勝則『川漁師の語り アユと江の川』中国新聞社、一九九六年
天野礼子『萬サと長良川―「最後の川」に生きた男―』筑摩書房、一九九〇年
安斎忠雄『立川民俗シリーズ第五集 多摩川中流域の漁撈具』立川市教育委員会、一九八五年
――――『多摩川水系における川漁の技法と習俗』安斎宣伝研究室、一九八五年
石垣悟「暮らし(あるいは生き方)をとらえる糸口」『日本民俗学』第二六二号、日本民俗学会、二〇一〇年
石田惣「明治の大改修―水制工の設置、新淀川の開削」『みんなでつくる淀川大図鑑』大阪市立自然史博物館、二〇一〇年
泉房子「小丸川水系の伝統漁法」『日本民俗学』第一一〇号、日本民俗学会、一九七七年
伊東久之「河沼の漁撈」野本寛一・香月洋一郎編『講座日本の民俗学 第五巻 生業の民俗』雄山閣出版、一九九七年
伊藤廣之「淀川中流における川漁師の漁撈活動」原泰根編『民俗のこころを探る』初芝文庫、一九九四年
――――「淀川の川漁師からみた自然」鳥越皓之編『試みとしての環境民俗学―琵琶湖のフィールドから―』雄山閣出版、一九九四年
――――「淀川河口における漁師の漁撈活動と自然認識」『大阪市立博物館研究紀要』第三〇冊、大阪市立博物館、一九九八年
――――「淀川における川漁師の漁撈活動」『近畿民俗』第一七七号、近畿民俗学会、二〇〇九年
――――「河川漁撈における川漁師の漁場をめぐる慣習と資源利用―漁場の個人占有と秘匿をめぐって―」『大阪歴史博物館研究紀要』第九号、大阪歴史博物館、二〇一一年

――――「河川漁撈と池沼漁撈―淀川と巨椋池の内水面漁撈の比較―」『大阪歴史博物館研究紀要』第一一号、大阪歴史博物館、二〇一三年
――――「なりわいと環境―川と人の民俗誌」八木透編『新・民俗学を学ぶ―現代を知るために』昭和堂、二〇一三年
――――「河川漁撈研究の課題―研究史と研究課題―」『大阪歴史博物館研究紀要』第一二号、大阪歴史博物館、二〇一四年
――――「環境民俗学の視点と河川漁撈研究」『大阪歴史博物館研究紀要』第一三号、大阪歴史博物館、二〇一五年
――――「淀川における川漁師の自然観」『大阪歴史博物館研究紀要』第一四号、大阪歴史博物館、二〇一六年
――――「宮本常一の環境論」『近畿民俗』第一八二号、近畿民俗学会、二〇一六年
犬塚幹士「最上川水系の鮭漁と用具」『民具マンスリー』一五巻五号、日本常民文化研究所、一九八二年
今里悟之「民俗学に『数学』は有害か?」『日本民俗学』第二五二号、日本民俗学会、二〇〇七年
岩崎英精『京都府漁業の歴史』京都府漁業協同組合連合会、一九五四年
植村善博「京都盆地南部、木津川・宇治川の水害地形」『文学部論集』第九二号、佛教大学文学部、二〇〇八年
――――『京都の治水と昭和大水害』文理閣、二〇一一年
――――「明治18年大阪水害の被害と記録写真―1885(明治18)年淀川大洪水の研究 その1―」『歴史学部論集』第六号、佛教大学歴史学部、二〇一六年
植村善博・木谷幹一「山口県文書館および尼崎市立地域研究史料館所蔵の明治18年大阪水害写真について―1885(明治18)年淀川大洪水の研究 その2―」『京都歴史災害研究』第一七号、立命館大学歴史都市防災研究所、二〇一六年
宇治市歴史資料館企画編集『巨椋池』(宇治文庫三)宇治市教育委員会、一九九二年
卯田宗平「環境問題と環境民俗学」『地域政策研究』第七巻第三号、高崎経済大学地域政策学会、二〇〇五年
内山節『自然と人間の哲学』岩波書店、一九八八年
大阪水産物流通史研究会編『資料大阪水産物流通史』三一書房、一九七一年
大阪府編『大阪府誌　第三編』大阪府、一九〇三年
大阪府漁業史編さん協議会編『大阪府漁業史』大阪府漁業史編さん協議会、一九九七年
大阪歴史博物館『新淀川一〇〇年　水都大阪と新淀川』大阪歴史博物館、二〇一〇年

大舘勝治・大友務・栗原文蔵『荒川中流域における伝統漁撈法』私家版、一九七七年
大槻恵美「現代の自然―現代の琵琶湖漁師と自然とのかかわり―」『季刊人類学』第一九巻第四号、京都大学人類学研究会、一九八八年
大橋亮一・大橋修・磯貝政司『長良川漁師口伝』人間社、二〇一〇年
小川博『海の民俗誌』名著出版、一九八四年
沖野外輝夫『新・生態学への招待　河川の生態学』共立出版、二〇〇二年
――――『新・生態学への招待　湖沼の生態学』共立出版、二〇〇二年
奥野広隆「オロ漁―熊本県の原始川漁法―」『日本民俗学』第一三二号、日本民俗学会、一九八〇年
巨椋池土地改良区『巨椋池干拓誌』巨椋池土地改良区、一九六二年
小野重朗「鰻の石積漁法」『鹿児島民俗』第五四号、鹿児島民俗学会、一九七二年
――――「原始川漁法としてのハジとヒビ」『日本民俗学』第一一〇号、日本民俗学会、一九七七年
加藤幸治「河川におけるオープンアクセスでの資源利用―紀伊半島南部古座川の漁撈と近代林業から―」『総研大文化科学研究』五、総合研究大学院大学文化科学研究科、二〇〇九年
金内重治郎「最上川下流域のヤツメドウについて」『民具研究』三二号、日本民具学会、一九八一年
金子忠「粟島の蛸穴」『民間伝承』二四巻七号、六人社、一九六〇年
神野善治「筌漁の研究　上―狩野川水系を中心に―」『沼津市歴史民俗資料館紀要』第六号、沼津市歴史民俗資料館、一九八二年
――――「筌漁の研究　下―狩野川水系を中心に―」『沼津市歴史民俗資料館紀要』第七号、沼津市歴史民俗資料館、一九八三年
亀山慶一「利根川の川漁」『利根川―自然・文化・社会―』弘文堂、一九七一年
河岡武春「低湿地文化と民具（一）」『民具マンスリー』九巻三号、日本常民文化研究所、一九七六年
――――「低湿地文化と民具（二）」『民具マンスリー』九巻四号、日本常民文化研究所、一九七六年
川田牧人「環境民俗学のこれから／これからの（ための）環境民俗学」『環境民俗学―新しいフィールド学へ―』昭和堂、二

〇〇八年
川端直正編『大阪市農業誌』大阪市農業団体協議会、一九六〇年
北見俊夫『川の文化』日本書籍、一九八一年、のち講談社学術文庫、二〇一三年再刊
京都府立総合資料館編『京都府の民具　第Ⅲ集　漁業』京都府立総合資料館、一九七九年
京都府立山城郷土資料館編『木津川の歴史と民俗』京都府立山城郷土資料館、一九九〇年
――――編『巨椋池の民俗』京都府立山城郷土資料館、一九九一年
久御山町史編さん委員会『久御山町史　第一巻』京都府久御山町、一九八六年
――――『久御山町史　第二巻』京都府久御山町、一九八九年
倉田一郎「淡水漁法大概」『民間伝承』第二巻第三号、民間伝承の会、一九三六年
――――「佐渡に於ける占有の民俗資料」柳田国男編『海村調査報告（第一回）』民間伝承の会、一九三八年、のち『山村海村民俗の研究』名著出版、一九八四年所収
――――『経済と民間伝承』東海書房、一九五一年
黒川孝宏「淀川上流三支川の民間伝承」『季刊河川レビュー』第一三四号、新公論社、二〇〇六年
黒田明憲『江の川物語―川漁師聞書―』みずのわ出版、二〇〇二年
河野通博「内水面漁業と淡水養殖の展開」『大阪府漁業史』大阪府漁業史編さん協議会、一九九七年
国立歴史民俗博物館編『歴博フォーラム　生業から見る日本史―新しい歴史学の射程―』吉川弘文館、二〇〇八年
小島孝夫「複合生業論を超えて」『日本民俗学』第二二七号、日本民俗学会、二〇〇一年
小島弘義「相模川水系の川漁」『日本民俗学』第一一〇号、日本民俗学会、一九七七年
――――「相模川のアユ漁」『民具マンスリー』一〇巻四号、日本常民文化研究所、一九七七年
小林茂「荒川水系の漁撈」『月刊文化財』第九八号、第一法規出版、一九七一年
――――「荒川水系の筌」『民具マンスリー』四巻九号、日本常民文化研究所、一九七一年
――――『戸田市文化財調査報告Ⅸ　戸田市の伝統漁法』戸田市教育委員会、一九七五年
――――「荒川水系の筌―形態・構造・分布―」『埼玉の文化財』第一六号、埼玉県文化財保護協会、一九七六年

――――「荒川水系の鵜飼とその用具」『埼玉県史研究』第二号、埼玉県、一九七八年
――――『内水面漁撈の民具学』言叢社、二〇〇七年
小林茂・山下英世『戸田市文化財調査報告XII　戸田市の伝統漁法（補）付・戸田の漁撈関係語彙集』戸田市教育委員会、一九七六年
小林忠雄「生業・交易」『海士町・舳倉島―奥能登外浦民俗資料緊急調査報告書―』石川県立郷土資料館、一九七五年
さいたま民俗文化研究所編『利根川の漁撈―中流域の漁法と漁具―』群馬県佐波郡玉村町五料区、二〇〇七年
斎藤邦明『川漁師　神々しき奥義』講談社、二〇〇五年
斎藤卓志「三河油ヶ淵の漁撈習俗」『安城市歴史博物館研究紀要』第一号、安城市歴史博物館、一九九四年
鷺洲町史編纂委員会編『鷺洲町史』大阪府西成郡鷺洲町役場、一九二五年
桜田勝徳『土佐四万十川の漁業と川舟・土佐漁村民俗雑記』アチックミューゼアム、一九三六年、のち日本常民文化研究所編『日本常民生活資料叢書　第23巻　中国四国篇（4）』三一書房、一九七三年所収
――――「敬三とアチックミューゼアム」『渋沢敬三　上』渋沢敬三伝記編纂刊行会、一九七九年
佐治靖「ウグイ漁とナレズシ」篠原徹編『現代民俗学の視点1　民俗の技術』朝倉書店、一九九八年
佐野静代「中近世の『水辺』のコモンズ―琵琶湖・淀川のヨシ帯をめぐって」秋道智彌編著『日本のコモンズ思想』岩波書店、二〇一四年
潮見俊隆『漁村の構造―漁業権の法社会学的研究―』岩波書店、一九五四年
塩見嘉久・大塚活美「聞き取り：京都府内の河川水運」『京都文化博物館研究紀要 朱雀』第三集、京都文化博物館、一九九〇年
篠原徹「書評『生態民俗学序説』」『日本民俗学』第一七〇号、日本民俗学会、一九八七年
――――『自然と民俗―心意のなかの動植物―』日本エディタースクール出版部、一九九〇年
――――「環境民俗学の可能性」『日本民俗学』第二〇〇号、日本民俗学会、一九九四年
――――『海と山の民俗自然誌』吉川弘文館、一九九五年
――――『自然を生きる技術―暮らしの民俗自然誌―』吉川弘文館、二〇〇五年

篠丸頼彦「印旛沼の漁法」『日本民俗学会報』第九号、日本民俗学会、一九五九年
――「印旛沼手賀沼の漁法」『日本民俗学』第一一〇号、日本民俗学会、一九七七年
渋沢敬三「所感―昭和十六年十一月二日社会経済史学会第十一回大会にて―」『祭魚洞襍考』岡書院、一九五四年
管豊「漁撈民俗試論―儀礼としての漁撈活動について―」『民俗学評論』第二六号、大塚民俗学会、一九八六年
――「『低湿地文化論』その可能性と課題―河岡武春の方法論とその展望について―」『史境』第二一号、歴史人類学会、一九九〇年
――「深い遊び―マイナー・サブシステンスの伝承論―」篠原徹編『現代民俗学の視点　第一巻　民俗の技術』朝倉書店、一九九八年
――「自然をめぐる労働論からの民俗学批評」『国立歴史民俗博物館研究紀要』第八七集、国立歴史民俗博物館、二〇〇一年
――「自然をめぐる民俗研究の三つの潮流」『日本民俗学』第二二七号、日本民俗学会、二〇〇一年
――『川は誰のものか　人と環境の民俗学』吉川弘文館、二〇〇六年
瀬川清子『海女』未來社、一九七〇年
第二回水産博覧会事務局『第二回水産博覧会出品目録第一冊』第二回水産博覧会事務局、一八九七年
高桑守史『漁村民俗論の課題』未來社、一九八三年
――「海の世界」鳥越皓之編『民俗学を学ぶ人のために』世界思想社、一九八九年
高槻市教育委員会『文化財シリーズ第五冊　高槻の民具』高槻市教育委員会、一九八一年
宅野幸徳「魚類の分布と漁具・漁法の関係―江の川全水域の事例的研究―」『日本民俗学』第一七八号、日本民俗学会、一九八九年
竹内利美「河川と湖沼の漁法と伝承」『日本民俗文化大系　第五巻　山民と海人＝非平地民の生活と伝承＝』小学館、一九八三年
武岡充忠『淀川治水誌』淀川治水誌刊行会、一九三一年
田中淳一郎「江戸時代前期の木津川水運」『山城郷土資料館報』第九号、京都府立山城郷土資料館、一九九一年
田辺繁治『「生」の人類学』岩波書店、二〇一〇年

樽本龍三郎『川漁の民俗学―兵庫県を中心として―』加古川流域史学会、一九九〇年
千葉徳爾「日本人の自然観」『土木工学大系　四　自然環境論（Ⅲ）人文社会と開発保全』彰国社、一九八〇年
辻井善弥『磯漁の話―一つの漁撈文化史―』北斗書房、一九七七年
鉄川精「淀川の漁り今昔抄」『淡水魚』創刊号、財団法人淡水魚保護協会、一九七五年
――「淀川の治水と利用」『淀川―自然と歴史―』（大阪文庫1）松籟社、一九七九年
鉄川精・松岡数充・田村利久『淀川―自然と歴史―』（大阪文庫1）松籟社、一九七九年
出口晶子『川辺の環境民俗学―鮭遡上河川・越後荒川の人と自然―』名古屋大学出版会、一九九六年
――「淀川本流・最後の川漁師」『大阪府漁業史』大阪府漁業史編さん協議会、一九九七年
刀禰勇太郎「日本海三島嶼（飛島・粟島・佐渡）に於ける蛸穴（蛸石）の慣行と紛争について」『海事史研究』第五〇号、日本海事史学会、一九九三年
富山和子『水と緑と土―伝統を捨てた社会の行方―』（改版）中央公論新社、二〇一〇年
鳥越皓之編『試みとしての環境民俗学―琵琶湖のフィールドから―』雄山閣出版、一九九四年
――「環境と民俗学」『民俗学研究所紀要』第二三集、成城大学民俗学研究所、一九九九年
――「環境民俗学」『日本民俗大辞典　上巻』吉川弘文館、一九九九年
――『柳田民俗学のフィロソフィー』東京大学出版会、二〇〇二年
――『水と日本人』岩波書店、二〇一二年
中川すがね「川魚の消費と流通―大坂川魚問屋文書を中心に―」『甲子園大学紀要』第三九号、甲子園大学、二〇一二年
中務佐市「漁撈と販売」久御山町史編さん委員会『久御山町史　第一巻』京都府久御山町、一九八六年
――「巨椋池の漁業」久御山町史編さん委員会『久御山町史　第二巻』京都府久御山町、一九八九年
永澤正好『四万十川Ⅱ　川行き〈田辺竹治翁聞書〉』法政大学出版局、二〇〇六年
――『川は生きちょる―四万十川に暮らす―』大河書房、二〇一一年
西成郡役所編『西成郡史』西成郡役所、一九一五年
日本常民文化研究所編「多摩川の筌」『民具マンスリー』三巻四号、日本常民文化研究所、一九七〇年

農商務省『水産事項特別調査　上巻・下巻』農商務省、一八九四年、のち『明治前期産業発達史資料　別冊四二の一・二・三・四』明治文献資料刊行会、一九六九年所収
農林省水産局編『河川漁業調』第七輯、農林省水産局、一九四〇年
野中健一「長良川流域における淡水魚介類の漁撈と食用」『地理学評論』Ser.A 第六四巻第四号、一九九一年
――「川はだれのものか―長良川の一世紀」秋道智彌編『講座　人間と環境　第一巻　自然はだれのものか―「コモンズの悲劇」を超えて』昭和堂、一九九九年
野村豊『漁村の研究―近世大阪の漁村―』三省堂、一九五八年
野本寛一『焼畑民俗文化論』雄山閣出版、一九八四年
――『生態民俗学序説』白水社、一九八七年
――「生態民俗学の構造」『民具マンスリー』二〇巻九号、神奈川大学日本常民文化研究所、一九八七年
――「有明海生活誌―倉本幸翁の半生から―」『民俗文化』三、近畿大学民俗学研究所、一九九一年
――『共生のフォークロア・民俗の環境思想』青土社、一九九四年
――「総説　環境の民俗」野本寛一・福田アジオ編『講座日本の民俗学　第四巻　環境の民俗』雄山閣出版、一九九六年
――「総説　生業の民俗」野本寛一・香月洋一郎編『講座日本の民俗学　第五巻　生業の民俗』雄山閣出版、一九九七年
――『人と自然と　四万十川民俗誌』雄山閣出版、一九九九年
――「江の川水系の漁撈民俗―サケ・マスを中心として―」『民俗文化』第一二号、近畿大学民俗学研究所、二〇〇〇年
早川孝太郎『羽後飛島図誌』郷土研究社、一九二五年、のち『早川孝太郎全集　第九巻　島の民俗』未來社、一九七六年所収
日野照正『近世淀川水運史料集』同朋舎、一九八二年
――『畿内河川交通史研究』吉川弘文館、一九八六年
枚方市史編纂委員会編『朝日新聞記事集成　第四集』枚方市、一九七七年
――編『朝日新聞記事集成　第八集』枚方市、一九八一年
――編『朝日新聞記事集成　第九集』枚方市、一九八二年
平塚市博物館編『相模川の魚と漁―相模川流域漁撈習俗調査報告書』平塚市教育委員会、一九七八年

広島県立歴史民俗資料館編『昭和五八年度江の川水系の漁撈民俗文化財調査報告書　江の川の漁撈』広島県立歴史民俗資料館、一九八四年
――編『昭和五九年度江の川水系の漁撈民俗文化財調査報告書　江の川の漁撈』広島県立歴史民俗資料館、一九八五年
――編『江の川水系の漁撈民俗文化財調査報告書　江の川の漁撈』広島県立歴史民俗資料館、一九九一年
広島県立歴史民俗資料館・江の川水系漁撈文化研究会『川に生きる―江の川流域の漁撈用具―』二〇〇〇年
福井県立博物館編『福井県立博物館調査研究報告書　第五号　九頭竜川の漁撈』福井県立博物館、一九八七年
福田アジオ「民俗学の動向とその問題点」『日本民俗学』第一九〇号、日本民俗学会、一九九二年
福田栄治「旧巨椋池漁村の生活習俗―久世郡久御山町東一口の場合―」『資料館紀要』第一〇号、京都府立総合資料館、一九八一年、のち福田栄治『京都の民俗誌』文化出版局、一九八七年に所収
福山昭『近世日本の水利と地域―淀川地域を中心に―』雄山閣出版、二〇〇三年
毎日新聞大阪本社社会部『病み、汚れても母なる流れ』株式会社新聞印刷出版事業部、一九九〇年
牧村史陽編『大阪ことば事典』（講談社学術文庫六五八）講談社、一九八四年
松井健「マイナー・サブシステンスの世界―民俗世界における労働・自然・身体」篠原徹編『現代民俗学の視点　第一巻　民俗の技術』朝倉書店、一九九八年
宮内泰介『歩く、見る、聞く　人びとの自然再生』岩波書店、二〇一七年
宮崎弥太郎・かくまつとむ『仁淀川漁師秘伝―弥太さん自慢ばなし―』小学館、二〇〇一年
宮本常一「自然と私」『宮本常一著作集　第一八巻　旅と観光』未來社、一九七五年
――「生業の構成」『日本民俗学』第一〇〇号、日本民俗学会、一九七五年
――「解説」『桜田勝徳著作集　第一巻　漁村民俗誌』名著出版、一九八〇年
村田路人『近世広域支配の研究』大阪大学出版会、一九九五年
――『日本史リブレット93　近世の淀川治水』山川出版社、二〇〇九年
最上孝敬「漁場使用の制限」柳田国男編『海村生活の研究』日本民俗学会、一九四九年
――「はじめに―生業と民俗」『日本民俗学大系　第五巻』平凡社、一九五九年

――『原始漁法の民俗』岩崎美術社、一九六七年
――「河漁調査の要点」『西郊民俗』第四四号、西郊民俗談話会、一九六八年
――「淡水漁法について」『日本民俗学』第一一〇号、日本民俗学会、一九七七年、のち最上孝敬『生業と民俗』岩崎美術社、一九八三年所収
――『生業と民俗』岩崎美術社、一九八三年
森下郁子編『河口の生態学　生物学的水質階級地図　一九八一』山海堂、一九八二年
八木滋「近世大坂の川魚市場」塚田孝編『身分的周縁の比較史―法と社会の視点から―』清文堂出版、二〇一〇年
――「近世大坂の漁業と川魚流通―西成郡漁師方五か村組合を中心に―」『市大日本史』第一三号、大阪市立大学日本史学会、二〇一〇年
安室知「存在感なき生業研究のこれから―方法としての複合生業論―」『日本民俗学』第一九〇号、日本民俗学会、一九九二年
――『水田をめぐる民俗学的研究―日本稲作の展開と構造―』慶友社、一九九八年
――『水田漁撈の研究―稲作と漁撈の複合生業論―』慶友社、二〇〇五年
――「生業の民俗学―複合生業論の試み―」国立歴史民俗博物館編『歴博フォーラム　生業から見る日本史―新しい歴史学の射程―』吉川弘文館、二〇〇八年
――『日本民俗生業論』慶友社、二〇一二年
――『自然観の民俗学―生活世界の分類と命名―』慶友社、二〇一六年
柳田国男『北小浦民俗誌』三省堂、一九四八年
――編『海村生活の研究』日本民俗学会、一九四九年
柳田国男・倉田一郎『分類漁村語彙』民間伝承の会、一九三八年
山泰幸・川田牧人・古川彰編『環境民俗学―新しいフィールド学へ―』昭和堂、二〇〇八年
山泰幸「いま、なぜ環境民俗学なのか?」山泰幸・川田牧人・古川彰編『環境民俗学―新しいフィールド学へ―』昭和堂、二〇〇八年
山崎武『大河のほとりにて』私家版、一九八三年、のち財団法人淡水魚保護協会から一九八五年に刊行、のち『四万十川

漁師ものがたり』同時代社、一九九三年に復刊
山下英世「生業」『戸田市史民俗編』戸田市役所、一九八三年
矢作川漁協一〇〇年史編集委員会編『環境漁協宣言―矢作川漁協一〇〇年史』矢作川漁業協同組合、二〇〇三年
湯浅照弘「川魚漁撈習俗ノート―吉井川上流津山市の漁撈方法―」『岡山民俗』美作民俗特集号、岡山民俗学会、一九六三年
――『岡山県旧児島湾の漁具と漁法の考察』私家版、一九七〇年
――『岡山県漁撈習俗誌―旧児島湾・下津井の漁撈習俗―』山陽図書出版株式会社、一九七四年
――「内陸漁業」『岡山県漁業民俗断片録』海面書房、一九七七年
――「岡山県の内水面漁撈習俗―付・県内の二、三の筌―」『日本民俗学』第一一〇号、日本民俗学会、一九七七年
――『岡山県旧児島湾魚人問答集（一）』私家版、一九八七年
――『岡山県旧児島湾魚人問答集（二）』私家版、一九八八年
湯川洋司「生業の相互関連」野本寛一・香月洋一郎編『講座日本の民俗学　第五巻　生業の民俗』雄山閣出版、一九九七年
――「生業」『日本民俗大辞典　上巻』吉川弘文館、一九九九年
湯川洋司・福澤昭司・菅豊『日本の民俗2　山と川』吉川弘文館、二〇〇八年
吉川國男「埼玉の潜水つかみ漁（一）」『埼玉県立博物館紀要』第三号、埼玉県立博物館、一九七七年
――「埼玉の潜水つかみ漁（二）」『埼玉県立博物館紀要』第四号、埼玉県立博物館、一九七八年
淀川百年史編集委員会『淀川百年史』建設省近畿地方建設局、一九七四年
渡邊道郎「河川漁業権設定の経過」「河川漁業協同組合の動向」『大阪府漁業史』大阪府漁業史編さん協議会、一九九七年

付編(2) 参考図表

1 淀川関係年表

西暦	和暦	事　項
1885	明治18	6月17日と7月1日に淀川で大洪水
	明治19	大池漁業組合、設立
	明治28	大阪港湾漁業組合、創立
1896	明治29	河川法、公布、淀川改良工事、着手
	明治33	大阪漁業組合、設立
	明治34	大阪市漁業組合・千船漁業組合・福村漁業組合、設立
	明治35	大池水産会・伏見漁業組合、設立
	明治39	巨椋池が淀川改良工事によって宇治川から分離
	明治40	宇治川漁業組合、設立
1909	明治42	淀川改良工事、竣工
1914	大正3	長柄起伏堰、竣工
1917	大正6	10月1日、淀川大洪水、大塚で堤防決壊
	大正中期	尼崎の製紙工場の廃液が神崎川を汚染、千船地区の漁業に被害発生
	大正11	大池水産会、設立
	大正14	加茂川漁業組合、設立
	大正末	製紙工場の廃液が大野川を汚染
	昭和初期	武田製薬三国工場の廃液が神崎川中流を汚染
1928	昭和3	嵯峨漁業協同組合、設立
1930	昭和5	6月、淀川漁業組合、創立
1931	昭和6	内務省告示により、「新淀川」の呼称が誕生
	同	千船漁業組合と福村漁業組合が大阪市漁業組合に合併
1933	昭和8	8月23日、淀川漁業組合、設立（枚方町伊加賀、組合員108人）
	同	巨椋池干拓事業、着工
1935	昭和10	長柄大橋、完成、長柄可動堰、竣工
	同	大阪市海老江下水処理場の未処理廃水により新淀川のシラウオ多数斃死
1938	昭和13	保証責任 大阪市漁業組合、設立
1943	昭和18	大阪市漁業会、設立
1949	昭和24	大阪市漁業協同組合、淀川漁業協同組合（枚方市三ツ矢）、設立
	同	正蓮寺川河口で放養中のアサリ種苗が大量死
1950	昭和25	大阪府経済部水産課による「大阪府内水面漁場現況調査」実施
	同	汚物投棄と工場廃水の無処理に知事宛の陳情書、損害補償要求が広がる
1951	昭和26	漁業権の設定、共同漁業権第1号、新淀川河口付近、伝法大橋西側
1954	昭和29	長柄地区を大阪市漁業協同組合に追加
1956	昭和31	新淀川の漁業権域を、伝法大橋から十三大橋へと拡張
1964	昭和39	改築長柄可動堰の竣工
1965	昭和40	政令により、瀬田から新淀川の河口部までを「淀川」と改める
1972	昭和47	淀川大堰等の着工
1983	昭和58	淀川大堰、完工

2 淀川河口域の漁業の変遷

太字は1958年当時漁獲のあったもの。網掛けは河川漁撈関係を含むもの。

地区	年代 / 漁業種類	明治 40	大正 5	10	昭和 5	10	15	20	25	30	漁獲物
千舟	操網										スズキ・ボラ
	持網										**シラウオ・アユ・ウナギ**
	地曳網										スズキ・ボラ
	モンドリ刺網										**ウナギ** **シラウオ**
大野	河曳網（旋網）										スズキ・ボラ・コノシロ
	イワシ河曳網（旋網）										イワシ
	帆打瀬網（桁網）										コチ・カレイ・タチウオ・ハモ・アゴ・**サルボ**・トリガイ・**アカガイ**・エビ
	貝巻										ハマグリ・トリガイ・**アサリ**・**サルボ**
	イワシ刺網										マイワシ
福	帆打瀬網										ハモ・**カレイ**・アナゴ・スズキ・**エビ**・トリガイ・**サルボ**
	モンドリ										ウナギ・ハゼ・エビ
	採貝（ジョレン）										ハマグリ・**シジミ**・**サルボ**・**アサリ**
出崎	地曳網										イワシ・グチ・タチウオ・カマス・イカナゴ
	船曳網										イワシ・グチ・タチウオ・カマス・イカナゴ・**スズキ**・**コノシロ**・**ボラ**
	手繰網										ハモ・雑魚
	壺網										グチ・エソ・アユ・ウボゼ・チヌ・メバル・カマス・ハマチ・**スズキ**・**ボラ**・**コノシロ**
	イワシ巾着網										イワシ
	延縄										チヌ・**アナゴ**・ハゼ・カレイ・ウナギ
此花	延縄・柴漬刺網										〔延縄〕**ウナギ**・**ハゼ**・カレイ・チヌ・スズキ
	採貝（腰巻）										ハマグリ・バカガイ・シオフキ
長柄	投網・延縄モンドリ										**コイ・フナ・ウナギ・アユ**

＊野村豊「漁業種類の変遷」（『漁村の研究—近世大阪の漁村—』三省堂、1958年）をもとに作成。

付編(3) 資料　農商務省農務局編『水産事項特別調査』上巻・下巻（農商務省、一八九四年）所収の淀川漁業および淡水産魚介類の流通に関連する記事（抜粋）

上巻　第七九　河湖池沼漁獲増減

上巻第七九　河湖池沼漁獲増減（単位：円）

	明治20年	明治21年	明治22年	明治23年	明治24年
巨椋池	1205.000	1231.000	1190.000	1206.000	1190.000
桂川	971.600	1114.080	1234.105	1083.975	1580.500
淀川	726.850	967.750	895.000	1036.400	1060.000
宇治川	639.000	636.000	680.000	645.000	717.750

＊『水産事項特別調査』上巻（1894年）の352～353頁のデータをもとに作成。

参考図版：上記の表をグラフにした

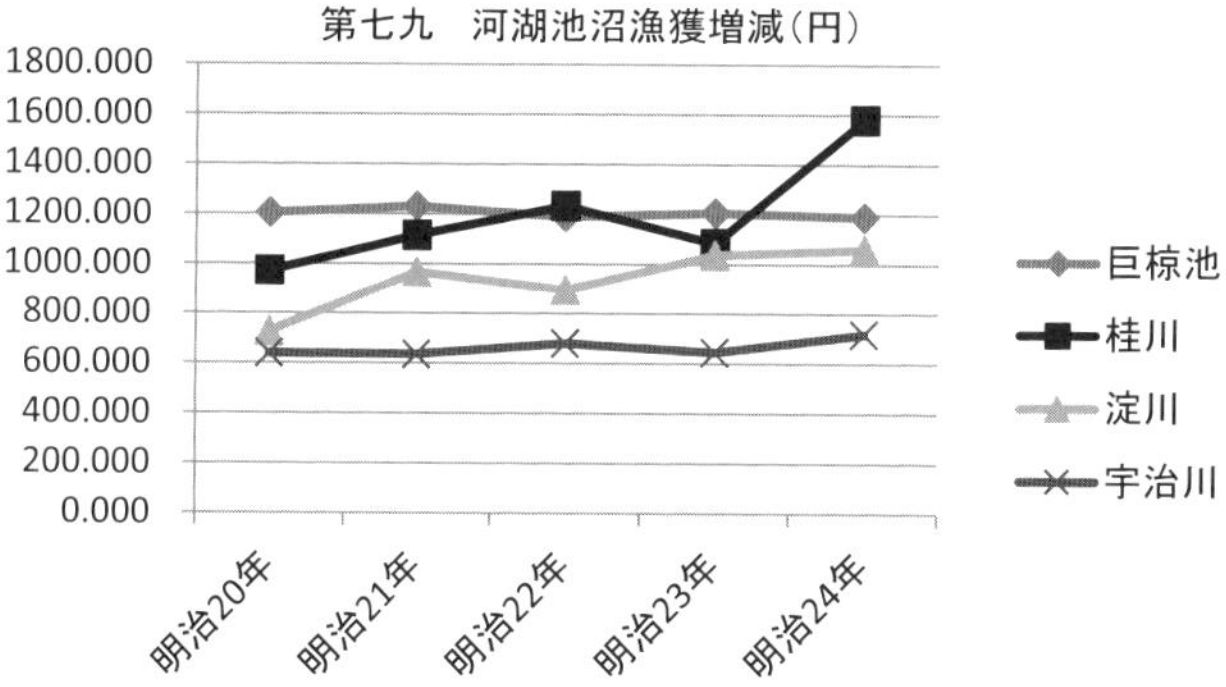

上巻　第八〇　河川湖池漁獲物増減ノ理由

○京都府

別ニ著シキ理由ノ存スルモノナシ唯逐年漁業者ヲ増加スルモ明治十九年河川漁業取締規則ヲ布キ魚族ノ濫獲ヲ防キ又大池及横大路沼ニ年々拾万余尾ノ鯉児ヲ放流スル等ニヨリ寧ロ平均増加ノ景況ナリ又春期降雪多ク秋期出水アレハ大ニ漁獲ヲ減少ス

○大阪府

西区　市街川々ニ於テ漁獲スル雑魚、蜆等ノ減少セシハ一ハ気候ノ為メ其生立少ナキト一ハ農民業務ノ余暇ニ挙テ漁撈ニ従事シ濫漁スル者ノ多キトニ由ル

木津川口及安治川口ニ於テ漁獲スル蜆ノ減少セルハ是亦前仝様ノ結果ニ外ナラス

北区　淀川筋ニ於テハ旧時可ナリ漁獲物アリシモ汽船ノ開通以来魚族ハ多ク枝流ニ棲息シ為ニ漁獲物大ニ減少セリト雖最近五ヶ年間ニアリテハ甚シキ増減ナシ

西成郡　河川漁獲物ハ最近五ヶ年以降甚シキ増減ナシト雖モ之ヲ十ヶ年以前ニ比較スルトキハ大ニ其数ヲ減セリ是レ蓋シ安治川口汽船ノ出入頻繁ニシテ河水ノ動揺甚シク大ニ魚族ノ生殖ヲ妨ケタルニ由ル其他ノ河川ニ於テハ近年遊漁ノ増加セシ為メ多少漁獲ヲ減セシカ如シ

島上、島下両郡　淀川其他トモ廿三、四年両年ハ洪水ノ為メ漁獲多ク其他別段増減ノ理由ナシ

茨田、交野、讃良各郡　漁獲高ノ増加セシハ他ナシ従前雑魚ヲ漁獲スル者稀ナリシカ近来鯉其他主ナルモノ、魚苗ヲ放流シ成育法ヲ設ケス或ハ濫リニ漁リタル為メ大ニ其数ヲ減セシヲ以テ各雑魚ノ漁獲ニ勉メタルニ由ル

（三七〇～三七一頁）

上巻　第八二　漁獲物幷ニ製造物売買ノ慣習及ヒ其実況

○京都府

淡水産漁獲物ハ水揚ヲナスヤ多クハ家族等之ヲ其土地又ハ近町村ヘ売捌キ巨椋湖及大堰川ノ鮎、鯉、鮒等ハ漁場若クハ川岸ニテ仲買人ニ売渡シ仲買人ハ之ヲ桶ニ入レ昼夜兼行シテ京都ニ輸送売却ス

○大阪府

西成郡　漁獲物ハ水揚ケノトキ自村或ハ近村ノ仲買人ヘ生売ヲ為スヲ例トス仲買人ハ之ヲ買取リ直ニ大阪市雑喉場又ハ天満等ノ市場ヘ輸送シ或ハ需用家ヘ直接販スル等ヲ主トシ漁獲ノ多キトキニ際シテ福村、千船村等ニ在テハ神崎停車場ヨリ汽車便ヲ以テ京都ヘ輸送シ全市魚市場ニ於テ販売スル等ノモノアリ難波、九條等ハ自村ニ魚市場ノアルヲ以テ悉ク之ニ販売ス又小漁者ニ在テハ漁獲物ヲ自カラ市街ヘ出テ需用家ヘ販売スルモノ少カラス

東成、住吉両郡　漁獲物ハ水揚ケノトキ商人ヘ生ニテ売却シ商人ハ是ヲ近町村ニ売却ス依テ他ニ輸送スルヿナシ

島上、島下郡　漁獲物ハ悉ク生売ニテ毎日仲買人ニ売リ仲買人ハ是レヲ近郷近在ニ販売ス

（三八九〜三九〇頁）

上巻　第八七　魚市場ト魚商幷浜方トノ慣行

○大阪府

北区　天満魚市場ニ於テ魚類販売ノ業ヲ営マントセハ必ス仲買人ニ加入スルヲ要ス仲買人ニハ市場事務所ヨリ営業鑑札を交付ス　市場ノ営業者ハ皆仲買人ニシテ純然タル問屋ナシ仲買人カ税金ノ多少ニヨリ便宜問屋仲買ト称呼ヲ別ツモ其実仲買人ナリ　市場仲買人ハ市場内ニ現在居住スルモノ僅カニ五名ニシテ他ハ皆市場外ヨリ来リテ営業ス故ニ毎朝魚類ヲ荷ヒ来集販売シ午後ニ至リ退散ス来集者ハ他ノ商業者ノ店前等ニテ販売スルモノモ多シ

仲買人カ販売スル魚類ハ素人筋へ八分仝業者へ二分ノ比例ニシテ大抵現金取引ヲ為シ仝業者ト雖モ懸売スルハ稀ナリ（四六七頁）

下巻　漁場及採藻場　其二　＊左記一覧表にして掲げる。

大阪府

河湖池沼	市、郡	町村	大字	戸	口	重要水産物
淀川	大阪市	北区		21	81	
	東成郡	野田		8	12	鰕
		都島	善源寺	8	12	鰕
	島上郡	島本	高濱	1	3	
		五領	鵜殿・梶原	4	15	
			前島	2	6	
		大冠	中小路	1	5	
			大塚	10	49	
		三ヶ牧	唐崎	2	5	
			三島江	5	15	
			桂木	3	12	
	島下郡	鳥飼	鳥飼上	2	13	
			鳥飼中	3	11	
			鳥飼下	2	16	
			鳥飼西	4	24	
寝屋川	大阪市	北区		3	15	
	東成郡	鯰江	今福	9	14	鰻
			蒲生	4	7	
			新喜多	11	16	鰕
		榎本	放出	2	5	
			下ノ辻	2	4	
神崎川	西成郡	千船	佃	4	15	鰻、鮎、雑魚
			大和田	34	145	鯉、鮒、鰻、雑魚
			大野	12	30	鯉、鮒、鰻、雑魚
		福		18	40	鰻、鮒
	豊島郡	庄内	州到止	1	1	鮒
		小曾根	小曾根	4	8	鮒
中津川	西成郡	川北	春日出	1	2	雑魚
木津川	西成郡	野田		21	38	鮒

＊『水産事項特別調査』下巻により作成。

京都府

河湖池沼	市、郡	町村	大字	戸	口	重要水産物
桂川	葛野郡	京極	川勝寺	20	90	鮎
			郡	2	8	鮎
			東梅津	14	14	鮎
		梅津	西梅津	1	1	鮎
		桂	下桂	13	13	鮎
		松尾	上山田	24	29	鮎
			松室	5	6	鮎
		下嵯峨		10	10	鮎
	乙訓郡	淀	樋爪	4	11	鯉、鮒
			垂水	2	9	鯉、鮒
			大下津	2	8	鯉、鮒
		羽束師	菱川	2	3	鯉、鮒
			古川	4	4	鯉、鮒
			志水	3	4	鯉、鮒
			鴨川	4	5	鯉、鮒
		久我		4	18	鯉、鮒
		久世	上久世	11	11	鯉、鮒
			大藪	2	2	鯉、鮒
			築山	7	7	鯉、鮒
	紀伊郡	納所	納所	6	28	鯉、鮒
		吉祥院	吉祥院	17	99	鯉、鮒
			西中	2	11	鯉、鮒
			石島	2	22	鯉、鮒
		上鳥羽	上鳥羽	6	20	
			塔森	23	41	
		横大路	横大路	10	57	
		下鳥羽	下鳥羽	10	10	
			中島	5	5	
宇治川	紀伊郡	伏見町	平戸	20	90	
			弾正	5	20	
			三栖五丁目	10	45	
			三栖四丁目	5	22	
			三栖三丁目	6	26	
			三栖二丁目	2	13	
		横大路	下三栖	4	24	
	宇治郡	宇治	五ヶ庄	2	11	
			菟道	—	—	
			志津川	10	53	
	久世郡	槇島	槇島	4	4	
		宇島町	宇治町	20	98	
			宇治郷	3	19	
			白川	2	12	
	綴喜郡	田原村	高尾	30	152	
		宇治田原	禪正寺	15	78	
木津川	綴喜郡	都々城	岩田	18	72	
			下奈良	1	4	
		大住	大住	3	14	
		田邊	田邊	4	27	
	相楽郡	笠置	笠置	7	35	鮎
			有市	—	—	
			切山	—	—	
			飛鳥路	—	—	
		祝園	祝園	1	3	
			菅井	2	7	
		木津	木津町	4	22	
			鹿背山	5	15	
		瓶原	西	2	9	
			河原	9	40	
			岡崎	1	6	
			井平尾	4	20	

＊『水産事項特別調査』下巻により作成。

※Ａさんの写真は、著者が撮影時に掲載許可を得ていたものである。

図表・写真・地図一覧及び写真・地図の出典（掲載順、写真はすべて著者撮影）

あとがき

本書は二〇一六年九月に佛教大学大学院文学研究科に提出した博士学位請求論文『淀川における河川漁撈の環境民俗学的研究』に加筆・修正を加えたものである。学位論文の審査にあたっては、佛教大学歴史学部教授の八木透先生に主査をお引き受けいただき、同大学歴史学部教授（当時）の植村善博先生ならびに滋賀県立琵琶湖博物館長の篠原徹先生に副査をしていただいた。審査の先生方からは、本論文に対してさまざまなご指導やご助言をいただいたが、筆者の力不足により、本書のなかで十分に反映することができなかった。この点に関しては、今後の課題として取り組んでいきたい。

このような形で本書を刊行することができたのは、多くの方々とのご縁によるものである。一九九〇年頃から本格的にはじめた淀川の漁撈調査では、大阪市東淀川区の安達玄房さん、同市淀川区の岸満平さん、同市西淀川区の辻井榮太郎さん、守口市の南菊夫さんをはじめ、大正生まれの川漁師の方々から貴重な話を聞かせていただいた。民俗学やフィールドワークの面白さについては、佛教大学社会学部社会学科でゼミの指導教員だった鳥越皓之先生から教わった。また在学中は文学部史学科の研究室で開催されていた民俗学研究会にも参加した。当時の史学科には、竹田聴洲先生や伊藤唯真先生がおられ、民俗学を学ぶには恵まれた環境が整っていた。また京都や大阪の大学で民俗学を学ぶ学生の交流の場として関西民俗学研究会の活動もさかんで、夏の能勢での合宿では他大学の人たちの発表を聞く機会があり、刺激を受けながら民俗学を学ぶことができた。

民俗資料を担当する学芸員としての心得は、京都府立総合資料館の資料主任だった福田栄治さんから多くを学んだ。一九八〇年に大阪市立博物館の学芸員となってからは、特別展の開催準備のため北海道から九州まで各地の博物館・資料館を見てまわり、多くの学芸員や研究者の方々と知り合う機会を得たことは幸いであった。一九八八年の特別展「山に生きた人びと」の準備では秩父を訪ね、小林茂さんから荒川水系の河川漁撈の話をうかがった。それが淀川で河川漁撈の調査をはじめるきっかけとなった。

一九九一年、淀川で河川漁撈の調査を続けていたころ、滋賀県では琵琶湖博物館の開館準備がはじまっており、さまざまな委託研究が進められていた。鳥越先生から委託研究「琵琶湖の生業と信仰の民俗」に参加する機会をいただいたのは、そのころであった。この委託研究には大槻恵美さん、出口晶子さん、鸖理恵子さん、藤村美穂さん、そして滋賀県から嘉田由紀子さんと脇田健一さんが加わっていた。研究会では調査報告と「環境」をめぐっての議論が繰り広げられており、その研究成果の一端は、『試みとしての環境民俗学―琵琶湖のフィールドから―』（雄山閣出版、一九九四年）として刊行された。今振り返って見ると、本書の骨格となる部分は、この研究会のなかで学んだことがもとになっているといえる。

なお最後となりましたが、出版を取り巻くきびしい状況のなかで、本書を世に送り出していただくことになった和泉書院の廣橋研三さんには、こころから感謝申し上げます。また校正を担当された編集の皆様にもお礼申し上げます。

二〇一八年三月二四日

伊藤　廣之

索　引

＊採用項目の主要箇所の頁数を示した。

人名索引

あ 行

か 行

さ 行

た 行

な 行

は 行

ま 行

や 行

事項・地名索引

あ 行

か 行

さ 行

た 行

な 行

は 行

ま 行

や 行

ら 行

わ 行

著者紹介

伊藤廣之（いとう ひろゆき）

1956年　京都府京丹後市生まれ
1979年　佛教大学社会学部社会学科卒業
専　門　日本民俗学
現　在　大阪歴史博物館副館長。博士（文学）。日本民俗学会評議員、近畿民俗学会理事、堺市博物館協議会委員、吹田市立博物館協議会委員を務める。
著　書　鳥越皓之編『民俗学を学ぶ人のために』（共著、世界思想社、1989年）
鳥越皓之編『試みとしての環境民俗学―琵琶湖のフィールドから―』（共著、雄山閣出版、1994年）
『日本民俗誌集成 第15巻 近畿篇（3）』（共編、三一書房、1997年）
鳥越皓之編『景観の創造―民俗学からのアプローチ』（共著、昭和堂、1999年）
八木透編『フィールドから学ぶ民俗学―関西の地域と伝承』（共著、昭和堂、2000年）
西村幸夫ほか編『風景の思想』（共著、学芸出版社、2012年）
八木透編『新・民俗学を学ぶ―現代を知るために』（共著、昭和堂、2013年）

河川漁撈の環境民俗学
―淀川のフィールドから―

2018年5月12日　初版第1刷発行

著　者――伊藤廣之

発行者――廣橋研三

発行所――和泉書院

〒543-0037　大阪市天王寺区上之宮町7-6
電話　06-6771-1467
振替　00970-8-15043

印刷・製本――株式会社 遊文舎

装訂――濱崎実幸

ISBN978-4-7576-0871-9　C0039